子どもの教育の原理

・・・ 保育の明日をひらくために ・・・

古橋和夫 編著

萌文書林

まえがき（新訂版）

　近年，知識基盤社会の到来や少子高齢化，社会・経済のグローバル化の進展とともに，教育改革は，ますますその歩みを早めています。幼稚園教育要領と小中学校の学習指導要領が，2017年（平成29）3月に告示され，学校教育において重視すべき三要素（「知識・技能」「思考力・判断力・表現力等」「主体的に学習に取り組む態度」）を踏まえた，育成すべき資質・能力の3つの柱が提起されましたが，これからの教育改革の進路を決めるものでした。

　3つの柱とは，①「何を知っているか，何ができるか（個別の知識・技能）」，②「知っていること・できることをどう使うか（思考力・判断力・表現力等）」，③「どのように社会・世界と関わり，よりよい人生を送るか（学びに向かう力，人間性等）」ですが，これらを踏まえ各学校の教育目標，育成する資質・能力を，より具体的に明らかにしていくことが重要となっています。

　幼稚園教育要領を例にとれば，環境を通して行う教育を基本として，①遊びや生活の中で，豊かな体験を通じて，何かを感じたり，何かに気付いたり，何かが分かったり，何かができるようになったりする「知識及び技能の基礎」，②遊びや生活の中で，気付いたこと，できるようになったことなども使いながら，考えたり，試したり，工夫したり，表現したりする「思考力，判断力，表現力等の基礎」，③心情，意欲，態度が育つ中で，より良い生活を営もうとする「学びに向かう力，人間性等」の3つの資質・能力に整理されます。さらに，自立心，協同性，思考力の芽生え，言葉による伝え合い，豊かな感性と表現など，幼児期の終わりまでに育ってほしい10の姿が示されました。

　また，こども基本法（2022年〔令和4〕6月15日制定）が施行され，2023年（令和5）4月1日にこども家庭庁が発足しました。こども家庭庁は，「こども・若者がぶつかるさまざまな課題を解決し，大人が中心になって作ってきた社会を『こどもまんなか』社会へと作り変えていくための司令

塔」です。「こども基本法の着実な施行」「こどもが健やかで安全・安心に成長できる環境の提供」「結婚・妊娠・出産・子育てに夢や希望を感じられる社会の実現，少子化の克服」などの分野で取り組みが進められます。

　教育を学び教職を目指す人は，当然のことですが，私たちのまわりで進む教育の改革に関心をもち，考えを深めていくことが必要です。教職に関する専門性を高め，主体的に学び続ける教師が求められています。園児，児童，生徒に求められている資質・能力と同様に，何を知っているか，何ができるかという知識・技能だけでなく，知っていることをどう使うかという思考力・判断力・表現力，さらに学びに向かう力，豊かな人間性が求められています。

　この本の執筆者は，現在，大学や短期大学で保育や教育に関する研究や学生の指導にあたっている教育者・研究者たちです。保育と教育の動向を踏まえ，最新の内容を盛り込み，わかりやすく説明しています。私たちは知識や技能を身につけ，豊かな体験や経験を通して，さらに他者のものの見方・考え方を学ぶことで自分の考えを深めてきました。

　この本で得た知識をいままでの知識や経験と関連づけたり，他者との対話を通じて自分の考えを再考したり，執筆者たち考えを吟味し取り入れたりしながら，さまざまな場面で活用できる身についた生きた知識・技能にしてほしいと思います。また，興味・関心をひいた領域をさらに深めていってください。そして，教育実習やインターンシップなどの体験や経験を通して，さらに自立した，学び続ける人になってほしいと願います。『子どもの教育の原理』を学ぶことが，現代の教育動向を知り，自分を高める第一歩となることを願います。

　最後になりましたが，この本の企画・編集より終始お世話になりました萌文書林の赤荻泰輔氏に厚くお礼を申しあげます。

令和6年2月

執筆者を代表して　古橋和夫

まえがき

　幼児教育と保育の分野は，最近，大きな転換点をむかえています。

　幼保の一体化を含む，新たな次世代育成支援のための包括的なシステムを構築しようとする「子ども・子育て新システム検討会議」が，2010年（平成22）に設置されました。「少子化対策」から「子ども・子育て支援」の政策転換のなかで，幼保一体化の議論が進み，教育と保育を提供する「こども園」（仮称）が創設されようとしています。こうした改革の動きを促進しているのは，「子どもの視点」を尊重しつつ，待機児童や子育て支援の問題など，新しい社会状況と課題に対応した教育・保育のシステムをどのように構築するのかという問題です。

　さらに加えて，2011年（平成23）3月11日に東日本大震災と福島県の原子力発電所の事故という前例のない大災害が起きました。地震と津波の被害，また放射能の影響によって，避難生活を余儀なくされている人たち，また自由に外で遊べない子どもたちがいます。私たちは，大災害のなかで日常の生活と人と人との助け合いがいかに大切なものであるかについてあらためて気づかされました。

　子どもは未来をつくる力です。そして，子どもの未来を担う教育と保育は，人と人との絆を深める機会であり，生活の大切な一面です。教育と保育の立場から，子育てを支えあう新しい人間関係とすべての子どもたちが尊重される新しい教育と保育を創造することが求められています。それは一日も早い復興を願うこの時代を生きる私たちの課題のひとつです。

　本書は，今日のこうした社会状況をふまえ，幼稚園と保育所，また保育者が直面している諸問題を正しく理解し，保育者として生きる使命を果たすうえで知っておく必要がある事柄について，わかりやすく，またできるだけやさしく論述しようとしています。そして，教育原理をはじめて学ぶ人たち，また近い将来，幼稚園や保育所の先生になろうと考えている学生のみなさんを主な対象としています。

　第1部は，教育の原理についての考察です。教育の本質，教育・保育の

歴史について学びます。第2部は，発達論をふまえて教育・保育の目的と制度，保育の計画と実践，子どもの発達と遊び，教育・保育の評価など実際的な問題をテーマとしています。第3部では，特別支援教育，生涯学習社会，保育者論などを学び，教育と保育の現状とこれからを考えます。

　コラムや教育者の名言，現場からの声の欄などもありますので，みなさんの関心のあるところから読みはじめてください。難しいところもあるかもしれませんが，この本を読み終わったあとに，保育者を目指していることについての自覚が深まり，また考えるべき問題が明確になっていることを期待します。

　編集にあたっては，とくに次のことに留意しています。
①教育に関する最新の知識を取り入れ，また幼稚園と保育所の双方に目配りしながら構成しました。
②教育と保育に関する理論と実践を深く掘りさげながらも，コラム，教育者の名言，子どもの詩などを活用し，文章もわかりやすく，できるだけやさしい表現を心がけて読者の学習と理解の便宜を図りました。
③そして，先輩からの応援のメッセージである現場からの声の欄を設け，みなさんの未来の姿を具体的に示しています。本書のなかで，歴史上の人物を含め，多くの人の「声」を聞くことができるでしょう。

　本書の著者は，現在大学や短期大学などで教育学などの研究や学生の指導に当たっている教育者・研究者たちで，これらの点に留意しながら，教育・保育の理論と実際をはじめて学ぶ読者を意識して執筆しています。

　また，本書を刊行するに際して，萌文書林の服部直人氏，赤荻泰輔氏の多大なご協力をいただきました。最後になりましたが，記して感謝の意を表します。

平成23年8月

執筆者を代表して　　古橋和夫

Contents

第2部 教育の制度と実践——基礎理論をおさえて

第3部 教育と保育の現状とこれから

第1部

教育の意義と歴史

　　　「教育・保育とは何か」という根本を考えることで，保育者として生きるうえで基本となる教育観・子ども観の指針をつくろう。それは，大海原を航海する船が羅針盤をもつことで，まちがいのない方向へ向かうことのできることに似ている。

第1章 教育とは何か
──4つの教育の理念と子ども観

　教育とは何か，子どもとは何か。また教育は，どのように定義されてきたのか。ここでは，成長の助成，精神的育成，社会的形成，自覚の覚醒(かくせい)の4つの教育観を考察する。

　そして，詩を題材にして「子どもとは何か」について考えてみよう。これらの考察によって自分の子ども観と教育観を深めていってほしい。

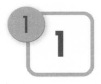

1　4つの教育の理念

　教育についての常識的な考え方として，教育の「育てる」立場を強調する考えと教育の「教える」立場を強調する考えがある。一方は，教育とは子どもの自然的な素質に基礎を置く内部からの発達であるとする教育観である。他方は，教育とは知識や技術の伝達，習慣の形成など，外部からの形成作用であるとする教育観である。

　しかし，教育の本質については，これら2つの教育観に加えて，人間存在の社会性と人格性の面に注目した「社会的形成としての教育」と「自覚の覚醒としての教育」があるように思われる。

　そこでここでは，4つの教育観に分けて教育の本質について考えていくことにする。4つの教育観のそれぞれのキーワードは，人間存在の4つの面をとらえた「自然性」「文化性」「社会性」「人格性」である。

●図表1-1　4つの教育の理念

1. 成長の助成としての教育

　第一の教育観は，生命的存在としての人間の育成を重視する教育観である。

　この教育観によれば，教育とは，未成熟な個体の成長を望ましい成熟の姿にまで助成し指導するはたらきである。「人間は成長する」という事実をみつめた教育観で，ルソー，ペスタロッチ，フレーベル，デューイの名をこのなかにみることができる。

　しかしまた，「成長」をどのようなものと考えるのかによって，この教育観をさらに2つの考えに分けることができる。

　1つは，成長とは内部からの発展ととらえる立場である。内部からの発展説は，生命を成長・発展の原理を内部に備えたものとみるアリストテレスの生命観，存在論に源流をもとめることができる。

　ルソー（Rousseau, J. J. 1712-1778）は「植物は栽培によって成長し，人間は教育によって人間になる」と著書『エミール』の冒頭部分で語っている。教育を成長する植物の栽培にたとえてみせたルソーの教育観は，近代におけるこの教育理念を示したものである。そして，子どもは，いま地上にあ

らわれた双葉のような生命的存在である。子ども≒植物，教育≒栽培にたとえるこのような考えを植物比論（plant analogy）という（p.27 参照）。

　またフレーベル（Fröbel, F. 1782-1852）は，「人間というもっとも高貴な植物」と述べているが，彼が創設した幼稚園（Kindergarten）は，文字どおり「子どもたちの園」を意味していた。

　もう1つは，主体と環境との能動，受動の交互作用として生命を認識する立場である。環境との交互作用説は，ダーウィン以後の生物学にもとづいて，生命現象を環境の関係においてとらえる生命観に立っている。

　「教育とは経験の改造である」としたデューイ（Dewey, J. 1859-1952）は，ダーウィン以後の新しい生命観に立ち，現代におけるこの理念の代表者である。

　成長を助成し指導する教育の目的は，デューイによれば，人間を環境に適応させることである。しかしそれは，動物のように有機的・受動的な適応ではなく，意味的・能動的な適応である。すなわち動物の適応とは，「経験の改造」において異なるものである。

　「成長助成の教育観」から私たちは，子どもの心身の成長に配慮すること，子どもは本来活動的であること，個性の尊重や乳幼児期の教育や保育の重要性などの考えを引きだすことができる。また，他者の教育的なはたらきかけは，子どもの成熟過程に即応すべきことが示唆されている。

　「育てる」「培う」「養う」などの言葉が，幼児教育ではよく使われるが，これらの言葉は成長助成の教育観に結びつくものである。

2. 精神的育成としての教育

　第二の教育観は，人間を精神・文化的主体へと教育するはたらきを中心としてみる考え方である。「年長の世代から後続の世代への理念的文化財の伝達である」（パウルゼン：Paulsen, F. 1846-1908）とする定義は，この教育観に典型的なものである。

　ここでいう「理念的文化財」とは，言語，知識，道徳，宗教，科学，技術，社会的習慣などのことである。こうした「理念的文化財」は，絵画な

どの文化財とは違って，後続の世代（子ども）の「心」と「頭」と「手」のなかに伝えられ，はじめて次の時代に伝わる文化財である。また一方，社会と文化は，理念的文化財を次の世代に伝えることで維持され，新しくなっていくともいえるであろう。つまり，人間は文化を維持しなくては生きていけないが，その文化の受容過程が教育なのである。

さて，この立場から子どもをみると，子どもはさまざまなソフトをインストールされる前のコンピュータのようである。学ぶということは，過去に蓄積された知識や技能を習得することであり，そのための方法として教師による教授はもっとも効果的なものである。そして，子どもの精神をゆたかにし，将来の責任と成功に向けて準備してやろうとしているのである。

この教育観は，たしかに子どもを受け身にするところがある。また，教師による教授を強調しがちである。しかし私たちは，生まれたときから身のまわりにある文化財を自分のものにしようと努力し続けている。ひらがなや漢字を覚え，読み方・書き方・数え方を習い，科学や歴史の知識を学んできた。さまざまな知識や文化を身につけることによって，こころゆたかな人間になっていくことを考えると，知識，技能，道徳などの理念的文化財を伝達する教育は，教育の本質を正しくみつめた教育観である。

3. 社会的形成としての教育

第三の教育観は，個人的存在を社会的存在へと形成するはたらきを教育の中心とみるものである。教育という現象を社会の目からみること，つまり教育の社会的機能を重視する教育観である。フランスの社会学者デュルケーム（Durkheim, E. 1858-1917）の教育理論は，この教育観の典型である。

デュルケームによれば，教育は社会を維持，発展させるための手段である。「社会は，その成員間に充分な同質性があって，はじめてよく存続することができる。そして教育は，集合生活が予想する基本的類似性を子どもの心にあらかじめ定着させることによって，この同質性を永続的かつ強固なものにするのである」[1]。教育の本質は，子どもの社会化にあり，社会に適合的な能力や判断，行動のパターンを身につけさせることである。

教育とは，「若い世代を組織的に社会化することである」という彼の定義は有名である。

　こうした教育観に立つと，子どもは「集合生活が予想する基本的類似性」をもっていない存在，言いかえれば，思想，感情，慣行などを与えられ，形づくられなければならない存在となる。教育者は，粘土をねって陶器をつくる陶工のように，教育の理想と目的にしたがって，子どもを形づくるような役割をもつことになる。そして，教育の目的は，社会が要求する一定の知的および道徳的状態を子どものなかに発現させることである。「つくる」教育の典型であるといえる。

　この教育観は，子どもの成長，精神などを限定する社会に注目し，他者による教育に重点を置いて教育をとらえている。また，社会は一定の慣習によって子どもを形成するように教育的機能をもっていると考える。

　子どもは，幼児期から社会のなかにあり，未来において社会をになう存在となるが，この教育観は，人間の社会的形成という教育の重要な一面をとらえているといえるであろう。

4. 自覚の覚醒としての教育

　第四の教育観は，人格的存在としての人間の覚醒を重視する考えである。目覚めを引き起こす教育，「無知の知」の自覚，教育とは魂のむけかえの技術などの言葉で語られてきたものであり，自己の内面をみつめる教育観である。

　精神の内面的充実を重視するこの教育観を，ソクラテスほど代表する人物はいないように思われる。

　ソクラテスは，「魂」をできるだけ善くしようと配慮することこそ，真の幸福に連なるものであると考えた。彼はあらゆる人々と問答することにより，自らの無知を自覚させ，真の知を愛する者（哲学者）にすることを生涯をかけて行う天職としたが，その教育方法は，「徳とは何か」などを若者に教えるものではなかった。

　ソクラテスは，善や美に関する議論のなかで「問い」をだし，相手の

「答え」を吟味して，不十分なところを指摘し，また「問い」をだしていくという方法をとった。ソクラテスの問いを手がかりとしながら，若者は自分の力で真の知識にたどり着くことが期待されたのである。

　教育とは，問答をとおして，自分自身の内から「善さ」を思いだし生みだすものである。そして教師とは相手の魂のなかに眠っている真理を呼び覚まし，それを取りだすものでなければならなかった。ソクラテスは自らの問答法を助産術と名づけている。

　教育とは「汝自身を知ること」，つまり自覚をうながすものであったのである。

　ソクラテスのこうした考え方が成り立つためには，子どもたちは生まれつき「善さ」について知っているということが前提になっていなければならない。「善さ」をもち，それを求めて生きようとする人間への信頼をここにみることができる。

　成長の助成，精神的育成，社会的形成，自覚の覚醒の教育観について述べてきたが，ある1つの教育観が，純粋な姿で成り立つことはほとんどないといえる。たとえば，ルソーの教育観は，成長助成の教育観とともに社会的形成の教育（「ポーランド統治論」）を含むものであった。

　教育の本質を正しくみつめるならば，教育的行為のなかにみられる成長的な面，知識などの伝達的な面，形成的な面，覚醒的な面の4つについて，等しく注目しなければならないのである。なぜなら，私たちが教育している人間（子ども）は，自然的存在であると同時に，理念的文化財を身につけ，社会を形成し，そして「私とは何か」について考える人格的存在へと生成していくからである。そして，人間存在において，また人間生成の過程のなかで，これら4つの面は有機的にからみあっているのである。

　しかも人間（子ども）は，単に形成され伝達される受け身の存在ではなく，何らかの程度において，文化と社会に能動的に「参加」「創造」していく存在である。

　また，自覚の深まりと覚醒的な教育は，青年期に特有なものであるが，幼児期においても，すでにある意味で「自覚的」な要素が含まれていると

いえる。遊具を使う順番を守ることなど，子どもが社会的道徳的な行動を
とろうとしているとき，子どもは他者との関係における「自己」を意識し
ていることであろう。実際に心理学は，思考手段としての言語（内言）が
成立するにともない，子どものなかにもう一人の自分が存在するようにな
ると教えている。

　教育は，人間の生成の全体に関するものであり，また人間の生成には，
成長，知識などの伝達，形成，覚醒が含まれている。私たちは，4つに分
けた教育観のどれか1つを選択することより，教育の本質を理解し，自分
の教育観を自覚して深めることを求められている。

●図表1-2　教育の本質と4つの理念

教育の本質：4つの理念どれもが含まれる

1 成長の助成として
の教育

2 精神的育成として
の教育

3 社会的形成として
の教育

4 自覚の覚醒として
の教育

教育に響く名言

「心が今日知ったことを，頭が明日理解する」
―― ジェームズ・スティーヴンス ――
（アイルランドの詩人・小説家）

ルース・ソーヤーの『ストーリーテラーへの道』（間崎ルリ子ほか訳，日本図書
館協会）に引用されている読書体験についての名言である。しかしまた，子ど
もたちの実際の経験について語った言葉としても理解することができる。充実
した経験は，彼ら（子どもたち）によって後から意味づけされるのである。

子どもとは何か，
教育（保育）とは何か

1. 子どもの可能性

　「子ども」という存在をどのように考えたらよいだろうか。ここでは理論ではなく，イメージをとおして考えてみることにしよう。それを考えるうえでの示唆と手がかりを与えるものとして，工藤直子の「おと」という詩がある。

おと　　　　　　　　　　　　　　　　　　　いけしずこ（工藤直子）

　ぽちゃん　ぽちょん
　ちゅぴ　じゃぶ
　ざぶん　ばしゃ
　ぴち　ちょん

　ざざ　だぶ
　ぱしゅ　ぽしょ
　たぶん　ぷく
　ぽつ　どぼん…

　わたしは
　いろんな　おとがする

　　　　　　　　　　　（くどうなおこ『のはらうた I 』童話屋，1984）

　「ぽちゃん」「ぽちょん」「じゃぶ」「ざぶん」「ばしゃ」——これらは，水がさまざまなものと出会うことによって生みだされた音である。
　この詩は，水がさまざまな姿をあらわすことを「おと」で表現している。

しかし，水とものとの出会いを表現しているだけではない。詩のなかに「わたし」があるように，水のさまざまな音や姿は，人間のたとえとして読むこともできる。「わたし」がものと出会って生みだすさまざまな音や姿は，子どもが環境にかかわって生みだす活動の姿でもある。

　また，詩のなかにある「…」という表現は，「わたし」がこれらのほかにも，たくさんの音をだすことができるということを暗示している。その表現は何もない姿ではなく，これから生まれる音の予感と「わたし」の可能性を示しているといえるだろう。子どももこの「水」のように，さまざまな姿を現し，また新しい「わたし」となる可能性をもって存在しているのである。

　動物と区別される人間の際だった特質のひとつとして，動物は環境にしばられているが，人間は世界へ開かれた存在であるということがある。

　子どもは，他者と出会い，いろいろなものごととの関係において自己の可能性をさまざまに実現する。ここに人間の自由と主体性をみることができる。人間のゆたかさというものは，ある意味で世界にひらかれ無限の可能性を秘めていることである。

　また，動物は自分というものを意識することなく，ただ外界へ反応するだけであるが，人間はまわりの世界とそのなかに生きる自分を意識する存在である。

　この詩の「わたし」も，「わたしは／いろんな　おとがする」という言葉で，自己を意識しはじめている。「いろんな　おとがする」とは「いろんな　おとをだす」ことができるということである。「わたし」がここに登場しているのは，「わたし」の可能性を強く意識しているからである。子どもは，無自覚な状態から自己を対象化し自覚的な存在へ成長する。この詩の「わたし」のように，私と私の可能性に目覚める存在である。

　さらに「わたし」は，これから出会うさまざまなものに思いを巡らしていることであろう。どのようなものごとと出会い，自分がどのような音をだすのか，未来に期待する心がみえるようである。

　私たちにとって，目にみえる世界が世界のすべてではない。言葉をとおして紡がれる物語の世界が子どもにとって身近な世界であるように，目に

みえない世界も子どもの世界を構成する。私たちは，目にみえない世界や過去と未来を想像し，思いやることができる存在である。

　「おと」の詩は，子どもと教育（保育）に関するこうした真実が，水という題材を使っておもしろい形で表現されているといえるだろう。

2. 教育（保育）とは何か──子どもの課題と保育者の援助と指導

　この「おと」の詩を，保育者の援助と指導の問題として読んでみることにしよう。

　水（子ども）がものと出会い，美しい音をだすのか，みにくい音をだすのか，これは自分の問題でもあり，またどのような出会いをするのかという問題でもある。

　そして，美しい音と結びつくすばらしい出会いを組織するのは，子どもを見守る者たちである。保育者である私たちは，どのようなもの（教材）を，またどのように水（子ども）に投げこむべきなのであろうか。教育内容の選択と教育方法の問題がある。

　大きなもの（教材）を投げこめば，水（子ども）は大きな音で答えてくれるであろう。池の中心であれば，波紋も大きく広がっていく。投げこまれたものの性質によって，水はいろいろな「おと」をだす。私たちが投げこんだ教材や環境の設定によって，子どもたちがだす「おと」（活動）は，教育（保育）そのものであり，子どもの可能性の表現である。

　保育者の仕事は，子どもの内側からさまざまな「おと」を引きだすような教材を投げこみ，子どもの可能性をひらくような出会いを組織してやることである。

　子どもの可能性をひらく出会いの課題とは，乳幼児期の場合，主として自然的な発達課題であり，社会的な課題である。具体的には，健康な身体，信頼感と安定感にもとづく人間関係，基本的生活習慣の確立，言葉の力，自分の世界をつくり表現しようとする意欲，身近な人たちと協同しようとする心，作業能力や知的な能力を育成することなどの課題が子どもたちの前に広がっている。子どもたちは，こうした諸課題に出会い，取りくみ，

自由に行為する存在として生成を進めていくことになる。

　子どもが自転車に乗ろうとしているときのことを考えてみよう。そして，努力して自転車に乗れたと仮定してみよう。

　そのとき，子どもは「できた」という喜びと達成感を感じることであろう。子どもは自転車に乗ることができる能力を獲得したのである。また，それによって彼の自由となる世界はさらに広がったのである。自転車に乗って，遠くの遊び場に行こうとする意欲も生まれることであろう。新しい友だちもできるかもしれない。自分の力と自分の世界を大きくすることで，さらに「こうしよう」という意思や意欲が生まれるのである。

　子どもが言葉を覚えたとき，友だちといっしょに楽しく遊んでいるとき，あるいははさみを使えるようになったとき，自転車に乗れるようになった子どもと同じように，新しい力を得て世界が広がり，「〜しよう」とする意思と意欲が生まれていることだろう。

　教育（保育）とは，子どもの可能性をひらくものごととの出会いを組織しながら，目にみえる世界，目にみえない世界と子どもとの関係を意味的に充実し，価値的により高い関係を生みだす能力を増大させることである。

ひとつの経験をする
——We have an experience

1. 灰谷健次郎『ろくべえまってろよ』

　デューイは『経験としての芸術』という著書のなかで，「ひとつの経験をする」という重要な考え方を述べている。幼児教育・保育と子どもの「経験」を考えるうえで重要な概念であるので，灰谷健次郎作，長新太絵『ろくべえまってろよ』（文研出版）という絵本を手がかりにして考えてみよう。

　この絵本は，深い穴に落ちた「ろくべえ」という少しまぬけな犬を5人

の小学校1年生が助けるというお話である。5人の小学生は，お話の最初から最後までろくべえを助けようとする気持ちでいっぱいである。

　しかし，前半の子どもたちは，歌を歌ったり，シャボン玉を吹いてあげたりして，ろくべえを励ましたりしているが，救出する手立てをみつけることができないでいる。大人を頼ったりもするが，大人たちは無責任にその場を去ってしまう。

　誰もあてにできなくなった子どもたちは，自分たちで助けようと頭が痛くなるほど考える。そしてついに，かんちゃんが「クッキーを，かごのなかに　いれて　おろしたら」というアイデアを思いつく。

　クッキーという名前の犬は，ろくべえの恋人である。クッキーをかごに入れて降ろしていけば（「こうする」），ろくべえもいっしょにかごに乗るだろう（「こうなる」）というアイデアを考えついたのである。まだ実現していない予想であり仮説である。

　その後の子どもたちの姿は，予想を意図へと転換し，「こうなる」ようにという意図（目的）をもって「こうする」様子を示している。みんなは，かごとロープを取りに飛んで帰り，クッキーを乗せて降ろしていくアイデアを実行していく。

　そろり，そろり。そろり，そろり。

　穴の底についたクッキーは，かごからぴょんと飛びでて，ろくべえとじゃれあってしまい，みんなは大慌て。

　しかし，2匹が仲よくかごに飛び乗ったとき，みんなは大喜びで引き上げたのだった。

　経験がその意味を完全に充実するまで進んでいくとき，デューイは「ひとつの経験をする」と言ったが，それはこの絵本の5人の子どもたちの活動のように，心のこもった目的のある活動を中心にして統合された経験のことである。

　デューイは，『経験としての芸術』のなかで，経験は絶えず行われているが，その経験は往々にして不十分なものであると指摘した。私たちの周囲には，注意を乱し，気を散らすものがたくさんあって，経験はまとまり

を欠き，バラバラになりやすいのである。

　しかし，「そのような経験とは反対に，経験されたものが順調な経過を
たどって，その完成に達するとき，私たちはひとつの経験をする（We have
an experience）のである。そのとき，そしてそのような場合にのみ，経験
は内面的に統合され，経験全体の流れのなかでほかの経験から区別される
のである」。

　また，「ひとつの経験」には3つの特質があることを，デューイは次の
ように言っている。「仕事は立派に仕上げられ，問題は解決され，競技は
最後まで行われ，あるいは食事をとり，チェスのゲームをする，会話をす
る，書物を書く，政治運動にたずさわるなど，状況はいずれ完了するが，
その終わりは成就であって中止ではない。このような経験は，ひとつの全
体であり，個性ある性質と自己充足性をともなうものである。すなわち，
ひとつの経験なのである」[2)] と。

　「経験」であれば，どのような経験でもよいというわけではない。気ま
ぐれな活動，単なる活動，意味のない活動，いつもしている活動には，
「望ましい帰結」をもたらすものがないのである。

　教育的経験とは，こうした経験とは反対に，子どもが心をこめてする活
動を中心にして，まとまりがあり，個性的で，自己充足性のある経験のこ
とである。そして，このような経験は，子どもにとって差し迫ったもので，
温かく親しみのある性質をもっている。

　また，子どもが，遊びなどにおいて目的を満足に達成したとき，何らか
の芸術的な情緒が起こってくる。そのとき，自分の活動の意味と価値を心
からひしひしと実感するのである。このような経験においてこそ，経験の
意味や価値を「心からわかる」のであり，また心から「味わう」のである。

　こうした経験においては，子どもは自分の目的活動のなかに身を入れ，
それに打ちこんでいることであろう。経験の発展的事態の内にあること，
すなわちそれに心から身を入れて没入している姿が，とりもなおさず興味
ということである。

　また，心のこもった，興味をもってなされる目的のある活動においてこ
そ，意志の訓練がなされるといえるであろう。経験の具体的事態のなかで

生活する子どもをみつめ，興味をもってなされる目的のある活動を援助し，望ましい帰結へと導くならば，興味と訓練は統一するものである。泥だんごづくりのなかで，泥だんごを大きくしようと工夫を重ねている子どもたちの活動は，そのよい例となるであろう。

　幼児教育・保育のいのちは，このような「ひとつの経験をする」というところにある。

Column ▶▶▶ 植物比論（plant analogy）

　ギリシアの哲学者アリストテレスは，存在の生成を「質料」と「形相」の関係によって説明している。タンポポの種子（質料）に内在する本質（形相）が，タンポポの成長とともに次第にあらわれ，タンポポの花になるように，人間の本質（形相）も，最初から素質として内に備わっていて，成長とともにあらわれてくると考えるのである。

　植物比論にもとづけば，子どもは植物の成長と同じように自発的な成長を進めていく。そして教育者は，子どもに内在する人間的本質（とくに理性的能力）が，内から外へあらわれてくるのを助け，それを内から外へ引きだすのである。ペスタロッチによれば，教育とは自ら成長する「自然」に助力を提供する技術にほかならないものであった。

　「人間は成長する」という事実をしっかりとみつめたことはとても重要なことである。しかし，人間は植物のように自然的環境のなかで成長するだけではない。社会が人間（子ども）を形成するという面を見過ごしてはならない。また，種の本質を不変のものと考え，学習による後天的な変容の事実を知らない素質決定論であることにも注意しなければならない。

　植物比論の教育的意義は，教育が子ども自身の成育を中心としてとらえられていること，また他者の教育的なはたらきかけは子どもの成熟過程に即して行われなければならないことを示唆しているところにある。

Column ▶▶▶ 保育者のあり方を考える

　まど・みちおの「空気」という詩は，興味深い形で保育者のあり方の真実を語っている。

空気　　　　　　　　　　　　　　　　　　　　　　　まど・みちお
花のまわりで　花の形
ボールのまわりで　ボールの形
ゆびのまわりで　ゆびの形

そこに　ある物を
どんな物でも　そこにあらせて
自分は　よけて
その物をそのままそっと包んでいる
自分の形は　なくして
その物の形に　なって…

まるでこの世のありとあらゆる物が
いとおしくてならず
その　ひとつひとつに
自分でなってしまいたいかのように

　　　　　　（まどみちお著，伊藤英治編『まど・みちお全詩集』理論社，2001）

　詩のなかの空気は，「花のまわりで　花の形／ボールのまわりで　ボールの形／ゆびのまわりで　ゆびの形」になっている。そして，「どんな物でも　そこにあらせて／自分は　よけて／その物をそのままそっと包んでいる…」。空気だからこそできることであるが，この詩の主題はやはり人間のことである。この詩の空気を「私」と読んでみると，「花」「ボール」「ゆび」の後に「子ども」と入れて読んでみたくなる。「子どものまわりで子どもの形」というように。

　空気は相手を包むことで自分の形を得ているのであるが，保育者である私たちも，この空気と同じように相手（子ども）が生きることで，私とい

う形を得ているのではないだろうか。

　教育とは，未成熟な子どもをある望ましい成熟の姿にまで助成し，指導するはたらきであるという見方があった。「人間は成長する」という事実に対する深い認識が，その考えのなかにある。教育の主体は成長する子どもであり，子どもを教育するということは，間接的な指導にとどまるものであると考えている。「空気」の詩にも通じるような教育観である。

　保育において，「どんな物でも　そこにあらせて／自分は　よけて／その物をそのままそっと包んでいる」ということは，なかなか難しいことである。子どもの心のなかに自分が大切だと思うことを，鉛筆のようになって書きたくなってしまうのである。自分を「空気」と考えることは，なかなかできるものではない。

　保育者の理想のようにも思われたかもしれないが，子どもをすばらしい人間に育てたいと願い，包むようにはたらきかけることで，子どもに対する深い認識が生まれるといえる。そして，保育者としての私は「わたし」という形を得るといえるだろう。

【引用文献】
1 ）エミール・デュルケム，麻生誠・山村健訳『道徳教育論』講談社，2010, p.27
2 ）Dewey, J. The Later Works 1925-1953, vol.10 p.42 Southern Illinois University Press, 1987

【参考文献】
・森昭『教育人間学──人間生成としての教育』黎明書房，1961
・前田博『教育の本質』玉川大学出版部，1979
・松島鈞ほか総合企画・編集『現代に生きる教育思想』（全8巻）ぎょうせい，1981
・村井実『教育思想』（上・下）東洋館出版社，1993
・プラトン，久保勉訳『ソクラテスの弁明』岩波文庫（ワイド版），1991
・ロック，服部知文訳『教育に関する考察』岩波文庫，1967
・ルソー，長尾十三二ほか訳『エミール』明治図書出版，1967
・フレーベル，荒井武訳『人間の教育』岩波文庫，1964
・デューイ，松野安男訳『民主主義と教育』岩波文庫，1975

第2章 幼児教育を築いた人々
——教育の歴史的考察

　「教育とは魂の向け変えの技術」（プラトン），「自然は飛躍しない」（コメニウス），「子どもは白紙である」（ロック），「子ども時代を愛しなさい」（ルソー），「子どもの生命のもっとも美しい現われは遊戯中の子どもではなかろうか」（フレーベル）。

　これらの言葉は，現代の幼児教育にも生きている考えである。教育の歴史的考察をとおして，自分の教育観をさらに深めていこう。

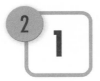

1　欧米の教育史から

　教育理論の歴史は，デューイによれば，「内部から発達」という考え方と「外部からの形成」という考え方の対立にまとめることができる。

　すなわち一方に，子どもを「植物」のようにみる子ども観，また教育を植物の栽培のような行為にたとえる教育観がある。それは，自然をモデルとする「育てる」教育観である。

　また他方に，子どもは「白紙」，あるいは変形自在の粘土のようにみる子ども観，そして教育を陶工が粘土を形づくる作用のようなものと考える教育観がある。手仕事をモデルとした「つくる」教育観である。

　ここでは主として，この2つの考え方を軸にして，西洋教育史において有名な教育者たちの子ども観，教育観を考察していくことにする。

1. ソクラテス──問答法と助産術

　ソクラテス（紀元前470または469-399）は，若いころ自然学を学んでいたといわれている。しかし，自然学的には把握できない人間の魂について関心をもつようになった。

　ソクラテスが35歳から40歳ぐらいのころ，カイレフォンという弟子が，デルフォイの神殿で「ソクラテス以上の賢者がいるか」という問いに対する神託を求めた。すると，「ソクラテス以上の賢者は一人もいない」という神託がくだった。ソクラテスは，自らの無知を深く自覚する者として，こうした神託がくだったことにおどろき，長い間，思い迷い，この疑問を解こうとした。彼は，当時，賢者と思われていた政治家や詩人たちを訪ね，議論をかさねたが，彼らもソクラテスと同じく，まったくの無知にほかならないことを発見する。

　『ソクラテスの弁明』のなかで，ソクラテスは次のように語っている。「私達は二人とも，善についても美についても何も知っていまいと思われるが，しかし，彼は何も知らないのに，何かを知っていると信じており，これに反して私は，何も知りもしないが，知っているとも思っていないからである。されば私は，少なくとも自ら知らぬことを知っている，とは思っていないかぎりにおいて，あの男よりも智慧の上で少しばかり優っているらしく思われる」（プラトン，久保勉訳『ソクラテスの弁明』岩波文庫）。

　ソクラテスの「無知の自覚」のよく知られたエピソードである。その後，彼はアテナイの街にでて，身体や富のことではなく，魂の完成こそ第一の関心事とするようにと説いてまわっていった。それが「神託」に応える生き方であると考えたのである。

　ソクラテスの哲学の中心問題は，このように魂の配慮ということであった。この魂とは，現代的な言葉でいいかえれば，人間の人格性というものである。真の知を愛するものとするため，彼は，ソフィストのように「真の知」を教授しようとしたのではなかった。ソクラテスは，真善美など人生にとって大切な価値について，他者と問答をかさねながら，真の知を生みだそうとつとめた。「問答法」「助算術」といわれるものである。

「問答法」とは，相手の説をいったん承認し，そこから問いを提示し，相手がそれに答えるという，問答の手続きを進め深めていくものであった。しかし，ソクラテスの鋭い問いに導かれ，問答を進めていくうちに，ついには自分のはじめの説を撤回せざるをえなくなる。たとえば，「勇気」について自分は知っていると思っていたのに，実は何も知らなかったのだと自覚するにいたるのである（プラトン『ラケス』）。ソクラテスの皮肉（アイロニー）といわれるものである。

　問答法は，問答の相手が無自覚的に抱いていた思想を，ソクラテスの問いによって自覚させることでもある。相手の魂のなかに眠っている真理を呼びさまし，取りだすという理由から，ソクラテスは自らの問答法を「助産術」と名づけた。つまり，ソクラテスは，真の知を一方的に教授したのではない。自分の力で真の知識にたどり着くこと，問答を通じて生みだすことをもとめたのである。

プラトンの言葉

　ソクラテスに師事し，彼の精神に深い影響を受けたプラトン（紀元前427-347）は，ソクラテスを主人公とする多くの著作を残している。『国家』もそのひとつであるが，そのなかで「教育」について，ソクラテスに次のように語らせている。文中の「ぼく」とは，ソクラテスのことであるが，その内容はプラトン独自の思想である。しかし，その中味は，ソクラテスと同様，自覚をうながし人格性を高めようとする覚醒の教育観をよく示すものである。

　「そもそも教育というものは，ある人々が世に宣言しながら主張しているような，そんなものではないということだ。彼らの主張によれば，魂のなかに知識がないから，自分たちが知識をなかに入れてやるのだ，ということらしい——あたかも盲人の目のなかに，視力を外から植えつけるかのようにね」

「ええ，たしかにそのような主張が行われていますね」と彼は言った。

「ところがしかし，いまのわれわれの議論が示すところによれば」とぼくは言った。「ひとりひとりの人間がもっているそのような〔真理を知るための〕機能と各人がそれによって学び知るところの器官とは，はじめから魂のなかに内在しているのであって，ただそれを—— あたかも目を暗闇から光明へ転向させるには，身体の全体といっしょに転向させるのでなければ不可能であったように——魂の全体といっしょに生成流転する世界から一転させて，実在および実在のうち最も光り輝くものを観ることに堪えうるようになるまで，導いて行かなければならないのだ。そして，最も光り輝くものというのは，われわれの主張では，〈善〉にほかならぬ。そうではないかね？」

「そうです」

「それならば」とぼくは言った，「教育とは，まさにその器官を転向させることがどうすればいちばんやさしく，いちばん効果的に達成されるかを考える，向け変えの技術にほかならないということになるだろう。それは，その器官のなかに視力を外から植えつける技術ではなくて，視力ははじめからもっているけれども，ただその向きが正しくなくて，見なければならぬ方向を見ていないから，その点を直すように工夫する技術なのだ」

「ええ，そのように思われます」と彼。

プラトン，藤沢令夫訳『国家（下）』岩波文庫，1979，p.115-116

2. コメニウス——教育の基礎は「自然」のなかにある

「あらゆる人にあらゆる事柄を教える」こ
とをめざしたチェコのコメニウス（Comenius,
J. A. 1592-1670）の教育思想は，近代の教
育思想の幕開けであった。

●図表2-1　コメニウス

コメニウスが生きた時代は，旧教徒（カ
トリック）と新教徒（プロテスタント）が激
しく対立し，三十年戦争（1618-1648）の嵐
が吹き荒れた時代である。

コメニウスは，主著『大教授学』（1657年）
のなかで，教育目的，教育改革の原理，教
授の原則，各科教育論および学校制度論を体系的に論じている。「あらゆ
る人にあらゆる事柄を教える普遍的な技法を提示する」という『大教授
学』の扉の言葉は，この本の考えをはっきりと示している。

コメニウスによれば，教育と感化は，組織された学校教育をとおして，
もっとも教育されやすい時期に行われなければならなかった。彼は，宗教
戦争の絶望の淵から人類を救う道を，子どもと教育のなかに見いだそうと
したのである。彼はそのため，貴賎貧富のへだてなく進学できる単線型の
学校体系（母親学校，母国語学校，ラテン語学校，大学）を構想している。

また，コメニウスは，正しい信仰・道徳・知識をひとつの体系にしたも
の（汎知体系）をすべての者が等しく共有することによって，互いの偏見
を捨てさり相互に理解しあうことをめざした。この「汎知体系」をむだな
く一様に「あたかも知識を印刷するように」教育することによって，学校
は祖国の解放と人類救済の手段となることができると考えたのである。

さらに，コメニウスは，「自然は飛躍しない」「自然は一般的なものから
始め特殊なもので終わる」など，自然の原理から教育の原則を引きだした。
近代の教育理論の成果のひとつである「合自然の教育」である。

こうした合自然の原理から，子どもの自発性や興味の強調，実物教育，
感性的認識から知識へとみちびく直観教授などの注目すべき原則が引きだ

された。彼は「近代教授学の祖」と評価されている。

　また，絵入りの教科書『世界図絵』（1657年）は，絵本のはじまりとも
評価されている。

コメニウスの言葉

　種子は，まだ果実ではない。

　知識と徳行と神に帰依する心との・それぞれの種子は，上に見たとお
り，自然が与えております。けれども，知識そのもの　徳性そのもの　神
に帰依する心そのものまでを　自然が与えているわけではありません。
これらは，祈りにより　学習により　行いによって，獲得されるものな
のです。このところから申せば，人間を，教育される動物と規定した人
は，間違っていなかったことになります。申すまでもなく，教育されな
くては，人間は人間になる事ができないのであります。
　　　　コメニュウス，鈴木琇雄訳『大教授学』（1）明治図書出版，1962，p.81

　技術の基礎は，自然の中に求めなければならぬ。

　教授と学習との方法を建設するに足りる・いわば不動岩にも似た基礎
を　神の名において　たずねることにとりかかりましょう。私たち人間
の中に住みついている・自然の欠陥を救う手段は，自然の中以外には求
めることはできません。なぜなら，申すまでもなく，技術は　自然を模
倣するのでなければなにごともなしえない，ということは最高の真理な
のですから。…（中略）…あらゆる事柄を教授し学習する技術の・普遍的
な原型と考えられる・あの秩序は自然という教師以外の手から　受け
とってはなりませんし　また受けとることはできない，ということであ
ります。
　　　　コメニュウス，鈴木琇雄訳『大教授学』（1）明治図書出版，1962，p.137

3. ロック——子どもは「白紙」である

コメニウスにやや遅れて，イギリス経験論の哲学者ロック（Locke, J. 1632-1704）は，『教育に関する考察』（1693年）のなかで，典型的な紳士教育論を論じている。それはまた「つくる」教育の典型であった。

●図表2-2　ロック

ロックは，人間の精神にはあらかじめ刻みこまれた生得的観念は存在せず，私たちが学びとるすべての事柄は，感覚・経験・教育からやってくるものであると考えた。

子どもは「白紙，あるいは好きなように型に入れ，形の与えられる蜜臘（みつろう）にすぎない」[1]というのが，ロックの子ども観である。この精神白紙説（tabula rasa）は，人間形成における教育（環境）の決定的役割，乳幼児期の教育の重要性を確信させるものとなった。

ロックは，思慮（しりょ）と教養に富む紳士の育成を教育の目的としたが，そのための教育として，「徳育」においては子どもの欲望や本能を早くから抑制することを，「身体論」においては身体の鍛練（たんれん）を，また「知性の教育」においては理性的な思考習慣の形成を主張している。「鉄は熱いうちに打て」というたとえに通じる教育論である。

ロックはまた，知識・技術それ自体の習得を目的とするコメニウスのような「実質陶冶（とうや）」ではなく，個々の知識よりも推理力・判断力・記憶力などの精神的諸能力の育成を目的とする「形式陶冶」を強調した。

形式陶冶説は，推理，判断，記憶などの理性的能力を訓練すれば，その効果が転移すると考え，古典，数学，論理学の教育的意義を強調するものである。私たちが中学校や高等学校で「数学」を学ぶのは論理的に考える力を育てるためであるとよくいわれるが，こうした考えのなかに形式陶冶説は生きている。思考の能力の訓練について，ロックは数学がそのよい機会を提供するものであると考えた。

　自分の傾向性を克服し，欲望を理性に従わせることを教えなさい。これが達せられ，絶えず実行して習慣となれば，そのもっとも困難な課題は終ったのです。子供をここまでにするには，称讃と推賞を受けることを愛する気持ちが，もっとも役に立ちますので，このような気持ちをあらゆる手段に訴えて子供に植付けねばなりません。

　　　　　　ロック，服部知文訳『教育に関する考察』岩波文庫，1967，p.314

　ここでは教育の主要目標と目的に関して，若干の一般的見解のみを，しかも一人の紳士の息子のために，立案したものを述べたのであって，その息子は当時非常に幼かったので，わたくしはただ白紙，あるいは好きなように型に入れ，形の与えられる蜜蝋に過ぎないと考えました。

　　　　　　ロック，服部知文訳『教育に関する考察』岩波文庫，1967，p.333

4. ルソー──最初の教育は消極的でなければならない

　ルソー（Rousseau, J. J. 1712-1778）は，エミールを主人公にした教育小説『エミール』（1760年）のなかで，子どもの「自然」にもとづく自然的成長主義の教育観を力強く主張した。「創造主の手から出る時には，すべては善いものであるが，人間の手にかかるとそれらが例外なく悪いものになっていく」[2]という冒頭の有名な言葉は，子どもの自然性が本来は「善」であることを象徴的に示すものであった。

●図表2-3　ルソー

　ルソーの『エミール』は，子どもを「小さな大人」とみる従来の子ども

観と「つくる」教育を一変させることになった。子どもは，もともと善い「自然」をもって生まれ，つねに創造的表現をやめない存在である。子どもの弱さや未熟さは，完成された姿からみられるべきではなく，むしろ精神のしなやかさ，発達の可能性としてみることを求めている。

　ルソーの子ども観は，ロックのような「白紙」の子どもではなく，今，地上にあらわれた「双葉」のような，発達の可能性を秘めた存在である。大人が外から子どもを「善く」しようとして早くから干渉するのは，ルソーによれば，不必要であるばかりでなく，かえって有害なことである。12歳までの教育については，知識を早くから教えこむことではなく，子どもにとって危険なものを取りのぞき，知識への興味を引き起こすことを目的としなければならないものであった。ルソー独自の消極教育論である。また，こうしたところから，ルソーはよく「子どもの発見者」であると評価されている。

　ルソーによれば，教育とは，外から与えられるものではなく内からの発展であり，子どもの自然の歩みにしたがって人間をつくる技術である。しかし，「消極教育」とは，教師や大人が子どもに何も手をくださず放任しておくというのではない。教師の慎重なる配慮のもとに，理性の基礎としての子どもの感官が十分な発達を遂げるように環境を整え，訓練していくことを意味していた。

ルソーの言葉

　人々は子ども時代とはどういうものであるかということをちっとも知らない。昔ながらの間違った考えをしているものだから，教育すればするほどいよいよ子どもというものがわからなくなってしまう。もっとも聡明といわれている人々でさえ，子どもの学習能力を考慮にいれないで，おとなにとって大切なことを子どもに一所懸命教えている。かれらはいつも子どもをおとなに近づけることにばかり夢中になっていて，お

となになるまでの子どもの状態がどんなものであるか考えてみようとは
しない。

ルソー，長尾十三二ほか訳『エミール』明治図書出版，1967，p.12

　創造主の手から出る時には，すべて善いものであるが，人間の手にか
かるとそれらがみな例外なく悪いものになってゆく。…（中略）…人間は，
すべてのものについてその本来のあり方をひっくり返し，一切のものに
手を加えて形を変える。人間は形の変わったもの，つまり化け物が好き
なのだ。人間は，何ものであれ，それを自然がこしらえたままにはして
おきたくないらしい。人間についてさえもそうだ。人間を，まるであの
乗馬練習用の馬みたいに，自分の思い通りに調教しなくては気がすまな
い。庭木のように，自分の好みに合わせてねじまげなければ気に入らな
い。

ルソー，長尾十三二ほか訳『エミール』明治図書出版，1967，p.17

　ゆえに最初の教育は純粋に消極的でなければならない。それは美徳や
真理を教えることではなく，心を悪徳から精神を誤謬からまもってやる
ことにある。

ルソー，長尾十三二ほか訳『エミール』明治図書出版，1967，p.122

5. ペスタロッチ——生活が陶冶する

　ペスタロッチ（Pestalozzi, J. H. 1746-1827）は，貧しい民衆とその子ども
たちの教育に生涯を捧げた教育実践家であった。ノイフォークの貧民学校
やシュタンツの孤児院で民衆教育を実践した彼は，教育こそ貧民の不幸を
救い，彼らを立ち直らせる基本的手段であると考えた。
　ペスタロッチは，『隠者の夕暮』（1780年）の冒頭で「玉座の上にあって
も木の葉の屋根の蔭に住まっても同じ人間，その本質からみた人間，一体
彼は何であるか」[3]と述べている。彼にとって，人間はすべて生まれなが
ら平等の人間性をもった存在であった。

そして教育は，頭（知的能力）と胸（道徳的能力）と手（技術的能力）の３つの能力を，その発展の段階に即応しつつ調和的に発達させなければならないものである。「生活が陶冶する」というように，日常の生活をとおして，その教育は展開された。

●図表2-4　ペスタロッチ

こうした原理にたって，ペスタロッチは，教授法の分野において，生産労働と教育の結合，実物にふれながらものごとを認識していく直観教授など重要な理論的実践的提示を行っている。

「自然という賢明な指導者の力と秩序」にもとづくペスタロッチの教育方法の思想は，コメニウスやルソーの思想を引きつぐものである。つまり，教育とは，子どもの「自然」に助力を提供する技術にほかならないものであった。

また，ペスタロッチにおいて教育の原点は，あくまで愛と信頼に満ちた家庭のなかにあり，学校教育は家庭教育の延長に位置づけられるものである。

子どもの自発性や直接経験を尊重し，諸能力の自己開発を助ける彼の「開発教授法」は，『リーンハルトとゲルトルート』（1787年），『シュタンツ便り』（1799年）などとともに世界に普及していくことになった。わが国においても，明治初期伊沢修二や高嶺秀夫によりペスタロッチの教授法が導入された。

ペスタロッチの言葉

学校の人為的な方法は，急がずに時期を択ぶ自由な自然の言葉の順序をともすればむりやりに駆り立てようとするが，こうした方法は人間を教育して，内面的な本性の力の欠乏を覆い，そして現世紀のような浮薄

な時代を満足させる人為的な虚飾的なものにしてしまう。…(中略)…自然の力はたとえそれが抵抗できない強い力で真理へ導きゆくとはいえ、その導きのうちには少しも窮屈なところがない。

ペスタロッチー，長田新訳『隠者の夕暮・シュタンツだより』岩波文庫，1993，p.11

　家庭教育のもつ長所は学校教育によって模倣されねばならないこと、また後者は前者を模倣することによって初めて人類に何か貢献するということを証明しようと思った。…(中略)…よい人間教育は、居間におる母の眼が毎日毎時、その子の精神状態のあらゆる変化を確実に彼の眼と口と額とに読むことを要求する。よい人間教育は、教育者の力が、純粋でしかも家庭生活全体によって一般的に活気を与えられた父の力であることを根本的に要求する。

ペスタロッチー，長田新訳『隠者の夕暮・シュタンツだより』岩波文庫，1993，p.54

6. フレーベル──あらゆる善の源泉は遊びのなかにある

　フレーベル（Fröbel, F. 1782-1852）は、主著『人間の教育』（1826年）のなかで、子どもの本質を神的なもの（永遠の創造性）としてとらえ、その無傷の展開を保護し助成しなければならないと主張した。フレーベルにとって教育は、「意識し、思惟（しい）し、認識する存在としての人間を刺戟し、指導して、その内的な法則を、その神的なものを、意識的に、また自己の決定をもって、純粋かつ完全に表現させるようにすること、およびそのための方法

●図表2-5　フレーベル

や手段を提示すること」[4] であった。

　ペスタロッチと同じようにフレーベルの教育は，子どもの心の内にある
ものを引きだす「育てる」教育である。

　子どもの創造的な自己活動に価値を見いだしたフレーベルは，そのため
の教育として，遊びと労働とをむすびつけた幼児教育を提唱して実践した。
幼児期の遊びは，子どもの内なるものの自由な表現であり，あらゆる善の
源泉であると高く評価された。

　フレーベルはまた，「人間というもっとも高貴な植物」とも述べており，
子どもを植物，教育を栽培にたとえる植物比論（plant analogy）の考え方を
いたるところに示している。植物比論からもわかるように，フレーベルは，
大人の生活のなかに幼児，幼年，少年など現在に先立つ発達段階をみるこ
と，言いかえれば，人間の発達を中断のない一連の連続性としてみている。

　1840年，フレーベルは幼児教育施設を「幼稚園」（Kindergarten）と命名
したが，学校ではなく「園」という命名にフレーベル思想のエッセンスが
あるといえるだろう。

　また，「恩物（Gabe）」と呼ばれる子どもの創造性を引きだすための教育
的遊具も考案している。フレーベルの教育思想は，「成長」という観念を
広く世に認めさせるうえで比類のない力を発揮することになった。

●図表2-6　フレーベルの恩物

第一恩物（六球）　　　　　第二恩物（三球）　　　　　第三恩物（積み木）

7. オーエン──人間は環境の産物である

　保育所の原点のひとつは，工場経営者であり，また社会主義者でもあったイギリスのオーエン（Owen, R. 1771-1858）の教育思想に求めることができる。

　オーエンは，1800年に紡績工場を買い取り，労働者の子どもの教育と生活改善の試みをはじめた。そこに生まれた「性格形成学院」は，保育所のはじまりと評価されている。

　この性格形成学院において，1〜5歳の子どもたちは「一生懸命お友だ

ちを幸福にしてあげよう」という教育方針の
もと，音楽やダンスなどで保育されていた。
また，年上の子どもも昼間学校で教育される
ことになった。そこで実践されたオーエンの
教育は，自然と結びついた教育，実物による
教育，基礎的な科学・技術の教育，地理の学
習，ダンス，音楽，行進，賞罰と競争制度の
排除などに特徴をもつものである。

●図表2-7　オーエン

　オーエンは，『新社会観』（1813年）のなか
で，人間は環境の産物であり，どのような意
見や習慣も，また性格でさえ子どもに教えこみ形成することができると主
張している。「この複合体（子どものこと）は，…（中略）…無限の可能性を
もっているとはいえ，なお変形自在の性質をもっているから，賢明な管理
のもとに根気よくやれば，遂には合理的な欲望と願望の像そのものに形づ
くることができ」[5]るのである。

　こうした考えから，幼児期の重要性が認識されることになったが，オー
エンにとって子どもは，粘土のような可塑性をもった「受動的で，また驚
くべく巧妙な複合体」であった。教育の力を確信する「つくる」教育の典
型である。

オーエンの言葉

　適当な手段を用いれば，どんな一般的性格でも，最善のものから最悪
のものまで，最も無知なものから最も知識あるものまで，どんな社会に
も，広く世界にでも，付与することができる。しかもその手段の大部分
は，世事に影響力をもっている人たちが意のままにし，支配していると
ころのものである。
　　　　　　　ロバアト・オウエン，楊井克巳訳『新社会観』岩波文庫，1954，p.25

この諸論文の出発点をなしている根本原理は，「総じて子供はどんな意見や習慣でも教えこむことができる」ということ，言いかえれば，「どんな性格でも獲得するように仕込むことができる」ということである。

　　重要なことは，この原理を永久に心に銘記すべきこと，そして，それが真であることを一点の疑いもないように確立せねばならぬということである。

　　　　　ロバアト・オウエン，楊井克巳訳『新社会観』岩波文庫，1954，p.115

8. デューイ──経験の，経験による，経験のための教育論

　デューイ（Dewey, J. 1859-1952）は，1896年シカゴ大学に実験学校をつくり，教育は，生活であり，子どもの成長をうながす経験の不断の再構成であり，社会的な過程であるという教育理論にもとづく教育実践を試みた。

●図表2-8　デューイ

　実験学校においては，子どもたちの活動的作業がカリキュラムの中心となった。学校は，一定の決められた課業を固定した机のうえで学んでいくところではなく，生活とむすびつき，子どもが生活する場所として，また生活指導を受けつつ学ぶ「小さな社会」（子どもの住み家）にならなければならなかった。

　生活において経験される内容を拡大し，深化することをめざしたこの学校の成果は『学校と社会』（1899年）にまとめられた。

　『学校と社会』の教育実践の一例に，箱をつくりたい子どもの例がある。子どもが，箱をつくろうと試みる場合，「かれの観念を明確ならしめ，そのことを一つの計画にまとめ上げ，適当な木材を入手し，必要な各部分の

寸法を測り，それらの各部分に必要な釣合をあたえるなどという問題」[6)]
が生まれる。さらに，道具や過程についての知識が必要となる。

　また，箱をつくる活動のプロセスには，他者とかかわり，考えたり，試
したり，挑戦したり，自分の思いを言葉で伝える機会，粘り強さ，努力を
する機会が生まれることになるであろう。

　心をこめた目的のある活動を成就するとき，子どもには満足感と充実感
が生まれ，「ひとつの経験」（第1章）をすることになる。そして，このよう
な経験による生の連続的自己更新の過程が成長にほかならないのである。

デューイの言葉

　学校においてこそ，子どもの生活がすべてを支配する目的となるので
ある。子どもの成長を促進するあらゆる手段がそこに集中される。学
習？　たしかに学習はおこなわれる。しかし，生活することが第一であ
る。学習は生活することをとおして，また生活することとの関連におい
ておこなわれる。

デューイ，宮原誠一訳『学校と社会』岩波文庫，1957，p.51

　子どもはすでにはげしく活動的であり，教育の問題は子どものこの
諸々の活動をとらえ，この諸々の活動に指導をあたえるという問題なの
である。指導によって，つまり，組織的にとりあつかわれることによっ
て，子どもの諸々の活動は，散漫であったり，たんに衝動的な発現のま
まにまかせられていたりすることをやめて，諸々の価値ある結果へとむ
かうのである。

デューイ，宮原誠一訳『学校と社会』岩波文庫，1957，p.52

　教育とは，経験の意味を増加させ，その後の経験の進路を方向づける
能力を高めるように経験を改造ないし再組織することである。

デューイ，松野安男訳『民主主義と教育』（上）岩波文庫，1975，p.127

9. モンテッソーリ──能力の獲得には最適な時期がある

モンテッソーリ（Montessori, M. 1870-1952）は，イタリア初の女性の医学博士，教育者，新教育運動の指導者として著名な人物である。

●図表2-9　モンテッソーリ

彼女は，ローマに「子どもの家」（Casa dei Bambini）をつくり，障がいをもつ者の治療教育の研究成果を，子どもの教育にも生かそうと考えた。

モンテッソーリの幼児教育において，自発性の尊重，感覚教育の重視，そして子どもの自発的活動を引きだす自由な環境の提供はキーワードである。

モンテッソーリは子どもたちの興味の対象が次々と移り変わる点に着目し，さまざまな能力の獲得にはそれぞれ最適な時期があると考え，それを「敏感期」と名づけている。

たとえば，3歳から6歳頃は，感覚と運動の敏感期である。3歳頃になると，感覚器官（視覚，聴覚，触覚，味覚，嗅覚）がさらに発達してくるが，子どもたちは感覚器官をとおして，自分をとりまく環境から情報を取り入れ豊かな感受性を育てていくのである。また，この時期は，運動機能の調整期でもある。自分の思いどおりに身体を正しく使いこなせることは，子どもにとって大きな自信となり，新たなものへ挑戦しようとする意欲へとつながっていくことになるのである。

モンテッソーリ教育の特徴である一斉教育を行わない教育形態は，子どもの自発性を重んじたこと，またこの「敏感期」を育もうとする教育理論から出てくるものである。

円柱さし，色板，触覚板，長さの棒などのモンテッソーリ教具と『モンテッソーリ・メソッド』（1912年）は，当時の新教育運動に大きな影響を与えることになった。

●図表2-10　モンテッソーリ教具

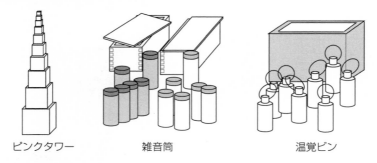

ピンクタワー　　　　　　　雑音筒　　　　　　　　　温覚ビン

モンテッソーリの言葉

　教育とは教師がするものではなく，それは人間のなかにひとりでに展開する自然の過程であって，言葉に耳を傾けて教わるのでなく，子どもが環境に向かって行動する経験によって得られるのです。教師の仕事は話すことではなく，子どものためにつくられた特別の環境で一連の文化的活動をする動機を準備してやることです。

　　　　　　　　モンテッソーリ，鼓常良訳『子どもの心』国土社，1992，p.14

　敏感期というのは，発育のうちにすなわち生き物の幼児期にあらわれる特別敏感な状態のことであります。それは一時的なもので，その生物に一定の能力を獲得させるのに役だつだけです。それが済めば，その敏感な状態は消えます。それでどの特性も，一つの衝動に基づく限られた短期間に発達します。成長とは受け継いだ生まれついた無計画な発育のことではなく，周期的にあらわれる本能によって細心に指導される内面的な努力の結果であります。

　　　　　　　　モンテッソーリ，鼓常良訳『幼児の秘密』国土社，1992，p.51

2　日本の幼児教育理論

　日本の近代幼児教育は，明治期に欧米の幼児教育論と実践方法の導入によりスタートした。しかし，明治期はただ単に欧米の幼児教育を模倣するだけではなく，1876年（明治9）に設立されたわが国最初の幼稚園である東京女子師範学校附属幼稚園の教員を中心に，日本独自の幼児教育のあり方を目指して，教育者や実践家が積極的に活動をはじめた時期でもあった。

　ここでは，明治から大正，昭和にかけて日本の幼児教育の理念・方法の確立に多大な影響をおよぼした和田実，倉橋惣三，城戸幡太郎の幼児教育論について考察する。

1. 和田実――訓育的誘導論・遊戯的教育論

　1876年（明治9），東京に生まれる（1954年〈昭和29〉没）。幼児教育における「誘導」という概念を提唱し，遊戯を保育の中心的な内容と位置づけ体系化した。のちの倉橋惣三の誘導保育論や日本の幼児教育成立に多大な影響をおよぼした幼児教育の理論家・実践家である。

　神奈川県の小学校教員を経て，1905年（明治38）に東京女子高等師範学校（現お茶の水女子大学）嘱託となり，保育実習科を担当する。1915年（大正4）同校を退職後，目白幼稚園，1930年（昭和5）目白幼稚園保姆養成所（現東京教育専門学校）を創設

●図表2-11　和田実

（『学園報　めじろ』和田実学園，2005，p.8）

し，幼稚園教育現場における理論と実践および保育者の養成に尽力した。

　1908年（明治41），和田は当時，東京女子高等師範学校附属幼稚園の主

事であった中村五六（1860-1946）との共著『幼児教育法』を刊行する。さらに，1932年（昭和7）『実験保育学』，1943年（昭和18）『保育学』を刊行した。

　和田の代表的な幼児教育論には，「訓育的誘導論」と「遊戯的教育論」がある。訓育的誘導論の訓育とは「しつけの方法」を意味し，「誘導」とは子どもに意識させることなく自然に身につくことができるよう指導することを意味する。

　訓育的誘導論は，保育のなかで日常生活における望ましい習慣を子どもが身につけるよう指導することである。和田は訓育的誘導論のなかで，望ましい習慣を「①生理的習慣（就寝，起床，飲食，服装，排便，一般清潔），②動作的習慣（敬礼，姿勢，人に対する態度，起居の動作，食事作法），③言語的習慣の教育（正しき発音の模倣，言語の標準，語法，省略，自由な会話の保障），④精神的行為に属する習慣（誠実，親愛，従順，整理整頓，勇敢，敬虔）」[7] の4つに分類した。

　遊戯的教育論の遊戯は「遊び」に該当する。和田は「遊戯は遊びであって学習的事項ではない」[8] と，当時の遊戯を学習事項とする立場の考え方は，子どもにとって有害でしかないと明確に反対した。遊戯は強制的に教育すべきものではなく，子どもが自由に興味本位で遊ぶことによって，子どもの心身の健全な発達が保障されると提唱した。和田は遊戯の教育的特性として，「①快感，②興味，③自由，④社会的縮写（歴史や社会の影響を受けること），⑤遊戯意識の発達，⑥発表能力の発達，⑦遊戯の種類」をあげ，遊戯の種類を「①収得的経験的遊戯，②模倣的発表遊戯，③練習的発表遊戯，④技術的遊戯，⑤理知的遊戯，⑥労役的遊戯，⑦運動的遊戯」[9] の7つに分類した。

　和田は，明治・大正期に主流であったフレーベルの保育論に対し，子どもの自主性にもとづいた遊びを中心としたわが国独自の保育論を展開した点で高く評価されている。

2. 倉橋惣三──誘導保育論

　1882年（明治15），静岡県に生まれる（1955年〈昭和30〉没）。わが国の保育界における先駆者であり，「幼児教育の父」「日本のフレーベル」と呼ばれる。

　東京帝国大学文科大学哲学科を卒業し，同大学院にて児童心理学を専攻した。倉橋は第一高等学校在学中から，わが国最初の幼稚園である東京女子高等師範学校附属幼稚園（現お茶の水女子大学附属幼稚園）に足しげく通い，遊戯の見学や子どもたちとの遊びをとおして幼児教育に強い関心を示すようになった。

●図表2-12　倉橋惣三

（国立大学法人　お茶の水女子大学附属幼稚園『時の標』フレーベル館，2006，p.47）

大学院卒業後，1910年（明治43）に東京女子高等師範学校講師となり，児童心理学の講義を担当する。また，日本でもっとも歴史の長い幼児教育研究誌『婦人と子ども』（明治34年1月創刊，現『幼児の教育』）の編集主幹を担当し，誌上でみずからも幼児教育論を展開した。

　1917年（大正6），東京女子高等師範学校の教授となり，同時に附属幼稚園の主事となった。東京女子高等師範学校の先輩教員であり幼児教育の先達である和田実の「感化誘導」の理論を継承・発展し，「児童中心主義」に立脚した「誘導保育論」を提唱した。

　倉橋の主張する「誘導保育」とは，子どもの生活をありのままに尊重し，子どもの自発的な遊びのなかで自己表現力を育てる保育のあり方のことである。倉橋は，誘導保育論のイメージを講演や著書のなかで「生活を生活で生活へ」[10] という言葉で表現している。倉橋は，保育者が時間割や型にはめた保育内容にもとづいて子どもを指導することに疑問を抱き，子どもは保育に適した保育環境・設備のなかで自由に遊ぶことによって子ども自身の「自己充実力」[11] が発揮されると考えた。

　誘導保育を行う保育者に関しては，「誘導保育案を実施していく上に，先生の豊富な創造性は，欠くべき必要条件である」[12] と述べ，豊かな創造性や表現する技量を持ち合わせた保育者が，子ども一人ひとりに即した教育を行うことの必要性を説いた。誘導保育論は，保育実践の場に大きな影響をおよぼし，わが国の幼児教育の指針となる保育理念となった。

　第二次世界大戦後，現行の幼稚園教育要領や保育所保育指針の礎となる「保育要領」の設定（1948年〈昭和23〉）や日本保育学会（1948年〈昭和23〉）の設立にかかわり，わが国の保育実践，保育研究に多大な貢献を果たした。

　フレーベルの精神を忘れて，その方法の末のみを伝統化した幼稚園を疑う。定型と機械化とによって，幼児のいきいきしさを奪う幼稚園を慨く。幼児を無理に自分の方へ捕えて，幼児の方へ赴き即こうとするこまやかさのない幼稚園を忌む。つまりは，幼児を教育すると称して，幼児を先ず生活させることをしない幼稚園に反対する。

　　　　　　　　倉橋惣三『幼稚園真諦』フレーベル館，1976，復刊の序

　幼稚園という所は，生活の自由感が許され，設備が用意され，懇切，周到，微妙なる指導心をもっている先生が，充実指導をしてくださると共に，それ以上に，さらに子供の興味に即した主題をもって，子供たちの生活を誘導して下さるところでなければなりません。

　　　　　　　　倉橋惣三『幼稚園真諦』フレーベル館，1976，p.46

3. 城戸幡太郎──社会的共同生活論

　1893年（明治26），愛媛県に生まれる（1985年〈昭和60〉没）。和田実，倉橋惣三とともに大正から昭和にかけてわが国の保育界をリードした心理学者，教育学者である。子どもの個性や自主性を重要視した倉橋の「児童中心主義」に対し，子どもの社会性の育成を重要視した「社会中心主義」と呼ばれる教育理念を提唱した。

●図表2-13　城戸幡太郎

　1916年（大正5）に東京帝国大学心理学選科を卒業，ドイツのライプチッヒ大学留学を経て，1924年（大正13）に法政大学文学部教授に就任した。

城戸は，心理学者としての立場から大正期の教育学について，「現今の教育学者や倫理学者には自分の理想に依って事実を曲解せんとするが如きものが往々ある」と批判し，教育学は科学的に研究されるべきものであると主張した。

　1936年（昭和11）に「保育問題研究会」を設立し，「教育科学運動」と呼ばれる科学的・実践的な研究活動を指導・推進した。研究会には，当時の新進気鋭の若手研究者と教育・保育現場の教師や保育者が集い，子どもの教育を科学的・実証的に分析し，研究成果を保育現場に還元することを目指した共同研究活動を行った。現場の保育者と研究者が共同で子どもの問題を研究する会の設立は画期的なことであり，以後の幼児教育研究に大きな影響をおよぼした。

　保育問題研究会は7つの研究部会（第1部会：保育の基礎的な問題，第2部会：幼児の保健衛生，第3部会：困った子どもの問題，第4部会：自然と社会に関する観察，第5部会：言語，第6部会：遊戯と作業，第7部会：保育関係の政策的諸問題）で構成され，保育現場で生じたさまざまな問題や保育者の関心事項について積極的な共同研究を実施した。保育問題研究会の共同研究から，保育案や障がい児の研究など，科学的・実践的な保育研究の嚆矢となる優れた研究成果が多数発表された。

　城戸は，子どもを社会的な存在と位置づけ，子どもは生活指導のないまま自然に育てると利己的になる（利己的生活）とし[13]，これを生活指導を行うことによって社会的な生活ができるようにしていく（社会的共同生活）ことが保育の役割であると主張した。

　城戸が設立した保育問題研究会は，城戸の社会中心主義の理念に沿い，①主題，②基本的訓練（清潔，食事，排泄，着衣，睡眠），③社会的訓練（規律，社交），④生活教材（観察，談話，作業，音楽，遊技，運動）の4領域で構成される保育内容を提案した[14]。

　城戸は戦前から幼保（当時は託児所）一元化，幼児保育の普及（就学前の1年間の義務制），集団保育の研究の重要性を提唱しており，現代の保育問題につながる課題を科学的・実践的に検討した先駆者といえる。

城戸幡太郎の言葉

　われらの子供は単なる家庭の子供ではなく，社会の子供であり，国家の子供である。しかし，それは子供が家庭や社会や国家の所有であるという意味ではなく，将来の国家を形成し，発展せしむる原動力であるという意味である。随って子供の教育は個人の自由に任せておくわけには行かず，当然，国家が責任を持って教育しなければならぬものである。
城戸幡太郎『幼児教育論（大正・昭和保育文献集　第10巻）』日本らいぶらり，1978，p.214

　幼稚園や託児所もかかる意味でもとより学校であるが，それが子供の生活環境を改造していくための教育的計画であるからには，何よりも先ず子供の自然である利己的生活を共同的生活へ指導していく任務を負はねばならぬ。従って幼稚園，託児所の保育案は「社会協力」といふことを指導原理として作製されるべきもので，幼稚園と託児所との教育はこの原理によって統一されねばならぬものである。
城戸幡太郎『幼児教育論（大正・昭和保育文献集　第10巻）』日本らいぶらり，1978，p.295

教育に響く名言

書かれた文字だけが本ではない。
日の光り，星の瞬き，鳥の声
川の音だって，本なのだ。

—— 長田弘 ——
（長田弘の詩「世界は一冊の本」の一節　晶文社）

文字で書かれた本だけでなく，自分の身のまわりのありとあらゆるものごとについて，できるだけ深い意味を見いだそうといっている詩である。もちろん，「子ども」「保育」も本なのである。

【引用文献】

1）ロック，服部知文訳『教育に関する考察』岩波文庫，1967，p.333

2）ルソー，長尾十三二ほか訳『エミール』明治図書出版，1967，p.17

3）ペスタロッチー，長田新訳『隠者の夕暮・シュタンツだより』岩波文庫，1993，p.7

4）フレーベル，荒井武訳『人間の教育』岩波文庫，1964，p.13

5）ロバアト・オウエン，楊井克巳訳『新社会観』岩波文庫，1954，p.40

6）デューイ，宮原誠一訳『学校と社会』岩波文庫，1957，p.54

7）和田実『実験保育学（大正・昭和保育文献集　第10巻）』日本らいぶらり，1978，pp.54-70

8）和田前掲書，p.71

9）和田前掲書，pp.76-84

10）倉橋惣三『幼稚園真諦』フレーベル館，1976，p.23

11）倉橋前掲書，p.32

12）倉橋前掲書，p.95

13）城戸幡太郎『幼児教育論（大正・昭和保育文献集　第10巻）』日本らいぶらり，1978，p.295

14）城戸幡太郎，保育案研究委員会『保育案の研究』保育問題研究，3（4），1939，p.17

【参考文献】

・ルソー，長尾十三二ほか訳『エミール』明治図書出版，1967

・フレーベル，荒井武訳『人間の教育』岩波文庫，1964

・デューイ，宮原誠一訳『学校と社会』岩波文庫，1957

・松島鈞ほか総合企画・編集『現代に生きる教育思想』（全8巻），ぎょうせい，1981

・堀尾輝久ほか編『講座学校』（全7巻），柏書房，1995

・中村五六・和田實『幼児教育法』和田実学園，2007

・和田実『実験保育学（大正・昭和保育文献集　第10巻）』日本らいぶらり，1978

・倉橋惣三『幼稚園真諦』フレーベル館，1976

・倉橋惣三『子供讃歌』フレーベル館，1976

・坂元彦太郎『倉橋惣三・その人と思想』フレーベル館，1976

・森上史朗『子どもに生きた人・倉橋惣三の生涯と仕事』（上・下）フレーベル館，2008

・城戸幡太郎『城戸幡太郎著作集』（全7巻）学術出版会，2008

第3章 わが国の幼児教育と保育の歴史

　2006年（平成18），幼稚園と保育所の機能をあわせもつ「認定こども園」が発足した。2015年（平成27）には，「子ども・子育て支援新制度」がスタートするなど，幼児教育や保育をめぐる動向の変化は著しい。このようなときだからこそ，幼児教育のあり方について考えるための視座が必要不可欠である。『歴史とは何か』の著者として有名なカー（Carr, E. H. 1892-1982）は，「歴史とは現在と過去との対話である」と述べている。みなさんにはわが国の幼児教育や保育の歴史を振り返ることをとおして，今日の幼児教育のあり方を考えるための視座を確立してほしい。

3-1 戦前の幼児教育・保育

1. 明治期

（1）幼稚園のはじまり──東京女子師範学校附属幼稚園

　1876年（明治9），東京女子師範学校附属幼稚園が開設された。主任保母は松野クララ，保母は豊田芙雄と近藤浜であった。この幼稚園の定員は約150名であり，満3歳以上，満6歳以下の幼児を対象としていた。保育時間は1日4時間であった。

　保育内容は，物品科，美麗科，知識科の3科目とし，その具体的内容として，フレーベルの恩物，計数，唱歌，説話などで構成された。フレーベ

ルの恩物を中心とした保育内容が大きな比重を占めており，子どもが教師の指示どおり恩物の操作を行うものであった。

　通園していた園児は，富裕な上流家庭の子弟が中心であり，幼稚園は一般大衆からかけ離れたものであった。

　この東京女子師範学校附属幼稚園をモデルとして，全国各地に幼稚園が増設されていった。

●図表3-1　東京女子師範学校附属幼稚園

（日本保育学会編著『写真集　幼児保育百年の歩み』ぎょうせい，1981，p.17）

●図表3-2　恩物の積木で遊ぶ園児

（日本保育学会編著『写真集　幼児保育百年の歩み』ぎょうせい，1981，p.53）

（2）幼稚園保育及設備規程の制定

　幼稚園の数は1887年（明治20）に67園，1897年（明治30）には221園と少しずつ増加した。それにともなって幼稚園を制度的に明確化することが要請されてきた。そうしたなかで1899年（明治32）には「幼稚園保育及設備規程」が制定された。これにより，幼稚園は法的に整備されることになった。

入園年齢は満3歳から小学校に就学する前までとされ，保育時間は1日5時間以内とされた。幼稚園の園児数は100名以下であり，特別な事情があるときは150名までとされた。保母一人あたりの幼児数は40名以下であった。遊嬉，唱歌，談話，手技が保育内容として定められ，煩雑をきわめていた恩物が手技の領域に位置づけられた。

　この規程は，従来の多様な幼稚園教育の水準を一定に保つとともに，各地に幼稚園設立の気運を促進することとなった。

　幼稚園保育及設備規程は，1900年（明治33）の第三次小学校令の改正により，小学校令施行規則のなかに組み込まれることになった。明治政府は近代化のために小学校教育と高等教育に重点をおき，幼稚園を正規の学校体系に位置づけようとはしなかった。

（3）保育所のはじまり

　明治20年代から30年代にかけて，保育所がつくられはじめた。1890年（明治23）に赤沢鍾美・仲子夫妻が開いた新潟静修学校から発展した「守孤扶独幼稚児保護会」がわが国の保育所のはじまりとされている。

　新潟静修学校は，赤沢鍾美が中流以下の子弟，あるいは貧しい子どもたちのために開設した私塾であった。生徒たちが子守から解放され勉強できるように，生徒の幼い弟妹を校内で預かっていた。この保育事業が，1908年（明治41）に「守孤扶独幼稚児保護会」と称して一般に公開された。

　1900年（明治33）には，野口幽香と森島峰によって私立二葉幼稚園（のちに二葉保育園と改称）が開設された。この園は，貧困家庭の子どもを入園させ，日中街なかで悪い習慣を身につける子どもたちをよい環境で教育することを目的としていた。保育内容は，正しい言葉の使用，衛生，生活習慣などに重点がおかれていた。

　1909年（明治42）には，石井十次によって大阪市天王寺区のスラム地域に愛染橋保育所が開設されている。貧困家庭の6歳以下の乳幼児を預かっていた。

　保育所は農民や都市貧民層の子どもを対象に民間人によってつくられていった。

●図表3-3　二葉幼稚園（のちに二葉保育園と改称）

（児童問題史研究会監修『日本児童問題文献選集14　私立二葉幼稚園報告書』日本図書
センター，1984，p.383）

●図表3-4　愛染橋保育所

（日本保育学会編著『写真集　幼児保育百年の歩み』ぎょうせい，1981，p.89）

2. 大正期

（1）大正新教育

　大正期には子どもの個性，自発性の尊重を強調し，従来の注入的・画一
的な暗記主義に対して，「児童中心」の教育を主張する大正新教育が展開
された。

　新教育の実践としては，千葉師範附属小学校の自由教育，奈良女子師範
附属小学校の自立学習・合科学習などが有名である。成城学園，児童の村
小学校，自由学園など，新教育をめざす学校も誕生した。

　このほかに文学者の活動も見逃せない。鈴木三重吉の『赤い鳥』運動，

北原白秋らの童謡運動は、「童心」の発見と子どもの心性の開放を主張した芸術教育運動として展開された。こうした運動のなかで児童を対象とした童話や童謡が生みだされていった。

この時期では、律動遊戯や律動的 表 情 遊戯の創始者である土川五郎の活動も注目される。彼は遊戯をとおして子どもが知らず知らずのうちに表情を豊かにし、身体的機能を高めることを主張した。彼の主張は芸術教育運動とあいまって全国に普及した。

◉図表3-5　律動遊戯をする園児

（日本保育学会編著『写真集　幼児保育百年の歩み』ぎょうせい，1981，p.98）

また、デューイやモンテッソーリらの理論や実践が幼児教育界に紹介された。モンテッソーリによる子どもの自由な自己活動の重視、精神的発達の基礎として感覚の訓練が重要であるとする理論は、従来のフレーベル理論を見直す契機ともなった。恩物中心の保育が批判され、和田実の「生活保育論」や倉橋惣三の「誘導保育論」などの実践が試みられた（本書第2章参照）。

（2）幼稚園令の制定

1926年（大正15）、幼稚園単独の勅令である幼稚園令が制定された。これによって幼稚園は、小学校とは別の独立した幼児教育施設としての地位を確立した。幼稚園令は1947年（昭和22）の学校教育法の制定まで存続した。

幼稚園令の特徴は、ⓐ3歳未満の幼児の入園を認めたこと、ⓑ「保育項

目ハ遊戯，唱歌，観察，談話，手技等トス」と規定され「観察」を加えて
5項目とされたこと，ⓒ保母の資格が「子女ニシテ保姆免許状ヲ有スル
者」と定められたこと，ⓓ幼稚園の定員は120名以下とし，特別な事情が
ある場合は200名までとされたこと，ⓔ保母一人あたりの幼児数は約40名
以下とされたことなどである。

　幼稚園令の制定を機に，幼児教育は中流以下の子弟にまで対象を拡大し
ていった。幼稚園数も1917年（大正6）には677園であったが，1926年（大
正15）には1,066園となった。

（3）保育所

　大正期になるとわが国の資本主義も急速に発展し，工場労働者が急増し
てきた。女子労働者の数も増えはじめ，働く女性の子どもの保育が社会問
題となってきた。そうしたなかで，工場に託児所（保育所）が設置される
ようになった。また，1918年（大正7）の米騒動に象徴される社会問題，
労働争議の発生や社会主義思想の台頭といった社会不安に対して，政府も
対応を進める必要にせまられていた。

　内務省は1920年（大正9）に社会局を設置し，そのなかで託児所（保育
所）をはじめとする児童保護に関する事項を組織的に行うこととした。託
児所（保育所）が発展したのは，社会事業政策の一環でもあったといえる。
東京，横浜，名古屋，京都，神戸，呉，下関などに公立の託児所（保育所）
が設置された。

　これまで保育所は，民間人の手によって慈善事業として進められてきた
が，この時期になると，地方公共団体によって公立の託児所（保育所）が
設置されることになる。

　1912年（明治45）には全国の託児所（保育所）の総数は15カ所であった。
1922年（大正11）には12カ所となり，1925年（大正14）には196カ所（公立
47カ所，私立149カ所）となった。

3 2 戦時下の幼児教育・保育

　1931年（昭和6）の満州事変，1937年（昭和12）の日中戦争と日本は次第に戦時体制へと突入していった。1941年（昭和16）に太平洋戦争が起こり，1943年（昭和18）には「教育ニ関スル戦時非常措置方策」，1944年（昭和19）には「決戦非常措置要綱」などが閣議決定された。

　戦争の影響から幼稚園でも，健全なる身体，しつけ，物資の不足にともなう節約などの内容が重視された。

●図表3-6　兵隊ごっこ

（日本保育学会編著『写真集　幼児保育百年の歩み』ぎょうせい，1981，p.144）

　岡山県女子師範学校附属幼稚園では，1941年（昭和16）に保育の目的として「健全ナル精神」「躾ノ重視」「皇国民ノ錬成」などが加えられ，保育の方針としては「皇国ノ道ノ修錬」「国民的情操ノ素地ヲ培フ」が強調されている。保育方法に関しても戦争の影響が色濃くあらわれ，一斉保育，合同保育，集団訓練，動的で敏速な動きをうながすような保育が多くなっていった。本土空襲の激化にともなって幼稚園では空襲に対する防空訓練も実施された。

　戦局が激しさを増してくると，戦時非常措置として各地で幼稚園が休園に追い込まれた。東京では，1944年（昭和19）に「幼稚園閉鎖令」が出された。1945年（昭和20）8月15日，終戦を迎えることになる。

3 戦後の幼児教育・保育

1. 学校教育法と幼稚園

　1947年（昭和22），「学校教育法」が制定された。その第1条では「学校とは，小学校，中学校，高等学校，大学…（中略）…及び幼稚園とする」と規定され，幼稚園は正規の学校教育体系のなかに位置づけられた。幼稚園は文部省（現：文部科学省）の管轄のもとで運営されることになった。

　2006年（平成18），「教育基本法」が改正され，「家庭教育」「幼児期の教育」の条項が新設された。同法の理念にもとづき，2007年（平成19）には学校教育法も改正された。従来の学校教育法第1条では幼稚園は最後に位置づけられていたが，この改正で「学校とは，幼稚園，小学校，中学校……」とされ，学校教育体系の最初に位置づけられた。また，改正された学校教育法の第22条では，幼稚園の目的について「義務教育及びその後の教育の基礎を培うものとして」との文言が加えられた。

　幼稚園教諭の役割については，学校教育法第27条第9項において「幼児の保育をつかさどる」こととされている。また，学校教育法第24条では，「幼稚園においては，…（中略）…幼児期の教育に関する各般の問題につき，保護者及び地域住民その他の関係者からの相談に応じ，必要な情報の提供及び助言を行うなど，家庭及び地域における幼児期の教育の支援に努めるものとする」と規定されている。幼稚園教諭には，こうした幼稚園の機能を実践することも求められている。

2. 保育要領——幼児教育の手びき

　文部省は，1947年（昭和22）の学校教育法の制定にともなって，1948年（昭和23）に「保育要領——幼児教育の手びき」を公刊した。そのまえが

きには「幼稚園の教育の実際についての基準を示すものであり，これを参考として，各幼稚園でその実情に則して教育を計画し実施していく手びきとなるもの」であると述べられていた。

　保育要領は幼稚園だけではなく，保育所や家庭における保育の手引書を目指した試案でもあった。保育内容としては，見学，リズム，休息，自由遊び，音楽，お話，絵画，製作，自然観察，ごっこ遊び・劇遊び・人形芝居，健康保育，年中行事が取りあげられていた。また保育要領には，幼児期の発達の特質，生活指導，生活環境，幼稚園と家庭との連携のあり方についても示されていた。

3. 幼稚園教育要領の変遷

(1) 1956年（昭和31）の幼稚園教育要領

　幼稚園のみの教育内容の指標となる基準が必要であるとの考えから，1956年（昭和31）に保育要領が改訂され，幼稚園教育要領が公刊された。

●図表3-7　幼稚園教育要領

　改訂の要点は，ⓐ幼稚園の保育内容について小学校との一貫性を持たせ，健康，社会，自然，言語，音楽リズム，絵画製作の6領域によって示したこと，ⓑ幼稚園教育の目標を具体化し，指導計画の作成のうえに役立つようにしたこと，ⓒ幼稚園教育における指導上の留意点を明らかにしたことにある。

(2) 1964年（昭和39）の幼稚園教育要領

　この改訂で幼稚園教育要領は文部省告示として公示され，教育課程の基準としての性格が明確化された。幼稚園教育の独自性について一層明確化するとともに，教育課程の構成についての基本的な考え方を明示するなどの観点から改訂が進められた。

　改訂の要点は，ⓐ教育内容を精選し，幼稚園修了までに達成すること

が「望ましいねらい」として明示されたこと，ⓑ幼稚園教育における137
の具体的な「ねらい」が，健康，社会，自然，言語，音楽リズム，絵画製
作といった6つの領域に区分して列記され，指導および指導計画作成上の
留意事項が明示されたことなどである。

　また，この改訂では「幼児にふさわしい環境を与え，その生活経験に即
して総合的な指導を行う」ことが強調された。そのため，望ましい活動を
教師が計画した道筋にそって展開していくことのように誤って受け止めら
れるなどの問題も生じた。

(3) 1989年（平成元）年の幼稚園教育要領

　1989年（平成元）に公示された幼稚園教育要領では，ⓐ幼稚園教育の基
本を明確に示し，幼稚園教育に対する共通理解が得られるようにするこ
と，ⓑ社会の変化に適切に対応できるように重視すべき事柄を明らかに
し，それが幼稚園教育の全体をとおして達成できるようにすることといっ
た観点から改訂が進められた。

　改訂の要点は，ⓐ幼稚園教育の基本が環境をとおして行うものである
としたこと，ⓑ幼児および幼児を取り巻く環境の変化に対応した教育内
容の見直しを行ったこと，ⓒ具体的な教育目標を示す「ねらい」とそれ
を達成するために教師が指導する「内容」を区別したこと，ⓓ領域は，
健康，人間関係，環境，言葉，表現の5つとし，それぞれに「ねらい」と
「内容」と「留意事項」が示されたことなどである。

(4) 1998年（平成10）の幼稚園教育要領

　1998年（平成10）に公示された幼稚園教育要領では，これまでの基本的
な考え方を継承し，「生きる力」を育む観点から改訂が進められた。

　改訂の要点は，ⓐ遊びを中心とした生活をとおして，一人ひとりに応
じた総合的な指導を行うこと，ⓑ計画的な環境の構成や遊びへのかかわ
りなどにおける教師の役割について明確にすること，ⓒ豊かな生活体験
をとおして自我の形成を図り，生きる力の基礎を培うため，ねらいおよび
内容を改善すること，ⓓ小学校との連携，ⓔ子育てを支援していく地域

に開かれた幼稚園づくりや教育時間終了後の教育活動（預かり保育）の実施などである。

(5) 2008年（平成20）の幼稚園教育要領

改訂の要点は，ⓐ発達や学びの連続性を踏まえた幼稚園と小学校の円滑な接続，ⓑ家庭や地域との教育の連携，ⓒ子育ての支援と教育時間終了後の教育活動（預かり保育）の内容や意義を明確化したこと，ⓓ預かり保育については，幼稚園における教育活動として適切な活動となるようにするとしたことなどである。

(6) 2017年（平成29）の幼稚園教育要領

「幼稚園，小学校，中学校，高等学校及び特別支援学校の学習指導要領の改善及び必要な方策について」（中央教育審議会答申）が，2016年（平成28）12月にまとめられ，改訂の方向性が示された。

改訂の要点は，ⓐ幼児教育において育みたい資質・能力の整理，ⓑ幼稚園等におけるカリキュラム・マネジメントの確立，ⓒ資質・能力の育成に向けた教育内容の改善・充実，ⓓ幼児期の終わりまでに育ってほしい姿の明確化，ⓔ幼児期にふさわしい評価の在り方，ⓕ学びや指導の充実と教材の充実などである。

4. 児童福祉法と保育所

1947年（昭和22），児童福祉法が制定された。そのなかで保育所は「日日保護者の委託を受けて，その乳児又は幼児を保育する」施設と定められた。保育所は厚生省（現：厚生労働省）の所管のもとで運営され，児童福祉施設の一種として位置づけられた。

1951年（昭和26）の児童福祉法の改正によって，保育所は「保育に欠けるその乳児又は幼児を保育することを目的とする施設とする」と規定され，入所の条件が「保育に欠ける」とされた。この改正の背景には，ⓐ幼稚園との関係が問題とされたので，これを明確にしたこと，ⓑ保育所の絶

対的不足があり，入所する必要がある児童が放置されることをなくすために，入所基準を限定しようとしたことなどがあった。

　児童福祉法は，施行以来改正が重ねられてきた。2014年（平成26）の改正では，入所条件の「保育に欠ける」が「保育を必要とする」とされた。2022年（令和4）には，「こども家庭センター（市区町村）の設置」「児童発達支援センターの役割・機能の強化」「虐待を受けた子どもの一時保護に司法審査導入」などに関する法改正が実施された。

　なお，2023年（令和5）4月1日，こども家庭庁が創設されたことにともない，これまで厚生労働省の管轄であった保育所は，こども家庭庁の管轄となっている。

5. 保育所保育指針の変遷

（1）1965年（昭和40）の保育所保育指針

　1965年（昭和40），厚生省は，保育所保育の理念や保育内容，保育方法などを示し，保育所における保育の充実を図るためのガイドラインとして「保育所保育指針」を作成した。

　1963年（昭和38）には，文部省と厚生省による共同通達「幼稚園と保育所との関係について」が出され，このなかで「保育所のもつ機能のうち，教育に関するものは，幼稚園教育要領に準ずることが望ましい」とされた。1965年（昭和40）の保育所保育指針は，前年に告示された幼稚園教育要領との整合性をふまえつつ作成された。

●図表3-8　保育所保育指針

（2）1990年（平成2）の保育所保育指針

　核家族化や少子化など子どもを取り巻く環境が変化するなか，乳児保育や障害児保育などの保育ニーズに対応するため，保育所保育指針は，1990年（平成2）に25年ぶりに改訂された。

　改訂の要点は，ⓐ養護的機能を強調したこと，ⓑ1歳3カ月未満児の

保育内容を6カ月未満児と6カ月以上児とに区別し，乳児保育の内容を充実させたこと，ⓒ3歳以上児の保育内容については1989年（平成元）の幼稚園教育要領の改訂を踏まえ，健康，人間関係，環境，言葉，表現の5領域としたことなどである。

(3) 2000年（平成12）の保育所保育指針

家庭や地域社会の教育力が低下するなかで，地域の子育て支援の役割を担う保育所として対応するため，保育所保育指針は2000年（平成12）に再び改訂された。

改訂の要点は，ⓐ子育て支援など地域の子育て支援への対応，ⓑ延長保育，障害児保育，一時保育など多様な保育ニーズへの対応，ⓒ研修を通じた保育士の専門性の向上，ⓓ児童虐待への対応，ⓔ乳幼児突然死症候群やアトピー性皮膚炎への対応などである。

(4) 2008年（平成20）の保育所保育指針

改定の背景には，ⓐ2006年（平成18）に保育所と幼稚園の機能を一体化した「認定こども園」制度が創設されたこと，ⓑ2006年に改正された教育基本法において幼児期の教育の振興が盛り込まれ，就学前の教育の充実が課題になったこと，ⓒ仕事と生活の調和（ワーク・ライフ・バランス）の実現が求められるなかで，働きながら子育てをしている家庭を支える地域の担い手として，保育所に対する期待が高まってきたことなどがあった。

このときの改定で保育所保育指針は，国が示すガイドラインから最低基準として規範性を有するものとなり，内容の大綱化が図られた。養護と教育の一体性，環境をとおして行う保育，遊びをとおしての総合的な保育といったこれまでの考えを継承しながら改定が進められた。

改定の要点は，ⓐ保育所の役割の明確化，ⓑ小学校との連携，ⓒ入所している子どもの保護者に対する支援と地域の子育て家庭に対する支援，ⓓ保育の計画と評価，職員の資質向上などである。

(5) 2017年（平成29）の保育所保育指針

　社会保障審議会児童部会保育専門委員会では，2015年（平成27）12月より10回にわたり検討を行い，2016年（平成28）12月には「保育所保育指針の改定に関する議論のとりまとめ」を発表した。これまでの議論がまとめられ，改定の方向性が示された。

　改定の要点は，ⓐ乳児・1歳児以上3歳児未満時の保育に関する記載の充実，ⓑ保育所保育における幼児教育の積極的な位置づけ，ⓒ子どもの育ちをめぐる環境の変化をふまえた健康および安全の記載の見直し，ⓓ保護者・家庭および地域と連携した子育て支援の必要性，ⓕ職員の資質・専門性の向上などである。

6. 認定こども園

　2004年（平成16），中央教育審議会幼児教育部会と社会保障審議会児童部会の合同の検討会議において「就学前の教育・保育を一体として捉えた一貫した総合施設について」がまとめられた。2005年（平成17）には，「就学前の教育・保育を一体として捉えた一貫した総合施設について」に基づくモデル事業が採択された。2006年（平成18）3月には，総合施設モデル事業評価委員会による「総合施設モデル事業の評価について（最終まとめ）」が発表された。この総合施設が認定こども園へとつながっていくことになる。2006年（平成18）6月には，「就学前の子どもに関する教育，保育等の総合的な提供の推進に関する法律（以下，認定こども園法）」が成立し，就学前の教育・保育を一体としてとらえる総合施設である「認定こども園」が発足した。

　2012年（平成24）には，「子ども・子育て支援法」「認定こども園法の一部改正法」「子ども・子育て支援法及び認定こども園法の一部改正法の施行に伴う関係法律の整備等に関する法律」，いわゆる「子ども・子育て関連3法」が成立した。これは，「子ども・子育て支援新制度」と呼ばれ，2015年（平成27）4月からスタートしている。

　「認定こども園法の一部改正法」により，認定こども園の類型の1つで

ある幼保連携型認定こども園は，学校および児童福祉施設としての法的位置づけをもつ単一の施設に改められた。

　認定こども園の類型については，次の4つに分けることができる。

　第一は，幼稚園的機能と保育所的機能の両方の機能をあわせもつ単一の施設として，認定こども園の機能を果たす「幼保連携型」である。

　第二は，認可幼稚園が，保育が必要な子どものための保育時間を確保するなど，保育所的な機能を備えて認定こども園としての機能を果たす「幼稚園型」である。

　第三は，認可保育所が，保育が必要な子ども以外の子どもも受け入れるなど，幼稚園的な機能を備えることで認定こども園としての機能を果たす「保育所型」である。

　第四は，幼稚園・保育所いずれの認可もない地域の教育・保育施設が，認定こども園として必要な機能を果たす「地方裁量型」である。

　幼保連携型，その他の認定こども園では，「幼保連携型認定こども園教育・保育要領」に基づき，教育および保育が行われている。その際，幼稚園型は幼稚園教育要領，保育所型は保育所保育指針に基づくことが前提である。

　認定こども園の職員資格は，図表3-9のとおりである。

●図表3-9　認定こども園の職員資格

類型	免許・資格
幼保連携型	幼稚園教諭の免許状と保育士資格を併有する保育教諭を配置する。
その他の認定こども園	①満3歳以上：幼稚園教諭と保育士資格の両免許・資格の併有が望ましい。 ②満3歳未満：保育士資格が必要。

7. 幼保連携型認定こども園教育・保育要領の変遷

(1) 2014年（平成26）の幼保連携型認定こども園教育・保育要領

　2014年（平成26）4月に内閣府，文部科学省，厚生労働省により告示された幼保連携型認定こども園教育・保育要領は，「子ども・子育て支援新制度」の一環として創設された幼保連携型認定こども園の教育課程，その他の教育および保育の内容に関する事項について策定したものである。幼保連携型認定こども園以外の認定こども園においても幼保連携型認定こども園教育・保育要領をふまえることとされている。

　幼保連携型認定こども園教育・保育要領は，ⓐ幼稚園教育要領および保育所保育指針との整合性，ⓑ小学校教育との接続，ⓒ幼保連携型認定こども園としてとくに配慮すべき事項などをふまえつつ策定された。

(2) 2017年（平成29）の幼保連携型認定こども園教育・保育要領

　幼保連携型認定こども園教育・保育要領の改訂に関する検討会では，2016年（平成28）6月より6回にわたり検討が行われた。2016年12月には「審議のまとめ」が発表され，改訂の方向性が示された。

　改訂の要点は，ⓐ2017年（平成29）の幼稚園教育要領および保育所保育指針との整合性をふまえたこと，ⓑ在園期間や時間などが異なる多様な園児がいることへの配慮，ⓒ幼保連携型認定こども園としてとくに配慮すべき事項を充実させたことなどである。

●図表3-10　幼稚園教育要領，保育所保育指針，幼保連携型認定こども園教育・保育要領の変遷

年	幼稚園教育要領	保育所保育指針	幼保連携型認定こども園教育・保育要領
1956年（昭和31）	幼稚園教育要領刊行		
1964年（昭和39）	幼稚園教育要領改訂（告示）		
1965年（昭和40）		保育所保育指針刊行	

1989年（平成元）	幼稚園教育要領 改訂	
1990年（平成2）		保育所保育指針 改訂
1998年（平成10）	幼稚園教育要領 改訂	
2000年（平成12）		保育所保育指針 改訂
2008年（平成20）	幼稚園教育要領 改訂	保育所保育指針 改定（告示）
2014年（平成26）		幼保連携型認定こども園教 育・保育要領策定（告示）
2017年（平成29）	幼稚園教育要領 改訂	保育所保育指針 改定	幼保連携型認定こども園教 育・保育要領改訂

8. こども家庭庁の創設

　2023年（令和5）4月1日にこども家庭庁が創設された。また，同年4月1日，こども基本法（2022年〔令和4〕6月15日制定）が施行された。

　こども家庭庁の創設にともない，2023年（令和5）4月から，保育所と認定こども園は，こども家庭庁の管轄となっている。なお，幼稚園については，文部科学省の管轄である。

　こども家庭庁は，「こども・若者がぶつかるさまざまな課題を解決し，大人が中心になって作ってきた社会を『こどもまんなか』社会へと作り変えていくための司令塔」である。こども家庭庁では，こどもまんなか社会の実現のため，「こどもの視点に立った司令塔機能の発揮，こども基本法の着実な施行」「こどもが健やかで安全・安心に成長できる環境の提供」「結婚・妊娠・出産・子育てに夢や希望を感じられる社会の実現，少子化の克服」などの各分野で取り組みを進めている。

教育に響く名言

教育とは，まさにその器官を転向させることがどうすればいちばんやさしく，いちばん効果的に達成されるかを考える，向け変えの技術にほかならないということになるだろう。

―― プラトン ――

（藤沢令夫訳『国家』岩波書店）

教育とは，魂のなかに知識を注ぎ込むことではなくて，魂のなかに眠っている「善い」ことを思いだすように導くこと，現実の世界からイデア界（本物の世界）への「魂の向け変えの技術」である。これは，幼児教育にみられることであろうか。

【参考文献】

・岩崎次男編『近代幼児教育史』明治図書出版，1979

・文部省編『幼稚園教育百年史』ひかりのくに，1979

・日本保育学会編著『写真集　幼児保育百年の歩み』ぎょうせい，1981

・細谷俊夫・奥田真丈・河野重男・今野喜清編『新教育学大事典　第6巻』第一法規出版，1990

・齋藤太郎・山内芳文『教育史』樹村房，1994

・森上史朗・岸井慶子編『保育者論の探求』ミネルヴァ書房，2001

・安彦忠彦・新井郁夫・飯長喜一郎・井口磯夫・木原孝博・児島邦宏・堀口秀嗣編『新版　現代学校教育大事典』ぎょうせい，2002

・関口はつ江・手島信雅編著『保育原理』建帛社，2002

・文部科学省編『幼稚園教育要領解説』フレーベル館，2008

・厚生労働省編『保育所保育指針解説書』フレーベル館，2008

・民秋言編著『幼稚園教育要領・保育所保育指針の成立と変遷』萌文書林，2008

・諏訪きぬ編著『改訂新版　現代保育学入門』フレーベル館，2009

・森上史朗・柏女霊峰編『保育用語辞典　第5版』ミネルヴァ書房，2009

・古橋和夫編『改訂　教職入門』萌文書林，2009

・松島鈞・志村鏡一郎・福田弘監修『現代学校教育論』日本文化科学社，2009

・榎田二三子・大沼良子・増田時枝編著『保育者論』建帛社，2009

・内閣府・文部科学省・厚生労働省『幼保連携型認定こども園教育・保育要領解説』フレーベル館，2015

・内閣府ホームページ（http：//www8.cao.go.jp/shoushi/kodomoen/gaiyou.html）

・公益財団法人児童育成協会監修『保育原理』中央法規，2015

・公益財団法人児童育成協会監修『教育原理』中央法規，2016

・民秋言編集代表『幼稚園教育要領・保育所保育指針・幼保連携型認定こども園教育・
　保育要領の成立と変遷』萌文書林，2017

・文部科学省『幼稚園教育要領』フレーベル館，2017

・厚生労働省『保育所保育指針』フレーベル館，2017

・内閣府・文部科学省・厚生労働省『幼保連携型認定こども園教育・保育要領』フレー
　ベル館，2017

・こども家庭庁ホームページ（https://www.cfa.go.jp/policies/kodomo-kihon/）

・萌文書林「テキスト参考資料」2023（https://houbun.com/families）

現場からの声① ▶ 心をつないだリレー

常葉学園短期大学附属とこは幼稚園　清水裕子

　運動会のリレーといえば，幼稚園の年長クラスの目玉競技のひとつ。リレーの練習がはじまると，3つある年長クラスの子どもたちは，毎日のように誘い合って競争を楽しんでいます。各クラスは，走る順番を考えるようになったり，バトンのつなぎ方を練習したり，リレーの作戦を練るようになっていきました。

　そうしたなか，練習してもなかなか1位になれないのがたんぽぽ組。このクラスには，Kくんという育ちのゆっくりな男の子がいます。競争心があっても思うように体が動かなかったり，くやしい感情がうまく出せなかったり，疲れやすかったり……。そんなKくんに対して，まわりの子どもたちは，次第にいらだちを感じはじめていたのです。

　そしてある日，Yくんが「Kくんがいるから，たんぽぽ組は負けるんだ」という一言。これはつらい言葉でした。

　「負けたのはたんぽぽ組，全員の責任だよ」というのが，考え悩んで，やっと出た私の思いでした。この言葉を子どもがどのように受け止めるのか――それぞれの子どもの気持ちを思いながら，次の日を迎えました。

　翌日，クラスで朝のあいさつが終わると，「先生，ぼくね，Kくんのこと応援する」とHくん。このひと言がきっかけで，リレーの作戦の立て直しがはじまりました。子どもの勇気ある温かいひと言で，昨日の曇った空気がパッと晴れ，クラス一丸となり，猛練習がはじまりました。

　そして，運動会。結果は……がんばりましたが3位。でも，Kくんを責める子は誰もいませんでした。くやしくて泣く子もいるなかで，YくんがKくんに言ったのです。

　「最後まで走れて，すごかったね」

　これはうれしかったです。リレーを通じて団結力，思いやりという心のつながりを学んだ子どもたち。心のこもったひと言で，人の気持ちは明るくもなり，暗くもなる。言葉の大切さを子どもから学んだ担任の私。がむしゃらになりながらも，子どもの成長を肌で感じ，ともに喜べるこの仕事が私は好きです。子どもがいて，先生にさせてもらっている毎日です。

第**2**部

教育の制度と実践
──基礎理論をおさえて

　　　発達の理論をふまえて，教育・保育の目
的と制度，子どもの成長にあう援助と遊び，
教育・保育の計画と実践，評価などを学ぶ
ことで，好奇心いっぱいの子どものために，
価値あるおもしろい世界をひらいてあげる
力をつけよう。

第4章　子どもの発達と教育

　この章では，20世紀の人間観・子ども観・社会観に支えられた発達論を基軸に，21世紀の新しい発達論を模索するきっかけを提供しようとしている。個から協同へ，近代的自我論からポストモダン的自我論へ，一次元から多次元へ，水平論から垂直論へ，平衡から非平衡へなど，新たな視点で考えるきっかけとなることを願っている。

発達とは何か？

　子どもが発達するとはどういうことか？　発達という概念は，外来語であり，ヨーロッパ文化の影響を強く受けている。輸入学問としての心理学は，言葉のもつ意味と実体とのズレを常に感じながら，使用せざるをえないでいる典型例の１つである。

　語源的に見れば発達という概念は，Development（Entwicklung）の訳語である。Developmentというのは，元来，「巻物をひも解く」ことを意味し，なかに書かれていることを読むことであった。このことはDevelopmentが，写真の世界では「現像」を意味することからもうかがい知ることができる。したがって，この言葉を西欧で採用した当初の意味は，内部にすでに現れるべき姿が潜んでおり，それが徐々に発現するという前成説的発想があったと推測することができる。

　しかし，訳語に当てられた日本語での発達という言葉は，中国語からの造語で「どこから出発し，どこかに到達する」（藤永保）というきわめて

素朴な意味を託して「発達」としたらしい。

　さて，発達とはどのような事象を指していうのか，もちろん，発達の定義は，研究者の数だけあるといわれるほど，さまざまな定義がある。そのなかでも多く取りあげられる典型的定義をあげるならば，次のようなものである。「人の，個体としての生命活動は，受胎の瞬間からはじまり，死にいたるまでつづく。この時間的経過のなかで，生理的・身体的・精神的に，さまざまな変化が生ずる。その変化のうち，偶発的なものや一時的な状態の変化と考えられるものでなく，方向性をもって進行し，ある程度持続的，構造的な変化と見なしえるものを，発達という」。

　この定義を文字どおり理解するならば，発達とは，生理的・身体的・精神的な面での変化を指し，しかもその変化が単一方向を指向し，持続的・構造的な変化であることは明らかである。これが，従来の発達についての静的な理解であった。

　それに対して動的な定義でいえば，発達とは「絶えざる均衡化の過程」であるとするピアジェの定義[1]や，発達とは「自分の限界を克服する」ことであるとするレオンチェフの定義[2]などもある。

　さて，子どもの存在が歴史的な存在，つまりいつの時代・どんな社会構成体においても変わりえない存在でなく，時代や社会のありようによって変わりうる「歴史的な子ども」[3]と理解するならば，必然的に現代社会（厳密にいえば，現代資本主義社会）を背景にした子どもの発達を問題にしなくてはならないであろう。

　では，子どもたちが生きる現代社会とはどんな社会なのか。たとえば内山節は，「現代社会とは，何かを確立して安心感をえる社会ではなくなったのです。労働も人間の存在のあり方も，価値観も，その他一切のものが，たえず新しく生まれ，たえず古くなり，たえず見捨てられていく，非確立系の社会が展開しているのです」[4]と述べている。

　このように考えると子どもの発達について抱いてきたイメージも，おそらく，変わらざるをえないであろう。

　従来，発達という言葉から，私たちはどんなことをイメージするのであろうか。おそらく，発達という言葉で，〈上に伸びる〉あるいは〈上昇す

る〉というイメージを抱いているのではないだろうか。木が上にすくすく
と伸び，枝葉が豊かに拡がっていく，そんなイメージをしてきたのではな
いだろうか。たしかに，身体が大きくなり，語彙数も増え，一人でやれる
こともたくさんできるようになる。そのイメージは，木が上に伸びる姿と
重ね合わせることもできる。

　このイメージは，一般的な成長という言葉のもつ意味と重なる。日常的
に，ひさしぶりに会った子どもに対して，「大きくなったね」というあい
さつ言葉がそのことを示している。また，学校階梯もそのようなものであ
る。幼稚園や保育所，小学校，中学校，そして高校，さらに短大や大学へ
という階梯である。この階梯そのものが発達過程を象徴している。それゆ
え，疑うことなく，この階梯にそってのいわゆる横断的データは，まさに
子どもの発達過程のデータと読めるとするのである。

　しかし，その一方で，新しい時代を迎え，このような上に伸びるイメー
ジから横へ拡がるというイメージが可能となってきている。この場合，縦
軸のイメージと横軸のイメージとの違いを考えると，縦軸イメージでは，
上に伸びて，やがては，一つことに収斂していく，何か一つことに長け
て，揺るがない自己を確立するというイメージも描くことができるが，横
軸では，そのような到達点が見えない。

　しかし横への拡張は，次のように考えることができる。社会の流動性が
高まり，従来とは異なった人と人のさまざまな関係のなかにかかわること
によって，多面的な生き方，多様な顔をもち，いろいろな場で活躍すると
いうことが可能となる。その結果，さまざまな関係のなかで見いだしうる
「私」に出会うことが可能となった。揺るがない「私」ではなく，揺らぎ
のなかで見いだす「私」である。

　発達するということを，大人になることに置き換えてみれば，よりわか
りやすい。従来，大人になるとは，一つことに「忠誠」[5]を誓うことに
よって揺るがない自己を確立すること。つまりエリクソンの述べるエゴ・
アイデンティティの確立と考えられてきた。

　しかしこの見解は，すでに過去のものとなっているのではないだろうか。
なぜなら，こうした大人像に見合う産業化社会はすでに過ぎ去っているか

らである。新しい時代の大人像を考えるならば，それを横軸的イメージで異なる角度から考えることが可能であろう。その考え方にしたがえば，大人になるというのは，さまざまな活動の場を「領域横断（Boundary Crossing）」（エンゲストローム：Engeström, Y.）[6] して，その共同活動のなかで「私」を確立することであると考えることができる。

　もっとわかりやすくいえば，さまざまな「世間」で活躍しながら，それでいて「私」を失わないでもっているというイメージである。したがって，大人とは「世間のなかの自分の位置を知る」[7] ことであり，多様なる自己を生きると理解することができる。こうした発達像も21世紀の人間像として求められてくるであろう。

1. 「発達」と「成長」とはどう違うのか？

　ここでどうしてもはっきりしておかなければならないことがある。従来，発達（Development）と成長（Growth）を区別しないで，発達・成長（発育）という形で語ることが多い。しかも日常的には「発達したね」とは言わない。それよりも「成長したね」と言うほうが，しっくりするし，理解できる。ここには学術用語としての発達と日常用語としての成長との違いが見え隠れしている。

　しかし，この用語の違いを理解することは，発達するということの意味を理解するうえで，きわめて重要である。発達については，すでに語源的な説明をした。成長（Growth）というのは，語源的には，身体が大きくなったねという場合の，背が伸びたり，生理学的な身体的側面の変化としての量的な増大を意味している。その変化は，進化論的な小さな変化の積み重ねであると考えられる。したがって成長という場合は，量的増大と連続性を強調することになる。

　それに対して，発達（Development）というのは，ある構造のもとで，量的変化（増大）を被りながら，一定の局面になると質的に構造転換する（あるいは再構成される），つまり新たな構造の出現という意味で，一般的には非連続な過程を指している。ここには連続的な量的な増大が新たな質

へと転換する過程が展開されている。

　子どもの発達も，量から質への転換，質から量への転換という弁証法的な過程*であることを理解しておく必要がある。ここで質の展開と量の増大との関係を明らかにしたリーゲルの図[8]をあげておこう。その際にケースD（Case D）こそが重要となろう。

●図表4-1　リーゲルの発達事象の説明図

	情報交換無（閉鎖）	情報交換有（開放）
未組織化	Case A　成長無	Case B　量的
再組織化	Case C　質的	Case D　弁証法的

　このような理解に立てば，連続的な量的把握は，学習論・知識獲得論（波多野誼余夫）へとつながり，学習＝発達と理解し，非連続的構造的な質的転換的把握は，発達段階論へとつながってくる。構造を構成する要素とその構造との関係でみれば，前者は，要素の連合論的な見方であるし，後者は，構造論的体系的な見方となる。

　発達心理学の課題は，時間軸上の変化の記述だけでなく，構造の質的転換がいかにして可能になるのかのメカニズムの説明である。

＊　「弁証法的な過程」とは，弁証法が変化のなかに事柄の本質をみるという自然認識の形式であるので，その認識にしたがえば，時間・歴史的なものを重視し，発達過程も単なる量の増大に還元されるのではなく，時間・歴史のなかで質的な転換をともない，つくり直しの過程であるということを言わんとしている。

2 発達理論

　発達についての論述の多くは，経験的な立場から，子どもの日常行動の時間軸上の変化によって語ろうとすることが多い。子どもの行動の時間軸上の変化から発達を読み取ろうとする姿勢は，必ずしも誤ったものではないが，このような見方の理論的背景には，「できる（能力）」ことの蓄積，知識の獲得（集積）こそが発達であるという安易な発達観が潜んでいる。つまり発達＝能力の獲得，あるいは知識の獲得の過程であるという発達観である。これは，心＝知識の構造と考える認知科学者に多い議論である。

　しかし前節で，心の発達とは，能力や知識のような量的な増大をいうのでなく，内面の質的な転換，いうならば人格の質的な転換であるということを述べた。いうまでもなく量が質への転換という弁証法的な見方からすれば，このような量的増大も大事であることは否定できない。しかしこれは，発達の内的な微分的な化学的過程をいうのであって，発達そのものを指しているわけではない。いかに量が質へと転換するのかのメカニズムこそ，つまりある段階からある段階へと質的に転換するそのメカニズムの解明こそ，発達理論の真骨頂である。

　この意味で，これから取りあげるピアジェ，エリクソン，ヴィゴツキーの３つの発達論は，それに答えようとするものであると考えられる。しかし，それぞれの研究者の研究関心から，おのずとその限界は明らかである。

　発生的認識論のピアジェは，認識の構造の発生を問題とし，精神分析学者で漸成的発達論のエリクソンは，自我の形成を社会的な人間関係のなかで明らかにしようとした。それに対して，社会構成主義者・文化歴史学派のヴィゴツキーは，認識と情動の統一を実現しようとし，ヒト・モノとの関係をヒト・モノ・ヒトという三項関係を取りあげた点が，前二者と異なっている。この関係を図示すれば，次頁の図表4-2のようになる。

●図表4-2　認識と情動の二項関係から三項関係

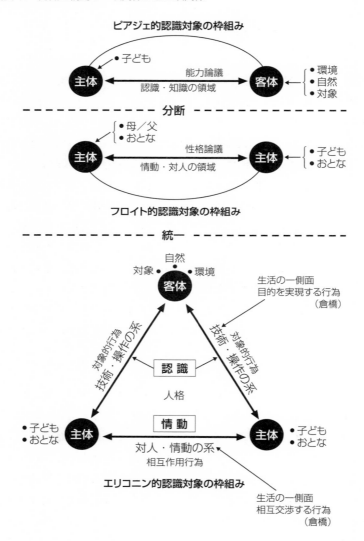

ピアジェ的認識対象の枠組み

・子ども

主体 ←能力論議→ **客体**
認識・知識の領域

・環境
・自然
・対象

ー ー ー ー ー ー ー ー ー ー ー ー 分断 ー ー ー ー ー ー ー ー ー ー ー

・母／父
・おとな

主体 ←性格論議→ **主体**
情動・対人の領域

・子ども
・おとな

フロイト的認識対象の枠組み

ー ー ー ー ー ー ー ー ー ー 統一 ー ー ー ー ー ー ー ー ー ー

自然
対象 ● ● 環境
客体

生活の一側面
目的を実現する行為
（倉橋）

対象的行為
技術・操作の系

対象的行為
技術・操作の系

認　識

人格

情　動

・子ども
・おとな
主体

・子ども
・おとな
主体

対人・情動の系
相互作用行為

エリコニン的認識対象の枠組み

生活の一側面
相互交渉する行為
（倉橋）

1. ジャン・ピアジェの「発生的認識論」

ジャン・ピアジェ（Piaget, J. 1896-1980）は、20世紀最大の発達心理学者といっても過言ではない。ピアジェの心理学界や教育学界への影響力は絶大のものがあった。すでに述べたように、今日、ピアジェの発達段階論への批判は噴出している。しかし、学校教育の現場では、いまだに影響力をもっている。このことは、ピアジェ理論の意義が教育現場においては、まだ薄れていないということでもある。それは子どもたちの学びと認識構造との問題

●図表4-3　ピアジェ

を考えるときに、ピアジェ抜きには考えられないことからも明らかである。

ピアジェは、1896年にスイスのチューリッヒで生まれ、1980年に亡くなった。その研究の射程は広く、子どもの言語から物理学的領域までカバーしている。

ピアジェが、子どもの認識の問題へとかかわるきっかけとして、知能検査の実施があげられている。一般的に知能検査は、子どもがどのくらいできるのかに関心がもたれる。しかしピアジェは、逆に子どもはいかに間違うのか、どのようにしてつまづくのかという点に関心をもったといわれている。その後の教授学習における「つまづき」の重視の模範となった。この「つまづき」にこそ教育の本質があるという認識は、子どもの学びの過程を知るうえでも重要である。

もう1つは、精神分析との関係である。ピアジェが研究方法として使っている「臨床対話法」が、精神分析学の方法を応用したものであることは、周知のことである。ジュネーブのルソー研究所で、精神分析家としてピアジェが子ども研究に携わったことは意外と知られていない。おそらく精神分析学は、かなり早期に子どもの心理分析を行っていたと考えられるが、ピアジェも精神分析学の文脈で研究をはじめたことは明らかである。たとえば、子どもの自己中心性の言葉の研究のなかで語られる、子どもの

「自閉性」という概念は，その典型である。また彼が子どもの分析をはじめた頃，シュピルレイン（Spielrein, S. 1885-1942）は，ピアジェのことを「精神分析家ピアジェ」[9]と述べている。

　さて，ピアジェの発達論の内容は，認識構造がいかに発生してくるのかという点にある。その際に，いくつかの仮説もしくは概念を提出している。第一に「構造」概念。第二に「行為」概念。第三に「均衡」概念。さらに，第四に「シェマと同化と調節」の概念である。

　第一の「構造」概念については，当時の心理学，いわゆるゲシタルト心理学と連合心理学を批判するなかで使われている。前者を「発生なき構造」（生得的に構造が備わっているとするので，新たな構造の発生はないという考え）と述べ，後者を「構造なき発生」（観念の連合のように次々と生まれるけれども，知識がバラバラに存在しているだけで，構造的な把握がなされている・いないという考え）と批判した。ピアジェ自身は，「構造から発生し，構造へと終わる」とする立場をとる[10]。

　第二に「行為」なくして認識の発生はないとする立場をとっている。子どもの外界へのはたらきかけなしに，認識はないとする考えである。それゆえ，「論理数学的な経験」の重要性を主張する。こうした行為が，後に内化され，論理数学的な「操作」となると考えた。

　第三に「均衡」（均衡化の過程）という概念の重視である。すでに述べたことであるが，発達をうながすさまざまな要因（遺伝，物理的環境と社会的環境）のすべてにかかわるものとしての「均衡」こそが核であるという洞察である。つまりあらゆる行為が内的要因と外的要因との間の均衡を確保するために行われるという認識である。

　第四に，この第三の「均衡」概念とかかわることであるが，「シェマ」と「同化と調節」の概念である。この際，「シェマ」というのは，可能な行動のレパートリーということであるが，「自分がいつでも引き起こせる動作の型」（岡本夏木）である。また，生物学的概念からのアナロジーである「同化と調節」は，以下のように説明される。

　既存の「シェマ」で外界へはたらきかけ，それによって外界の対象，モノであれ，ヒトであれ，自分の思いどおりにいくならば，同化したといわ

れる（したがって「遊び」は「過剰同化」とされる）。しかし，いつもそういくわけではない。ときに，既存の「シェマ」でもってしても，いかんともしがたい事象に出会うことがある。そのときには，その外界に合わせて自分の「シェマ」を変えねばならない。つまり「シェマ」の高次化が行われるわけである。この作用を調節（したがって「模倣」は「過剰調節」とされる）という。行為をとおして「同化」が行われているときには，「均衡」しているわけで，「同化」が乱されるときに，「不均衡」が生じ，それを「調節」をとおして「均衡化」していくわけである。したがって，発達とは，行為によって生じた不均衡を均衡化する過程，つまり「絶えざる均衡化の過程」ということになる。

　ピアジェはまず，認識の発達段階を大きく感覚運動的段階と表象的思考段階に区分する。

　さらに，表象的思考段階を「操作」（「操作」は行為の内面化したものであると考えている。操作の特徴は，①内面化された行為，②可逆性をもった行為，③ある種の保存つまり不変性を前提としている，④諸操作の体系つまり全体構造のなかで相互に結び合っている）という観点から行為が内面化されていない段階としての「前操作的段階」と内面化された段階としての「操作的段階」に分ける。

　またさらに，「前操作的段階」を「象徴的思考」と「直観的思考」の相に分け，最後に，「操作的段階」を具体的なモノを介してのみ可能な段階としての「具体的操作」の相と，完全にモノを離れて抽象的に処理することができる段階としての「形式的操作」の相に分けている。

　次頁の図表4-4は，ピアジェの認識の発達段階を図示したものである。

（1）感覚運動的段階（誕生から2歳ぐらいまで）

　赤ん坊は身近な環境にかかわるうえで，吸う，つかむ，たたく，けるなどのような環境に対処する身体的な活動を体制化する。この期は6段階にさらに分けられている。

・第一段階（1カ月），吸うこと，見ること，発声，つかむことなどの反射
　シェマの段階

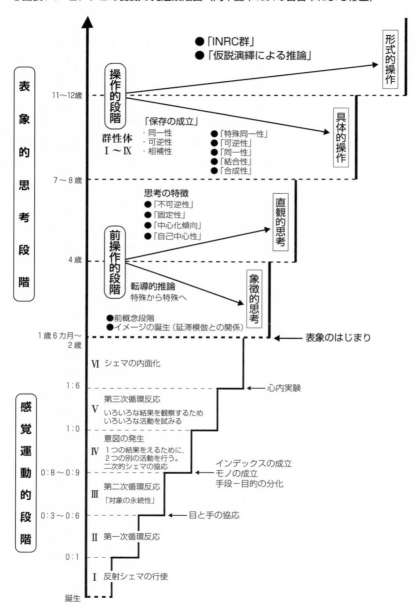

●図表4-4　ピアジェの認識の発達段階図（岡本夏木1984の百合草による修正）

表　象　的　思　考　段　階

操作的段階

群性体 I ～ IX

● 「INRC群」
● 「仮説演繹による推論」

11～12歳

形式的操作

具体的操作

「保存の成立」
・同一性
・可逆性
・相補性

● 「特殊同一性」
● 「可逆性」
● 「同一性」
● 「結合性」
● 「合成性」

7～8歳

思考の特徴
● 「不可逆性」
● 「固定性」
● 「中心化傾向」
● 「自己中心性」

直観的思考

前操作的段階

4歳

転導的推論
特殊から特殊へ

象徴的思考

● 前概念段階
● イメージの誕生（延滞模倣との関係）

1歳6カ月～
2歳

表象のはじまり

VI　シェマの内面化

1:6

心内実験

第三次循環反応
V　いろいろな結果を観察するため
いろいろな活動を試みる

1:0

意図の発生
IV　1つの結果をえるために,
2つの別の活動を行う。
二次的シェマの協応

0:8～0:9

インデックスの成立
モノの成立
手段－目的の分化

感　覚　運　動　的　段　階

第二次循環反応
III　「対象の永続性」

0:3～0:6

目と手の協応

II　第一次循環反応

0:1

I　反射シェマの行使

誕生

いったんシェマができあがると，それを積極的に使用しようとする
要求が生じる。
・第二段階（1カ月〜3から6カ月），「第一次循環反応」の段階
　「第一次循環反応」というのは，赤ん坊の自身の身体の各部分の間
で協応が行われるところから「第一次循環反応」という。たとえば，
赤ん坊が新しい経験に偶然出会い，反応を繰り返そうとするとき，循
環反応が生じる（例：指しゃぶり＝腕の運動と吸うことのシェマの協応）。
・第三段階（3カ月〜8から9カ月），「第二次循環反応」の段階
　「第二次循環反応」というのは，新たに外的環境の事象や対象が加
わる。赤ん坊が外部の興味ある事象を自分自身で見つけ，それを再現
する際に生じる。乳児は1つの結果を得るために1つの活動を行う
（例：ぶらさがっている人形を動かすために蹴る）。
・第四段階（ほぼ9カ月〜12カ月），「対象の永続性」と「手段と目的の区
別」の段階
　乳児の活動は一層分化する。1つの結果をえるために，2つの別個
のシェマを協応させることを学ぶ。たとえば，たたくとつかむ，乳児
ははじめから目的を心にもっていて，この目的を達成するために1つ
のシェマを使い，それを扱うために別のシェマを使う。ここでの乳児
の行動は，目的的であり，意図的である。
・第五段階（1歳〜1歳6カ月），「第三次循環反応」の段階
　シェマのバリエーション。いろいろな結果を観察するためにいろい
ろな活動を実際に試す。見るための実験。
・第六段階（1歳6カ月〜2歳），演繹すなわち心的結合による新しい手段
の発明
　感覚運動から表象的（象徴的）思考への移行期。

(2) 前操作段階（2歳から7歳まで）

　この段階の子どもは考えること（シンボルと内的イメージを使うこと）を
学ぶが，思考は非組織的で非論理的である。個人同士の可能な交渉，つま
り行動の社会化のはじまり。話し言葉の内面化，つまり思考そのものの出

現，行動そのものの内面化，イメージおよび心内実験という直観的な面で再構成される。

　この段階は，さらに２つの相に分けられる。「象徴的思考」の相（２歳から４歳）と「直観的思考」の相（４歳から７歳）である。

　「象徴的思考」の相は，「延滞模倣」が可能となり，人やモノについてのイメージが形成される。さらに「見立て」が可能となり，象徴遊びが出現する。この相の子どもの思考は，まだ概念を形成する段階にいたっていないので，いわゆる一般推論である演繹法や帰納法と異なる「転導的推論」（一般的なクラスの概念をもっていないがために，特殊から特殊への推論）が行われる。

　「直観的思考」の相では，思考の特徴は「自己中心性」（子どもが他人の視点をとることができないことをいう），「中心化傾向」（推論するとき，対象の顕著な特徴の１つに注意を集中し，そうすることによって推論をゆがめる傾向），「固定性」（ある状態から別の状態へと移りつつあるときの水の継続的な状態に焦点を当てることは困難），「不可逆性」（思考過程の方向を逆にできないということをいう。例：１つの管のなかをとおる３つの異なる球ABCがある，これらがABCの順序で入っていくのを見ると，子どもは，管のもう一方の端でもABCという同じ順序で出てくることを期待する。その直観は正しい。しかし，逆の方向に管を傾けるとCBAになることを予想しないので驚く）などがある。したがって，ピアジェのいう「保存」（同一性・可逆性・相補性）が成立しない。

（3）具体的操作期（７歳から11歳まで）

　子どもは組織的に考えるようになるが，具体的な対象や活動に照らすことができる場合に限ってである。具体的対象を扱っている間は論理的に考えられる。部分と全体との関係を理解する。

　群性体（論理的思考操作の体系）とは，①ある操作（加減乗除など）を行うことが可能で，②階層的体系の部分であり，③その体系においては，要素が結合の法則にしたがい，その結果，体系全体が「可逆性」「同一性」「合成性」「結合性」をもつような要素の集合をいう。

たとえば，茶色の玉12個と白い玉８個の20個の木の玉があるとする。その際に，「合成性」というのは，体系のなかのその２つの要素（クラス）を結合させても，その結果は体系のなかの別の要素になるということを命令する。茶色の玉＋白い玉＝木の玉。

　「結合性」とは，一連の要素の合計はその集め方と独立であることを命令する。３色の木の玉，茶色の玉Ａ，白い玉A′，黄色の玉A″がある。最初にＡとA′とを一緒にし，その合計にA″を加える場合と，A″とA′を加えて，それにＡを加える場合も，最終的な結果は違いがない。

　「同一性」というのは，体系のなかにほかの要素と合わせても変化が起きないような要素が１つあることを要求する。茶色の玉のクラスに何も加えなければ，茶色の玉Ａである。

　「可逆性」とは，体系のなかの各要素について，それに加えると同一性要素をつくるような要素（逆数）が１つあるというものである。茶色の玉Ａに白い玉A′を加えて，すべての木の玉Ｂを得るということの逆の操作は，木の玉から白い玉を引くことである。これは再び茶色の玉のクラスをつくり，はじめに戻る。A＋A′＝B　B－A′＝A。

　さらに「特殊同一性」とは，トートロジーと再吸収の２つ。トートロジーとは，あるクラスにそれ自身を合わせたときに起こることについて用いた。つまりクラスは変化しない。A＋A＝A。再吸収とは，茶色の玉と木の玉とを合わせれば，木の玉を得る（A＋B＝B）というようなことをいう。

（4）形式的操作期（11，12歳以上）

　具体的対象を離れて論理的操作が可能となり，「仮説演繹法」による推論を行う。実際の観察からだけでなく，純粋な仮説から，引き出すべき結論を演繹することができる。

　たとえば，「知床は寒い」「寒いところには熊がいる」とすれば，「知床には熊はいるか，いないか」という問いに，この段階の子どもは，経験してなくても，答えることができる。まさに思考を現実から引き離すことができる。

　最後にピアジェは，精神発達が11，12歳頃に完成し，「青年期は，ただ

児童期とおとなの年齢とをへだてる移行的な危機にすぎない（この危機は，思春期にもとづく）」と述べている[11]。

　以上，ピアジェの精神発達は，乳児の感覚運動的知能による実行的世界の構成から，第二児童期の操作体系による具体的世界に認識をとおって，青年の仮説演繹的思考による世界の構成にいたる過程ということになる。

2. エリク・エリクソンの「自我の漸成的発達論」

　発達論の多くが，大人になるまでの時期に焦点を当てて構成されているのに対して，ライフ・サイクルあるいは生涯を視野に入れた発達論を展開したのは，エリクソン（Erickson, E. H. 1902-1994）である。

●図表4-5　エリクソン

　エリクソンは，S.フロイトの精神分析理論を基盤に，A.フロイトの自我理論の影響のもと，独自な自我発達理論を構築した。それは，生物学的な観点にとどまらず，さらに対人関係，社会文化的，歴史的視点を取り入れた統合的なライフ・サイクル論であった。

　このような広い視野にたっての発達理論を構築しうる背景には，ハーバード大学心理クリニック研究所におけるマーガレット・ミード，グレゴリー・ベートソン，クルト・レヴィン，ルース・ベネディクトらとの出会いが大きく影響していた。このことは，初期の頃には，文化人類学的な視点にたっての経験的研究（遊びの研究やクレードル*とパーソナリティの発達の関係など）をやっていたことからも明らかである。

　さて，エリクソンに多大な影響を与えたフロイトの発達理論は，主に心

＊　「クレードル」とは，一般的には「ゆりかご」のことをいうが，エリクソンは，赤ちゃんの養育方法と性格の関係をみるために，アメリカ先住民の養育方法として行われている，赤ちゃんを板にしばりつけ背中に背負う方法をとりあげて考察した。ここでは，このアメリカ先住民の養育方法を指す。日本では，東北地方で「エジコ」や「イズメ」などといわれている。

理－性的発達を基礎に構築されている。フロイトは，人の行動をかりたてるのは，リビドーと称する性的欲動があると考えた。このリビドーは，特定の身体の部位（性感帯）に対応しており，年齢に応じて子どもが性的快感を求める部位が変わることをもって発達段階とした。

　そしてそれぞれの発達段階で快感が満たされないときには，それに固着することにより，特殊な性格をつくりあげると考えた。フロイトは，このような心理－性的発達段階として次のような段階を想定した。

　それは，口唇期（oral phase：0〜1歳まで），肛門期（anal phase：2〜3歳まで），男根期（phallic phase：3〜4歳まで），潜在期（latency phase：4，5〜11歳），性器期（genital phase：成人）の5段階である（図表4-6参照）。

　このようにフロイトは，子どもの関心が，口唇，肛門，男根，性器へと推移することをもって成長が行われると考えた。それぞれの部位に快感を求めるのであるが，これが満たされないときには，たとえば肛門期のように，肛門的性格が形成される。それは，几帳面であったり，倹約・けち，わがままなどの性格をつくりあげてしまうと仮定している。

　発達理論として重要な点は，フロイトが幼児期の体験のあり方が，後の人格形成にいつまでも影響すると考える点である。これは初期学習あるいは初期経験の重要性の主張と同じであるが，いわゆる初期経験は，不可逆的であるのに対して，フロイトの場合は過去へ遡及し，呼び戻すことにより，治療可能と考える点が異なっている。ここには学習論的な考えが潜んでいる。

　ともかく発達が，あらかじめ予定された筋道をとおらねばならないということ，それぞれの段階が十分に達成されねばならないこと，先行段階が後続段階の質を決定するということなど，多くの発達段階論と共通する点が多い。ただ視点がどこに向けられているのかという点が大きく異なる。

　さて，エリクソンのライフ・サイクル論は，自我の漸成的発達理論（epigenesis：語義では「後成的」という意味であるが，慣例にしたがって，漸成的という訳を使う）と呼ばれている。

　漸成的原理というのは「成長するものはすべて『予定表』（gurund plan）をもっていて，すべての部分が1つの『機能的な統一体』を形づくる発生

過程のなかで，この予定表から各部分が発生し，その各部分は，それぞれ
の成長がとくに優勢になる『時期』を経過する」ということである。

　この考えは，一種のレディネス論ともいえるものであるが，それと異な
るのは，成熟要因だけに着目せず，社会との出会いの重要性を取りあげて
いるところである。

　この段階論の特徴を述べるならば，第一にそれぞれの段階には，発達的
課題として健康なパーソナリティを形づくるとされる項目が想定されている。

　第二にその項目は発達的危機として与えられ，対立する人格特性によっ
て表現され，その克服は，一方が他方よりもいくぶん勝るくらいのバラン
スで達成される。

　第三にそれぞれの段階には，いわばマックス・ウェーバーのいうエート
ス（ethos）に近い，「活力」（virtue：「徳」と訳すべきであるが，人間の強さ
とともに人間の生を支えるものとしての「活力」が相応しい）が想定されてい
るなどである。

　次頁の図表4-6は，エリクソンの人間発達漸成論にもとづいた自我発達
の展望図であるが，人のライフ・サイクルを8段階に区分している[12]。

（1）乳児期（誕生から1歳半頃まで）

　第一段階は，フロイトの心理－性的発達の口唇期に対応し，健康的パー
ソナリティの最初の課題は，「基本的信頼が基本的不信を上回るバランス
をもった永続的なパターンをしっかりと確立すること」である。

　この時期の発達課題として「基本的信頼」だけをあげることが多々ある
が，それは誤解である。エリクソンは，弁証法的概念として提起している
のであって，二項対立的な概念提起ではない。つまり人間関係において，
不信がなければ，信頼はないし，信頼がなければ，不信は生まれないとい
う相互補完的な概念であるということである。そのような理解のもとで少
なくとも不信よりも信頼が上回る形で関係がつくられることである。

　そして乳児期の「活力」として「希望」をあげている。なぜなら「希
望」なしには何人も生きていけないからである。こうして安定した基地（子
どもの心の居場所）の確立と未来への希望が，次の段階の招来を準備する。

●図表4-6　エリクソンによる心理社会的発達の展望図

	心理・社会的危機	重要な対人関係の範囲	社会的秩序の関連要因	心理・社会的要因	活力	心理・性的段階
乳児期	基本的信頼感 対 基本的不信	母親的人物	宇宙的秩序	得る お返しに与える	希望	口唇－呼吸的 感覚－運動的
前児童期	自律 対 恥・疑惑	親的な人物	法と秩序	保持する 手放す	意志力	肛門－尿道的 筋肉的
遊戯期	積極性 対 罪悪感	基本的家族	理想的な標準型	思いどおりにする まねをする	目的	幼児性器的 移動的
学齢期	生産性 対 劣等感	近隣・学校	テクノロジー的要素	ものをつくる ものを一緒につくる	能力	潜在期
青年期	同一性 対 同一性拡散	仲間集団と外集団 指導性のモデル	イデオロギー的な展望	自分自身である 自分自身であることの共有	忠誠	思春期
前成人期	親密 対 孤立	友情・性 競争・協力 の相手	協同と競争のパターン	他者のなかで自分を失い発見する	愛	性器期
成人期	生殖性 対 停滞	分業と家事の共働	教育と伝統の流れ	存在させる 世話をする	世話	
成熟期	統合 対 絶望	人類・わが種族	英知	過去の存在をとおして存在する 存在しないことに直面する	英知	

（2）前児童期（1歳半から4歳頃まで）

　第二段階の健康的パーソナリティの課題は，「自律」対「恥・疑惑」であり，その活力は「意志力」である。

　これはまさに肛門期ゆえの発想である。それは肛門括約筋の成長により，はじめて自分の意志で「保持すること－手放すこと」を遂行できるか

らである。その一方で「自分の足で立とうとする」意志が，まわりの援助により実現されないと，未熟な自己がさらしものにされているという感覚が生まれる——それが恥であり，二次的な不信である疑惑となる。したがって自律が恥を上回るバランスで確立されるならば，自分でもやれるんだという感覚が生まれてくる。

(3) 遊戯期（3，4歳から5，6歳頃まで）

　第三段階には，健康的パーソナリティの課題として「積極性」対「罪」が対置される。

　この段階では，自分がどんな種類の人間になろうとしているのかを知らねばならないという危機を体験する。この時期の特徴である，行動範囲の拡大，言語の発達による認識世界の広がり，そして両者の発達による願望の増大があげられる。このことが「目的」志向性を発達させるのである。

(4) 学齢期（5，6歳から思春期のはじまる頃まで）

　第四段階の健康なパーソナリティの課題は，「生産性（勤勉性）」対「劣等感」である。

　潜在期になるにしたがって，子どもはものを生産することによって認められることを学ぶようになる。このことは逆に，自己の不全感や劣等感の発達をうながし，パーソナリティ発達の危機を体験する。この危機を克服することにより，「ほかの人のかたわらで，ほかの人々と一緒にものごとを営む」という「分業の感覚」や「機会均等」の感覚が発達する。

　また，この段階の子どもの活力を生み出しているのは，学びたい，知りたいという願望，いわゆる「コンピテンス」[13]である。

(5) 青年期（12歳から18歳頃まで）

　第五段階になると，本当の自分が何者であるのかという葛藤との出会いがはじまる。この危機を「同一性」対「同一性拡散」と呼んでいる。

　いうまでもなく青年期になると，急速な身体的成長や第二次性徴を体験する。この体験が，自意識を目覚めさせ，自我の再体制化，統合を試みる

ことをうながすわけである。このとき体験される自我同一性の感覚は，エリクソンによれば，「内的な不変性と連続性を維持する各個人の能力（心理学的意味での個人の自我）が，他者に対する自己の意味の不変性と連続性とに合致する経験から生まれた自信のこと」であり，さまざまな同一化の漸進的な統合から発達する。

　この段階の活力として「忠誠」をあげている。その意味は，「イデオロギー的見方を信じることを学ぶことができ，そして学ばなければならない」と述べているように，この段階で「忠誠」に対する能力を発達させねばならないのである。エリクソンによれば，「忠誠心とは，避けえざる価値体系の矛盾にもかかわらず，おのずから自由に選んだものに忠誠をつくす能力である。これこそ，同一性の礎石であり，堅固なイデオロギーや信頼に足る友がらは，その源泉である」[14]と述べている。

（6）前成人期（18歳から25歳頃まで）

　第六段階の課題は，「親密さ」対「孤立」である。「親密」というのは，自分の何かを失いつつあるのではないかという恐れなしに，他者のアイデンティティと結合することである。この「親密さ」は，自分が何者であるかが確立された者のみがもてる感覚である。「親密さ」の関係によって，自らが失われないという感覚なしに，他者との結合は不可能であろう。つまり結婚はこのような親密さが前提とされる。そしてこのような親密さを支えるものが，人間の活力としての「愛」である。このような親密な関係を結ぶことができない場合には「自分自身を孤立させ，非常に規格化された形式的な人間関係（自発性や温かさや本当の友情の交換を欠くという意味で形式的な）しか見いださないことになる」。

（7）成人期（25歳から50歳頃まで）

　第七段階では，親であることに関係することである。したがって，この段階の健康的パーソナリティの構成要素は，「生殖性」対「停滞」である。

　「生殖性」というのは，子ども・生産物・観念・芸術作品などともかく世代から世代へと受け継がれていくあらゆるものを「産む」ことである。

それに対して「停滞」というのは,「生殖性」の発達が十分に行われないと,「生殖性から偽りの親密さ,強迫的な要求への退行が起こる。このことが停滞の感覚の浸透と人間関係の貧困化をともなう」と述べられているように,自分本位になって,子どものように自分自身のことばかり考えるようになってしまうことである。

この段階の活力は「世話」である。「世話」というのは,いうまでもなく,子どもとのかかわりであげられていることは明らかであるが,それに留まらず,あることを「したがる」とか,ある人,あるものを「気遣う,大切にする」,保護や注意を必要とするものに「気をつける」,そしてものが「破壊しないように注意する」というような意味を含んだ概念である。

(8) 成熟期（50歳以上）

最終の第八段階では,「自我の統合」によって特徴づけられている。それは,「自分自身のただ1つのライフ・サイクルを受けいれることであり,自分のライフ・サイクルにとって,存在しなければならないし,どうしても代理のきかない存在として重要な人物を受けいれることである」と述べている。

それに対して「絶望」とは,もう一度別の人生をはじめようとしても,もう時間がなくなり過ぎてしまった感情である。自我の統合に達するということは,人生の完成を意味することであり,自分の人生は自分自身の責任であるという事実を受けいれることである。

この段階の活力として「英知」をあげる。それは,「天賦の才のある」ものに発達するものであるが,「時代の英知」または民衆の「機知」のあるものを感知し,若い世代へそれを示すならば老人に成熟するものである。

このように誕生から死にいたるまでの人生を自我の統合を核に記述しえたことは,当時まだ青年期,あるいはせいぜい成人までが発達理論の射程であったことを考えれば,エリクソンの自我の漸成的発達理論の展望性は評価されるであろう。

3. エリ・エス・ヴィゴツキーの「年齢の構造と力動」の学説

エリ・エス・ヴィゴツキー（Выготский, Л. С. 1896-1934）は，ロシアにおける天才的心理学者と呼ばれ，心理学におけるモーツァルトと称されている。

●図表4-7　ヴィゴツキー

誕生は，ピアジェと同じく1896年11月5日に白ロシア・オルシアで生まれ，翌年ゴメリに移住し，幼少期を過ごした。1913年から1917年までモスクワで過ごし，モスクワ大学法学部とシャニャフスキー大学歴史・哲学学部を同時に卒業し，ゴメリに帰郷して教鞭をとった。しかし，結核のため，1934年に亡くなった。

本格的な心理学研究は，1924年にモスクワ大学心理学研究所ではじまり，亡くなる1934年までのたったの10年間であるが，その研究業績は，欠陥学（ロシアでは「障害」を「欠陥」と称する。なぜなら障害そのものから，いわゆる社会的適応のための困難さは，直接引きだされないと考えるからである）から児童学，教育心理学，心理学方法論，芸術心理学などまで幅広い。

ヴィゴツキーの発達論としては，「最近接発達の領域」論と「高次精神機能の歴史的発達」論，いわゆる「文化・歴史的発達論」がある。

この「文化・歴史的発達論」には，2つの仮説がある。

（1）内化理論

1つは，あらゆる高次の精神機能は，「精神間機能」（社会的平面）から「精神内機能」（個人的平面）へと発達するという法則である。ヴィゴツキーの言葉で語れば，「あらゆる高次の精神機能は，子どもの発達において2回あらわれる。最初は集団的活動として，すなわち精神間機能として。2回目には個人的活動として，子どもの思考内部の方法として，精神内的機能としてあらわれる。…（中略）…言語は，はじめは子どもとまわりの人

間との間のコミュニケーションの手段として発生する。その後，内言に転化するようになってはじめてそれは，子ども自身の思考の基本的方法となり，子どもの内部的精神機能となる」[15] という考えである。

　一般的には，「内化理論」といわれているものである。高次の精神機能（記憶，推論，思考，言語，意志など）は，本来人間にそなわったものではなく，社会のなかで他者との交流の過程において新たに形成された機能であるとするものである。このことはルリアとの共著『認識の史的発達』[16] のなかで実証化されている。

（2）最近接発達の領域

　もう1つの有名な概念である「最近接発達の領域」（一般的には「発達の最近接領域」として知られているが，ロシア語としては，「最近接発達の領域」の訳が正しい）がある。

　「最近接発達の領域」とは，一般的には，「子どもの最近接発達の領域は，子どもの実際の発達水準と可能的発達水準との間の隔たりである」[17] と定義されている。その際に子どもの実際の発達水準は，「自力で解決する問題によって規定される」とし，その一方で可能的発達水準は，「大人に指導されたり，自分よりもできる仲間との共同で子どもが解く問題によって規定される」[18] としている。

　教育界でいわれる「共同性」の重要性の根拠はここにある。ヴィゴツキーは，比喩的に実際の発達水準を「昨日の発達の成果，発達の総計」「発達の果実」であり，可能的発達水準，つまり最近接発達の領域は，「明日の知的発達」「発達のつぼみ」「発達の花」を示すと述べている。したがって，最近接発達の領域こそ，「明日発達に何が起こるかを予言することを可能ならしめる」としている。つまり教育的介入は，この領域においてこそ意味をもつのであり，この時期よりも早くても遅くても実りはないのである。

（3）年齢の構造と力動

　さて，ヴィゴツキーの発達理論として意外と触れられないのが，「年齢

の構造と力動」の学説である。発達のダイナミズムを記述したこの理論の意義は大きい。それは，内的なものと外的なものの統一，社会的なものと個人的なものとの統一がなされ，今日の問題を抱えた子どもたちの発達を考えるうえで，参考になるものである。

ヴィゴツキーの「年齢の構造と力動」論は，「年齢」「社会的状況」「主導的活動」「年齢の新形成物」「危機」の諸カテゴリーでもって記述されている。ヴィゴツキーは，発達論を展開するにあたって，子どもの発達の時代区分の問題を提起し，既存の発達段階論を批判的に検討するなかで，発達がいかに区分されねばならないのかの視点を明らかにした。

従来，発達の段階区分は３つの視点から行われているという[19]。

第一の区分は，子どもの発達その過程の分節から段階を区分するというよりは，ほかの過程の段階区分に関連づけて区分する試みである。たとえば，ヘッケルの生物発生論にもとづく区分，学校階梯による区分などである。学校階梯による区分は，つまり小学校，中学校，高校，大学とする区分は，まったく根拠のないことではないが，現実の子どもの発達とはかなりズレが生じてきている。

第二の区分は，子どもの発達の何か１つの特徴にもとづく区分である。たとえば，歯の発達にもとづく区分（無歯期，乳歯期，永久歯期）である。問題点として，年齢を分けるための基準が主観的な根拠にもとづいていること，ある１つの指標からなるただ１つの基準だけを取りあげていること，子どもの発達の内的な本質でなく，その外的な指標でもって区分しようとすることである。

第三の区分は，子どもの発達のそのものの本質的な特性を抽出しようとする試みである。それは，年齢という基準である。ここで注意しなくてはならないのは，一般的に年齢というと年輪のような時間の経過とともに刻まれる生物学的な暦ではないということである。ヴィゴツキーが年齢という場合，「発達そのものの内的変化，発達の流れにおける分岐点，転換点」をいうのであって，つまり生物学的な時間によって刻まれた量的堆積でなく，質的な転換点であるということである。

そして発達の時期区分は，さらにある年齢からほかの年齢への移行の動

態でもって行われるべきであるとする。

①何よりも「年齢」とは何か

　年齢という言葉は，発達をめぐる議論においては頻繁に登場する。「年齢に応じて」「9，10歳の壁」あるいは「13歳問題」「17歳問題」などといわれ，ことあるごとに騒がれる。

　普段「年齢」は，意識されないが，何ごとかが起こると意識され，問題化される。ともかく「年齢」は，人間の精神の発達において無視できない概念であることは否定できない。

　一般的に「年齢」というのは，生物学的な時系列としての「年齢」という考え，つまり木の成長を象徴している「年輪」や，地層に見られる「年縞」（安田喜憲「環境文明学」）のような，きわめて客観的で情報量の多い痕跡としての年齢というように理解されている。

　しかし，ヴィゴツキーが述べている「年齢」は，このような量的な加算としての「齢」を刻むことをいうことではなく，何よりも構造的把握を提案する。構造とは，構成要素としての部分と全体と関係づけるシステムである。部分の加算的な集積でなく，部分の関係のあり方すらも決定するものである。ヴィゴツキーは，「年齢」を全一的なダイナミックな形成物とみなし，「発達のすべての個別的路線の役割や比重を決定する構造」[20]であるとする。

　この年齢を決定する基準として，年齢の本質を特徴づける「新形成物」を提案する。つまりこの「新形成物」は，「その年齢段階ではじめて発生し，子どもの意識，環境への態度，子どもの内的・外的生活，その時期における子どもの発達の全過程をもっとも基本的に決定する新しいタイプの人格構成とかその活動，心理的・社会的変化のこととして理解すべきである」[21]としている。

　ヴィゴツキーは，当該の年齢における中心的な新形成物（「すべての年齢段階において…（中略）…発達の全過程をリードし，新しい原理にもとづく子どもの全人格の再編」をする）のまわりに取り巻く，部分的な新形成物（「子どもの人格の個々の側面に属する」）と先行年齢の新形成物と結びついた発達過

程）が配列され，グループ化されると理解した。さらに，中核的な新形成物と直接的に結びついた発達過程を中心的発達路線と呼び，ほかのすべての部分的な過程を副次的な発達路線とした。

　そこで中心的発達路線と副次的発達路線は，ある年齢段階においては，中心的であったものが，次の段階では，副次的なものとなり，逆に前の段階で副次的であったものが，新しい年齢段階においては中心的な発達路線となるとしている。たとえば，幼児期においては，言葉の発達は，そのときの子どもの社会的意識や事物の意識が発生するので，この時期の中心的新形成物であるが，次の学童期においては，この時期の中心的新形成物とすでにまったく異なる関係をもつようになるので，副次的な発達路線の1つとみなされるわけである。つまり「同一の言葉の発達が，乳児期には副次的発達路線であるのに，幼児期には中心的発達路線となり，次の学童期には再び副次的発達路線と変わる」[22] という訳である。

②発達の社会的状況

　ヴィゴツキーは，いうまでもなく唯物弁証法論者でもある。したがって，常にその認識の出発点に，人間と社会的現実との関係の理解を置く。なぜなら「人間は社会関係の総体である」（マルクス）からである。

　しかし，ヴィゴツキーは，公式的な機械的な理解でなく，人間と環境の関係をダイナミックに理解しようとしている。

　第一に，子どもを取り巻く環境は，すべての年齢で常に変化しつづけているということである。長くなるが，引用しよう。「子どもが産まれる前，子どもの環境は母親の子宮であり，生まれた直後の子どもの環境は，周囲の空間に制限されつづける。隔たりのある世界は，新生児にとって存在しないものであることはよく知られている。新生児にとって，直接関係する世界のみが存在するのであり，すなわち狭い空間に限定された世界は，子どもの身体やまわりのものと結びついた現象とリンクしているのである。そして，次第に子どもの周囲の世界は，広がり始める。はじめ，この世界は非常に小さく，子どもの住んでいる部屋や近くの庭や道である。子どもが歩き始めると，子どもの環境は拡大し，子どもとまわりの人々との間に

新たな関係が形成される。そしてさらに，子どもの環境は，教育が供給するそれぞれの段階のさまざまな種類の環境によって変化する。子どもの環境は，保育所に行く頃になると保育所，就学前の頃になると幼稚園，学齢期になると学校と変化する」[23]。まさにブロフェンブレンナーが唱える「生態学的発達論」での４つのシステム論（マイクロ・メゾ・エクソ・マクロ）を思わせる見解である。

　第二に，子どもと環境との関係が変化する場合である。つまり「同じ環境の状況や同じ環境の出来事が，起こった時期によって，さまざまな人の発達に異なった方法で影響する」ということである。

　ヴィゴツキーは，酒飲みで神経症のある母親の元で，「恐怖と不安」のなかで育つ３人の子どもの例をあげて説明する。クリニックに連れてこられた末っ子は，恐怖体験で防衛的な態度をとり，夜尿症・吃音などを発症した。次男は，恐怖と愛情の入り交じるアンビバレントな態度を示し，長男は，逆に母親の病気を理解し，年長として，兄弟を守り，しかし普通の子どもとは違う発達像を示した。

　つまり「末っ子は，防御のしようがない状態にさせる説明がつかず，理解できない恐怖として，その状況を経験したのである。２番目の子は，強い愛着と強い恐怖と憎しみと敵意の感情の衝突として，その状況を経験したのである。１番上の子は，病気の母親と子どもたちを助けることが必要な家族に降りかかった不運として，その状況を経験し，ほかのことをやめ，なんとかしてそれを和らげようとしたのである」[24]。このように同じ発達的状況のもとにあっても，三者三様の結果をもたらしたのである。

　ヴィゴツキーは，こうした同じ環境要因が異なる年齢の対象児に別様に関係することの理由として，環境と子どもをつなぐ「体験」という概念を分析単位として抽出している。子どもの体験のプリズムをとおして屈折されると考えたのである。したがって，発達の社会的状況というのは，「各年齢の始まりには，その年齢にとって完全に独自的で，特殊的な，ほかにはない，唯一の，２つとない関係が，子どもと彼をとりまく現実，何よりも社会的な現実とのあいだに形成される」[25]のであって，いうならばこの関係は，「ある年齢の子どもと社会的現実のあいだの諸関係のシステム」であ

り，ある年齢のダイナミズムを研究することは，何よりも「発達の社会的
状況を解明すること」であると主張する。

　さて，以上のような社会的状況と年齢的新形成物との関係はどうなって
いるのであろうか。年齢的新形成物は，当該年齢に固有な「発達の社会的
状況」のなかから発生し，発達するわけであるが，同時にその形成物はこ
の「発達の社会的状況」と矛盾し，新たな「発達の社会的状況」を産みだ
すというダイナミズムが描かれる。

③「相対的に安定した年齢」と「危機的年齢」

　ヴィゴツキーは，年齢的変化を発達的変動の深浅で区分しようとして，
ペ・ペ・ブロンスキーの観点を援用している。

　発達の年齢的変化には，大きく変動するときと滑らかに静かに進行する
ときがあることは知られている。ブロンスキーは，そのような変動を危機
ととらえ，危機を手がかりに段階区分をしている。1つは，より大きな危
機によるものを「時期」といい，より小さな危機によるものを「段階」と
称し，最後に，ゆっくりとした変化によって相互に区分されるものを「相」
という。

　ヴィゴツキーは，「緩慢な，漸進的な，ゆっくりした経過」を「相対的
に安定した年齢」として，それとは逆の「危機的年齢」を区分して説明し
ている。「相対的に安定した年齢」では，「子どもの人格の変化は淀みのな
い，しばしば気がつかないほどの内部的変化が支配的であり，目立たない
〈分子的〉成果を通じて行われる」[26]。この年齢では，子どもの人格全体
を再編するような，根本的な変動や転換はみられないという。

　それに対して「危機的年齢」は，一般的に発達の「病理」，ノーマルな道
からの発達の逸脱ととらえがちであるが，「相対的に短い期間に，子どもの人
格における先鋭で基幹的な変動と転換，変化と屈折が集中する。…（中略）…
発達は，嵐のような急激な，しばしば破局的な性格を帯びている」と述
べ，その特徴を3つあげている。

　第一に時期区分が不明確，第二に「教育困難性」を示す。第三に発達の
消極的な性格がある。つまり安定期と比較して，創造的活動よりも破壊的

●図表4-8　ヴィゴツキーの年齢的段階論

ヴィゴツキーによる子どもの発達の時期区分

誕生の危機
　前危機相
　危機相
　後危機相

時期＝より大きな危機による
段階＝より小さな危機による
　相　＝ゆっくりとした変化によって相互に区別
される（ブロンスキー）

乳児期（2カ月〜1歳）
　第一段階
　第二段階

1歳の危機
　前危機相
　危機相
　後危機相

早期児童期（1歳〜3歳）
　第一段階
　第二段階

3歳の危機 ━━━━━━━━━━▶ 反抗期，頑固期。教育困難になる
　前危機相　　　　　　　　　　　反抗，頑固，拒絶主義，気まぐれ，わがままを
　危機相　　　　　　　　　　　　あらわにする
　後危機相

就学前期（3歳〜7歳）
　第一段階
　第二段階

7歳の危機 ━━━━━━━━━━▶ もう幼児ではないが，少年でもない
　前危機相　　　　　　　　　　　教育的困難を示す。小1プロブレム
　危機相　　　　　　　　　　　　否定的内容は，心理的均衡の破壊，意志や気分
　後危機相　　　　　　　　　　　の不安定性などに発現

学齢期（8歳〜12歳）
　第一段階
　第二段階

13歳の危機 ━━━━━━━━━▶ 成績の下落，作業能力の低下，人格の内約構成
　前危機相　　　　　　　　　　　における脱調和，以前に形成された興味の体系
　危機相　　　　　　　　　　　　の縮小と消滅，行動の拒絶的・抗議的性格
　後危機相

思春期（14歳〜18歳）
　第一段階
　第二段階　　　　　　　　　　　18歳から25歳までの年齢は，子どもの発達の連
17歳の危機　　　　　　　　　鎖の最初の扉であるよりも，大人の段階の最初
　前危機相　　　　　　　　　　　の扉である。感情期における人間の発達が，
　危機相　　　　　　　　　　　　子どもの発達の法則性に担っていると思い描く
　後危機相　　　　　　　　　　　のは困難である

活動，人格の進歩的発達・新しいもののたえざる構成が，減退し，一時的に停止する，獲得するというよりは，獲得したものを失うなどの様相を呈している。その時期の「子どもは，昨日にはまだ彼の時間と注意の大部分を占める活動全体を方向づけていた興味を失ってしまい，いまや，立ちすくんでいるかのようである」[27]と記述している。

　そのような危機的な年齢として，「新生児の危機」「1歳の危機」「3歳の危機」「7歳の危機」「13歳の危機」と呼んで，それぞれ「新生児の危機」が胎児期と乳児期を区分し，「1歳の危機」が乳児期と幼児期を区分し，「3歳の危機」が幼児期から就学前期への移行期とし，「7歳の危機」が就学前期と学童期との連結環であり，「13歳の危機」を学童期から思春期への移行における転換点としている。

④主導的活動

　「年齢の構造と力動」の学説において重要とされる「主導的活動」とは何か。ヴィゴツキーの弟子であるレオンチェフによって提案され，洗練された概念である。

　「主導的活動」とは，英語でいえば，リーディング・アクティビティのことであり，まさに「導く活動」という意味で，いうならば，発達を導く活動を意味している。この概念は，ヴィゴツキーの「年齢の新形成物」と同じ意味で使われている。しかし，これは決して子どもの発達のある時期に多く観察されるというような量的な指標ではなく，この活動をとおして子どもの発達のある時期の子どもの行動・意識が規定され，全人格が形成されるというものである。そのメルクマールは，以下の3点である[28]。

ⓐほかの新しい種類の活動がその形態で生じ，その内部で分化されるような活動
ⓑ部分的な心理過程がそのなかで形成され，あるいは再編成されるような活動
ⓒ所与の発達段階で見られる子どもの人格の基本的な心理学的変化がもっとも直接的に左右されるような活動

そのようなものとしての「主導的活動」として，以下のものが想定されている。

●図表4-9　発達時期区分と主導的活動

発達時期区分	主導的活動
乳児期（誕生から１年）	情動的コミュニケーション
幼児期（１歳から３歳）	対象を操作する活動
就学前年齢（３歳から６歳）	遊び活動，場面－役割遊び
学齢前期（６歳から10歳）	学習活動（思考の理論的形式をわがものとする活動）

　子どもの発達を推し進める原動力の１つとして「主導的活動」は，ある「年齢」のある「社会的条件」に規定され，主導性の交替でもって説明される。就学前から学齢期への移行を主に「遊び」から「学習」へというとらえ方もこの見解から出ていることである。

　また最近では，フィンランドのペンティ・ハッカライネンによって，「遊び」活動と「学習」活動の間に，移行期として新たに「移行期の主導的活動」が想定されている。それは「遊び」活動からただちに「学習」活動へ発展するのでなく，「遊びながら学ぶ」という移行形態が必要ではないかと考え，「ナラティヴ・ラーニング」[29]と名づけられている。

⑤子どもの発達のダイナミズム

　おおよそ概念装置が出そろった。「年齢」「発達の社会的状況」「年齢的新形成物」「相対的安定的年齢と危機的年齢」「中心的路線と副次的路線」「主導的活動」，最期に「最近接発達の領域」の概念である。

　ヴィゴツキーの魅力は，——弁証法論者としての論理的な帰結であるが，一方を他方に還元しないという，常に両者を統一的に見るという立場をとっている。「年齢」もきわめて生物学的なものであると同時に，社会・歴史的なものであるし，「年齢」の歴史性と社会の歴史性の承認，「社会的状況」も子どもから独立した客観的なものであると同時に，それにとどま

らず年齢との関係なしに議論しえないとする。

　安定と危機，中心と副次の相互の交替による意義づけの交代，否定のなかに肯定を見，肯定のなかに否定を見る見方，「最近接発達の領域」における個人と社会との「啐啄同期的」理解であり，内的に成熟しつつあるものの評価である。発達の理解は，常に今日でなく，明日に向けるまなざしである。

【引用文献】

1）ピアジェ，滝沢武久訳『思考の心理学——発達心理学の6研究』みすず書房，1968，pp.94-95

2）レオンチェフ『人間の心理研究における歴史的アプローチ』（ロシア語原著），1959

3）ヴィゴツキー，柴田義松訳『思考と言語』明治図書出版，1962

4）内山節『子どものたちの時間——山村から教育をみる』岩波書店，1996，p.60

5）エリクソン，鑪幹八郎訳「人格的強さと世代の循環」『洞察と責任——精神分析の臨床と倫理』誠信書房，1971，p.122

6）Engestrom, Y. (2008) From teams to knots : Activity-theoretical studies of collaboration and learning at work. Cambridge : Cambridge University Press.

7）阿部謹也『西洋中世の愛と人格——「世間」論序説』朝日新聞社，1992

8）Riegel, K. L. (1979) Foundations of dialectical psychology. Academic press, inc p.24

9）Sabina Spielrein (1923) Die zeit im unterschwelligen Seelenleben. Samtliche Schriften. Edition Kore Psychosozial-Verlag. s.318-334

10）ピアジェ，谷村覚・浜田寿美男訳『知能の誕生』ミネルヴァ書房，1978

11）ピアジェ，滝沢武久訳『思考の心理学——発達心理学の6研究』みすず書房，1968，p.83

12）エリクソン，小此木啓吾訳編『自我同一性——アイデンティティとライフ・サイクル』誠信書房，1973，p.216

13）White, R. (1959) Motivation reconsidered : The concept of competence. Psychological Review, 66, 297-333.

14）エリクソン，鑪幹八郎訳「人格的強さと世代の循環」『洞察と責任——精神分析の臨床と倫理』誠信書房，1971，p.122

15）ヴィゴツキー，柴田義松訳『思考と言語』明治図書出版，1962，pp.270-271

16）ルリア，森岡修一訳『認識の史的発達』明治図書出版，1976

17) ヴィゴツキー，柴田義松・森岡修一訳『子どもの知的発達と教授』明治図書出版，1975，p.80

18) ヴィゴツキー前掲書（17），p.80

19) ヴィゴツキー，柴田義松・森岡修一訳『児童心理学講義』明治図書出版，1976，pp.7-12

20) ヴィゴツキー，柴田義松ほか訳『新児童心理学講義』新読書社，2002，p.28

21) ヴィゴツキー前掲書（20），p.17

22) ヴィゴツキー前掲書（20），p.29

23) ヴィゴツキー「環境の問題」『児童学の基礎』（ロシア語原著），1935（大久保智生訳『活動理論ニューズレター』百合草禎二編集・出版）

24) ヴィゴツキー前掲書（23），p.13

25) ヴィゴツキー前掲書（23），p.30

26) ヴィゴツキー，柴田義松・森岡修一訳『児童心理学講義』明治図書出版，1976，p.13

27) ヴィゴツキー前掲書（26），p.16

28) レオンチェフ，松野豊・西牟田久雄訳『子どもの精神発達』明治図書出版，1967，p.44

29) Milda Bredikyte Pentti Hakkarainen,（2007）Cultural Development of the Child through Narrative Learning, Evaluating the Impact of Arts & Cultural Education：a European & International Symposium, January 10-12, 2007, Centre Pompidou, Paris

【参考文献】

・I.プリゴジン・I.スタンジェール，伏見康治ほか訳『混沌からの秩序』みすず書房，1987

・I.プリゴジン，安孫子誠也・谷口佳津宏訳『確実性の終焉――時間と量子論，二つのパラドクスの解決』みすず書房，1997

・岡本夏木・浜田寿美男『発達心理学入門』岩波書店，1995

・М.В.Ермолаева（2003）Психология развития.

・神谷栄司『保育のためのヴィゴツキー理論――新しいアプローチの試み』三学出版，2007

現場からの声② ▶ 遊びは生活と密着している

千葉市立真砂第二保育所　高橋南美

　2歳児クラスで冬に風邪が流行った。女児Aちゃんは，ポポちゃんの人形を抱いて，「ポポちゃん，風邪ひいちゃってお熱があるの」と保育者に言う。保育者が「お熱，測ってみようか」と言うと，Aちゃんも「うん。お薬も飲まなきゃ」と言い返してきた。

　このようなやりとりをしてから，保育者は椅子を並べて，待合室と診察室をつくった。「Aさん，どうぞ」と保育者が医者役になって，2人のお医者さんごっこがはじまった。

　そのうち，Aちゃんと保育者のやりとりや椅子が並んだのを見て，次々と子どもたちが集まってきた。保育者は，待合室の椅子を増やし，興味をもった子どもたちがみんな座れるようにした。人形を大事そうに抱いて座っている子，自分が患者になっている子は，自分の番はまだかと目をかがやかせて待っている。そして，今度は待合室のところで並ぶのではなく，保育者のかたわらでこの遊びの様子を見ている子どもが出てきた。

　保育者が，「看護師さんになってお医者さんのお手伝いしてくれる？」とかたわらで見ている子どもに聞き，隣に椅子を用意すると，うれしそうにすぐに座った。保育者が「お薬，お願いします」と言うと，急いで押入れから薬を持ってくるふりをして，看護師役を楽しんでいた。この遊びはクラスに広がり，テーブルを使って受付や会計をしている子や，医者役を子どもがやるなどして，何日もこの遊びを楽しんだ。

　このように，子どもの遊びは，子どもの経験のなかから出てくるものであり，生活と密着している。私は日々，子どもの興味や関心を探りながら遊びを提供したり，より盛りあがるように環境を設定している。この事例は2歳児クラスだったが，月齢も高く，ほとんどが3歳になっていた。しかし，この遊びがこれほど盛りあがるとは，私自身も思っていなかった。子どもは遊びの天才だと感じるとともに，保育者のちょっとした環境設定（物的・人的）の大切さを改めて気づかされたときでもあった。

　また，子どもの遊びにタイミングよく援助するためには，それをすばやくキャッチする力，保育者の感性，さまざまな経験など，保育者自身の人間性も大きく影響する。年齢や遊びによって保育者のかかわりは変わってくることにも留意して，これからも子どもの興味・関心，生活を大切にして保育をしていきたい。

第5章 教育と子ども家庭福祉における目的と目標

　はじめに，教育法規上の教育の目的と目標について，日本国憲法，教育基本法，学校教育法，児童福祉法，幼稚園教育要領，保育所保育指針の順序にしたがって理解しよう。体系的で有機的に結びつく「目的」「目標」「ねらい」の構造を理解することができるだろう。

　そして，子どもの具体的な活動において，目的をどのように理解したらよいかについて考察する。子どもの活動のなかで生まれ作用する目当て（end-in-view）がその要点である。

5 1　日本国憲法と教育基本法における教育の目的

　わが国の法体系の根幹をなす日本国憲法は，国民主権，平和主義，基本的人権の尊重を三原則としている。このうち，基本的人権の尊重とは，だれもが生まれながらにもっている，人間らしく生きる権利を大切にしようとする考えであり，憲法第11条において，「国民は，すべての基本的人権の享有を妨げられない。この憲法が国民に保障する基本的人権は，侵すことのできない永久の権利として，現在及び将来の国民に与へられる」と規定している。

　この基本的人権には，思想・良心の自由，信教の自由，学問の自由，表現の自由，職業選択の自由，平等権，生存権（健康で文化的な最低限度の生活を営む権利），教育を受ける権利，参政権，裁判を受ける権利などの規定が含まれている。

教育を受ける権利についてみてみよう。憲法には次のように規定されている。

　　　第26条　すべて国民は，法律の定めるところにより，その能力に応じて，ひとしく教育を受ける権利を有する。
　　　2　すべて国民は，法律の定めるところにより，その保護する子女に普通教育を受けさせる義務を負ふ。義務教育は，これを無償とする。

　これは，国民の教育に関する権利を規定したもので，第1項は，いわゆる教育を受ける権利について保障し，第2項では，教育を受けさせる義務および義務教育の無償について規定している。この第2項は「教育を受けさせる義務」とよばれ，勤労の義務，納税の義務とならび国民の三大義務の1つとされている。
　教育基本法（2006年〈平成18〉12月改正）は，前文のなかで個人の尊厳という従来からの価値に，公共の精神，豊かな人間性と創造性，伝統の継承といった新しい価値をつけ加えた。そして，「教育の目的」（第1条）について，次のように規定している。

　　　教育は，人格の完成を目指し，平和で民主的な国家及び社会の形成者として必要な資質を備えた心身ともに健康な国民の育成を期して行われなければならない。

　「人格の完成」と「平和で民主的な国家及び社会の形成者として必要な資質を備えた心身ともに健康な国民の育成」という教育の目的を実現するために，第2条において，学問の自由を尊重しつつ，5つの教育の目標をかかげている。

　　一　幅広い知識と教養を身に付け，真理を求める態度を養い，豊かな情操と道徳心を培うとともに，健やかな身体を養うこと。
　　二　個人の価値を尊重して，その能力を伸ばし，創造性を培い，自主及び自律の精神を養うとともに，職業及び生活との関連を重視し，勤労を重んずる態度を養うこと。

三　正義と責任，男女の平等，自他の敬愛と協力を重んずるとともに，公共の精神に基づき，主体的に社会の形成に参画し，その発展に寄与する態度を養うこと。

四　生命を尊び，自然を大切にし，環境の保全に寄与する態度を養うこと。

五　伝統と文化を尊重し，それらをはぐくんできた我が国と郷土を愛するとともに，他国を尊重し，国際社会の平和と発展に寄与する態度を養うこと。

　一から五にかかげられた目標をキーワードにして列挙してみよう。

　幅広い知識と教養，真理を求める態度，豊かな情操と道徳心，健やかな身体，能力の伸張，創造性，自主・自律の精神，勤労を重んじる態度，正義と責任，男女の平等，自他の敬愛と協力，公共の精神，社会の形成への参画，社会の発展に寄与する態度，生命・自然の尊重，環境の保全に寄与する態度，伝統と文化の尊重，我が国と郷土への愛，他国の尊重，国際社会の平和と発展に寄与する態度である。これらは，現代教育の課題と未来に実現されるべき価値を示している。あるべき姿を提示し，教育の目的・目標とする理想主義的な考え方である。

2　幼稚園の目的と目標

　教育基本法の改正を受けて，学校教育法が2007年（平成19）6月に改正された。この法律には，幼稚園，小学校，中学校，高等学校などの教育目的・教育目標がかかげられているが，ここでは幼稚園の目的・目標について理解することにしよう。

　幼稚園教育の目的について，学校教育法第22条は，次のように規定している。

　　幼稚園は，義務教育及びその後の教育の基礎を培うものとして，幼児

を保育し，幼児の健やかな成長のために適当な環境を与えて，その心身の発達を助長することを目的とする。

　これは，教育基本法の第11条「幼児期の教育は，生涯にわたる人格形成の基礎を培う重要なものであることにかんがみ，国及び地方公共団体は，幼児の健やかな成長に資する良好な環境の整備その他適当な方法によって，その振興に努めなければならない」の条文に対応したものである。

　幼稚園教育は，「義務教育及びその後の教育の基礎を培うもの」であることが明示されている。さらに，教育目標にかなった環境が設定されることが明確になるように，「適当な環境」の前に「幼児の健やかな成長のために」の文言が追加された。

　そして，学校教育法第23条は，幼児教育の進展状況をふまえて，次の5つの教育目標をかかげている。

1．健康，安全で幸福な生活のために必要な基本的な習慣を養い，身体諸機能の調和的発達を図ること。
2．集団生活を通じて，喜んでこれに参加する態度を養うとともに家族や身近な人への信頼感を深め，自主，自律及び協同の精神並びに規範意識の芽生えを養うこと。
3．身近な社会生活，生命及び自然に対する興味を養い，それらに対する正しい理解と態度及び思考力の芽生えを養うこと。
4．日常の会話や，絵本，童話等に親しむことを通じて，言葉の使い方を正しく導くとともに，相手の話を理解しようとする態度を養うこと。
5．音楽，身体による表現，造形等に親しむことを通じて，豊かな感性と表現力の芽生えを養うこと。

　これら1から5の目標は，幼稚園教育要領における第1章総則の第2幼稚園教育において育みたい資質・能力及び「幼児期の終わりまでに育ってほしい姿」においてさらに具体化されている。

　1　幼稚園においては，生きる力の基礎を育むため，この章の第1に示す幼稚園教育の基本を踏まえ，次に掲げる資質・能力を一体的に育む

よう努めるものとする。

(1) 豊かな体験を通じて，感じたり，気付いたり，分かったり，できるようになったりする「知識及び技能の基礎」

(2) 気付いたことや，できるようになったことなどを使い，考えたり，試したり，工夫したり，表現したりする「思考力，判断力，表現力等の基礎」

(3) 心情，意欲，態度が育つ中で，よりよい生活を営もうとする「学びに向かう力，人間性等」

また，「幼児期の終わりまでに育ってほしい姿」は，(1) 健康な心と体，(2) 自立心，(3) 協同性，(4) 道徳性・規範意識の芽生え，(5) 社会生活との関わり，(6) 思考力の芽生え，(7) 自然との関わり・生命尊重，(8) 数量や図形，標識や文字などへの関心・感覚，(9) 言葉による伝え合い，(10) 豊かな感性と表現にまとめられている。これらは「第2章に示すねらい及び内容に基づく活動全体を通して資質・能力が育まれている幼児の幼稚園修了時の具体的な姿であり，教師が指導を行う際に考慮するものである」とされる。

この目標を受け，幼稚園教育要領の第2章において，実際の幼稚園教育に即した「ねらい及び内容」が示されている。

「ねらい」は「幼稚園教育において育みたい資質・能力を幼児の生活する姿から捉えたもの」である。また「内容」は，「ねらい」を達成するために教師が指導する事項であり，子どもの側からいえば体験し身につけることが望ましいことである。また，「内容」は，「幼児が環境に関わって展開する具体的な活動を通して総合的に指導されるもの」である。

「ねらい」と「内容」は，子どもの発達の側面から「健康」「人間関係」「環境」「言葉」「表現」の5つの領域にまとめられている。これらの5つの領域に示された「ねらい」（15項目）は，到達目標ではなく「幼稚園教育における生活の全体を通じ，幼児が様々な体験を積み重ねるなかで相互に関連をもちながら次第に達成に向かうもの」である。

では，「健康」と「人間関係」の領域に示されたねらいを示しておこう。

これらの領域のねらいは，資質・能力の観点から3つにまとめられている。

　　健　　康：健康な心と身体を育て，自ら健康で安全な生活をつくり出す
　　　　　　　力を養う。
　　(1) 明るく伸び伸びと行動し，充実感を味わう。
　　(2) 自分の体を十分に動かし，進んで運動しようとする。
　　(3) 健康，安全な生活に必要な習慣や態度を身に付け，見通しをもって
　　　　行動する。

　　人間関係：他の人々と親しみ，支え合って生活するために，自立心を育
　　　　　　　て，人と関わる力を養う。
　　(1) 幼稚園生活に楽しみ，自分の力で行動することの充実感を味わう。
　　(2) 身近な人と親しみ，関わりを深め，工夫したり，協力したりして一
　　　　緒に活動する楽しさを味わい，愛情や信頼感をもつ。
　　(3) 社会生活における望ましい習慣や態度を身に付ける。

　また，「内容」（53項目）については，「幼児が環境にかかわって展開す
る具体的な活動を通して総合的に指導されるものである」ことに注意をう
ながしている。
　幼稚園の草創期には，教育の目的について，「幼稚園開設ノ主旨ハ学齢
未満ノ小児ヲシテ，天賦ノ知覚ヲ開達シ，固有ノ心思ヲ啓発シ，身体ノ健
全ヲ滋補シ，交際ノ情誼ヲ暁知シ，善良ノ言行ヲ慣熟セシムルニ在リ」
（東京女子師範学校附属幼稚園規則，1877年〈明治10〉）と規定されていた。
　また，「幼稚園保育及設備規程」（1899年〈明治32〉）の「保育の要旨」は，
「幼児ヲ保育スルニハ其ノ心身ヲシテ健全ナル発育ヲ遂ケ善良ナル習慣ヲ
得シメ，以テ家庭教育ヲ補ハンコトヲ要ス」と規定している。その後の
「幼稚園令」（1926年〈大正15〉）においても，同じように「幼稚園ハ幼児ヲ
保育シテ其ノ心身ヲ健全ニ発育セシメ善良ナル性情ヲ涵養シ家庭教育ヲ補
フヲ以テ目的トス」とあった。
　現在の幼稚園は，家庭教育を補完するという基本的性格をふまえつつ，
家庭では果たすことのできない子どもの発達課題を積極的に達成するため

の教育施設であり，学校教育の筆頭に位置づけられている。「学校とは，幼稚園，小学校，中学校，義務教育学校，高等学校，中等教育学校，特別支援学校，大学及び高等専門学校」（学校教育法第1条）である。

3 保育所の目的と目標

　保育所は，児童福祉法にもとづき保育を必要とする乳幼児を保育することを目的とする児童福祉施設である。また，養護と教育が一体となって，子どもを育成するところに保育所における保育の特性がある。さらに，保育者は，地域における子育て支援のために，保育に関する相談に応じ助言するなどの社会的役割を担っている。

　法規のうえから，保育所に関係するこれらのことを確認していこう。保育所の目的について，児童福祉法第39条は次のように規定している。

> 　保育所は，保育を必要とする乳児・幼児を日々保護者の下から通わせて保育を行うことを目的とする施設（利用定員が20人以上であるものに限り，幼保連携型認定こども園を除く。）とする。

「保育を必要とする乳児・幼児」とは，子ども・子育て支援法施行規則第1条の5によれば，次のどれかに該当する子どもであるとされている（なお，7～9は条文を要約した）。

1．1月において，48時間から64時間までの範囲内で月を単位に市町村が定める時間以上労働することを常態とすること。
2．妊娠中であるか又は出産後間がないこと。
3．疾病にかかり，若しくは負傷し，又は精神若しくは身体に障害を有していること。
4．同居の親族（長期間入院等をしている親族を含む。）を常時介護又は看護していること。

5．震災，風水害，火災その他の災害の復旧に当たっていること。

6．求職活動（起業の準備を含む。）を継続的に行っていること。

7．学校，専修学校，各種学校に在学している，若しくは職業能力開発施設等で職業訓練を受けていること。

8．児童虐待を行っている又は再び行われるおそれがあると認められること，若しくは配偶者からの暴力により保育を行うことが困難であると認められること。

9．育児休業の間に当該特定教育・保育施設等を引き続き利用することが必要であると認められること。

10．前各号に掲げるもののほか，前各号に類するものとして市町村が認める事由に該当すること。

　さらに，この規定を受け，保育所保育指針（第1章総則　2保育所の役割）は，保育所の目的について，次のように述べている。

　　保育所は，児童福祉法（昭和22年法律第164号）第39条の規定に基づき，保育を必要とする子どもの保育を行い，その健全な心身の発達を図ることを目的とする児童福祉施設であり，入所する子どもの最善の利益を考慮し，その福祉を積極的に増進することに最もふさわしい生活の場でなければならない。

　「入所する子どもの最善の利益を考慮し，その福祉を積極的に増進することに最もふさわしい生活の場」の規定は，児童福祉法第1条「全て児童は，児童の権利に関する条約の精神にのつとり，適切に養育されること，その生活を保障されること，愛され，保護されること，その心身の健やかな成長及び発達並びにその自立が図られることその他の福祉を等しく保障される権利を有する」という理念にむすびつくものである。

　1．子どもの最善の利益，2．子どもの福祉にふさわしい生活の場という観点が重要である。また，保育所は，その目的を達成するために，家庭と連携し「保育所における環境を通して，養護と教育を一体的に行う」ことを特性としている。さらに，保護者に対する支援（入所する児童の保護者に対

する支援および地域の子育て家庭に対する支援）を行うことを明記している。

　そして，「子どもが現在を最も良く生き，望ましい未来をつくり出す力の基礎を培うために」，養護と教育の目的については，6つの具体的な目標（保育所保育指針　第1章総則　1保育所保育に関する基本原則　（2）保育の目標）をかかげている。

（ア）十分に養護の行き届いた環境の下に，くつろいだ雰囲気の中で子どもの様々な欲求を満たし，生命の保持及び情緒の安定を図ること。

（イ）健康，安全など生活に必要な基本的な習慣や態度を養い，心身の健康の基礎を培うこと。

（ウ）人との関わりの中で，人に対する愛情と信頼感，そして人権を大切にする心を育てるとともに，自主，自立及び協調の態度を養い，道徳性の芽生えを培うこと。

（エ）生命，自然及び社会の事象についての興味や関心を育て，それらに対する豊かな心情や思考力の芽生えを培うこと。

（オ）生活の中で，言葉への興味や関心を育て，話したり，聞いたり，相手の話を理解しようとするなど，言葉の豊かさを養うこと。

（カ）様々な体験を通して，豊かな感性や表現力を育み，創造性の芽生えを培うこと。

　上記の（ア）は養護に関する目標である。以下，（イ）が「健康」，（ウ）が「人間関係」，（エ）が「環境」，（オ）が「言葉」，（カ）が「表現」にかかわる目標になっている。

　「第1章　総則　4幼児教育を行う施設として共有すべき事項」において，「（1）育みたい資質・能力，（2）幼児期の終わりまでに育ってほしい姿」として示されている。これらは，幼稚園教育要領と同様の内容になっている。

　また，「第2章　保育の内容」において，上記の保育の目標をより具体化した「ねらい」と「内容」が示されている。

　「ねらい」は「子どもが保育所において，安定した生活を送り，充実し

た活動ができるように，保育を通じて育みたい資質・能力を，子どもの生活する姿から捉えたもの」である。「内容」は，「子どもの生活やその状況に応じて保育士等が適切に行う事項と，保育士等が援助して子どもが環境に関わって経験する事項を示したもの」である。さらに，「ねらい」と「内容」は，「主に教育に関わる側面からの視点を示している」が，実際の保育においては，養護と教育は一体であることに留意する必要がある。

　保育所独自の「養護に関わるねらい及び内容」は，上記の保育の目標（ア）を具体化したものであって，「ア　生命の保持」にかかわるものと「イ　情緒の安定」にかかわるものに分けて示されている。

　　ア　生命の保持のねらい
　　①一人一人の子どもが，快適に生活できるようにする。
　　②一人一人の子どもが，健康で安全に過ごせるようにする。
　　③一人一人の子どもの生理的欲求が，十分に満たされるようにする。
　　④一人一人の子どもの健康増進が，積極的に図られるようにする。

　　イ　情緒の安定のねらい
　　①一人一人の子どもが，安定感を持って過ごせるようにする。
　　②一人一人の子どもが，自分の気持ちを安心して表すことができるようにする。
　　③一人一人の子どもが，周囲から主体として受け止められ，主体として育ち，自分を肯定する気持ちが育まれていくようにする。
　　④一人一人の子どもがくつろいで共に過ごし，心身の疲れが癒されるようにする。

　また，「ねらい及び内容」は，「1歳以上3歳未満児の保育に関わるねらい及び内容」と「3歳以上児の保育に関わるねらい及び内容」に分けられ，「健康」「人間関係」「環境」「言葉」「表現」の5領域として示されている。
　「乳児保育に関わるねらい及び内容」は，乳児期の発達の特徴を踏まえ，身体的発達に関する視点「健やかに伸び伸びと育つ」，社会的発達に関す

る視点「身近な人と気持ちが通じ合う」および精神的発達に関する視点「身近なものと関わり感性が育つ」としてまとめ，示している。

　保護者支援の目標については，保護者の意向を受け止め，子どもと保護者の安定した関係に配慮して援助することにある。

　保育所は，それぞれに特色や保育方針があり，また施設の規模や地域性などにより，保育のあり方はさまざまである。しかし，すべての保育所に共通する保育の目標は，子どもの「現在」が心地よく生き生きと幸せであることを目標として，「未来」をつくりだす生きる力の基礎を培うことである。さらに，入所する子どもの保護者と地域の子育て家庭に対して，その援助にあたるということにある。

子どもの活動と目的

　日々の保育においては，子どもと保育者が温かくかかわりあうなかで子どもがみずから目的を立て，目的実現の手段と方法を探求することが重要である。

　また，保育者は，子どもの生活の場を見つめ，子どもが環境にかかわって生みだす状況に保育者も参加し，その連続的発展を援助し指導するように工夫しなければならない。このような場合，年間計画や月間計画などの目標とは異なる子どもの活動の指針となる目的をどのように考えたらよいであろうか。

1. 行動のなかで発生し作用する目当て (end-in-view)

　経験の改造の教育においては，ある主体が活動を連続的に進めていって，後の諸活動（b→c→d）が，順々に前の活動（a→b→c）の終結あるいは仕上げである場合に，後の活動（b）は前の活動（a）の終わり（end），すなわち目的（end）といわれる。このように活動と結びつく目的こそ，

子どもの教育において指針となるものである。つまり，目的は，子どもが進めていく行動の外から与えられるものではなく，活動のなかで発生し作用する「目当て」（end-in-view）である。

　私たちは，子どもの活動から離れて，単なる客体として目的を考え，目的を設定しがちである。子どもの具体的な活動と結びつかない目的が一方的に与えられるとき，子どもの自主性はそこなわれることが多いであろう。子どもの主体的な活動を重視する教育においては，目的は活動のなかから生まれ，選択され，さらにそこに作用するものでなければならない。

　デューイ（Dewey, J. 1859-1952）の教育理論に戻って考えてみると，子どもたちのする活動は，単なる活動ではなくて，心のこもった目的をもった活動であった。このような活動においては，目的と活動とがひとつになってくる。すなわち，目的は活動のなかにあり，活動の要素として生きてはたらいているものとなる。そして，そのとき，目的は子どもの活動を束縛^{そくばく}するどころか，反対に活動を呼び起こし自由にはたらきださせるのである。主体的な活動を重視する教育において，目的はこのように子どもの活動と必要に基礎をおかなければならないものであり，それを導くものである。

　さらに，子どもが目的をもった活動を進めていくとき，事態もそれにつれて発展していくが，あたらしい事態に柔軟に適合するように目的も絶えず変化し成長していくものである。

2. 活動における目的の変化と成長

　保育者（石井雅氏）の細やかな観察記録にもとづいて，活動のなかで発生し作用する目当て（end-in-view），また目的の変化と成長について考えてみよう。

　朝顔から色がにじみ出て，水がピンクに変わっていく様子に気がついた子どもたちの遊びの事例である。

事例 朝顔で水を染める子どもたち

①夏の終わり頃，4歳児4名が園庭でままごと遊びをしている。最初は，砂を器に入れ，水を入れてかき回し，味噌汁やご飯に見立てたり，型にはめた砂を皿にあけてハンバーグなどのおかずに見立てたりして遊んでいる。

一人の子どもが自分たちの育てた朝顔を砂のうえに飾りはじめた。もう一人の子どもは，それを見て，味噌汁に見立てた器のなかに朝顔を入れた。

②すると，朝顔の花から色がにじみだし，水がピンク色になったのである。朝顔から色がにじみでる発見をまわりの子どもに知らせると，まわりの子どもたちもそのことを試しはじめた。ままごとよりも，このほうがずっと子どもたちの心をとらえたようだ。子どもたちの興味は朝顔で水を染めることに移っていった。

③次は道具集めである。水を入れる器はどのようなものがいいのか，最初は偶然目に入った容器をもってくるが，それらは大き過ぎるようだ。容器が大きくて水が多過ぎると，抽出される色が目立たないのである。子どもたちは，容器の大ききと水の量，水の量と抽出される色の濃さの関係性を発見していった。

これらの関係性を発見した子どもは，「大きいとだめだよ。これくらい」とほかの子どもたちに伝えている。

④しばらくすると，色のついた水を空のペットボトルに移しはじめている。最初は口が狭いペットボトルになかなか水が入らず，まわりにこぼれてしまう。しかし，何回も繰り返しているうちに，器を傾ける角度によって，水がうまく入ることに気づいていく。今度は手と指に神経を集中して行っている。

⑤次にピンク，赤，青，紫など，ほかの色の朝顔で試している。その間も，

友だちと会話を交わし，情報交換を繰り返している。そして，朝顔から
できたさまざまな色水を混ぜてみる。「絵の具のときと同じだね」とまわ
りの子どもに伝える子。自分の言っていることがまわりの子に理解でき
ないとわかると，「混ぜると色が変わるんだね」とお友だちにわかるよ
うに言い換えている。
⑥ペットボトルに10本ほど溜まったところで，昼食の時間となり，手洗い
場のへりに並べて置いておくことにした。並べたペットボトルの水の色
に太陽の日差しが透けて，それぞれの色が手洗い場のセメントに映って
いる。「きれいだなぁ」といっせいに声がでる。子どもたちの遊びは，
自分たちがつくった「美しさ」を体験して終わりとなった。

　このような試みをする子どもたちの姿は，形を変えてどこでも見られる
ものであろう。

　容器の大きさと水の量，水の量と色の濃さの関係性の発見，自分たちの
考えを言葉にして友だちに知らせている様子（コミュニケーション，会話の
深まり），遊びの工夫，器を傾ける角度を変えることで水がうまく入るこ
との気づき（発見），情報の交換，水や色についての理解，子どもたちの
充実感と満足感など多くのものがつまった経験である。

　活動の目的の観点からもう一度振り返ってみよう。

　「朝顔で水を染める」ために，道具を集め，容器の大きさと水の量，水
の量と抽出される色の濃さの関係性を発見し，色のついた水を空のペット
ボトルに移しはじめる。次にはピンク，赤，青，紫など，ほかの色の朝顔
で試している。

　子どもたちの活動の目的（ねらい）が変化していくことに気がつく。「朝
顔を砂のうえに飾ること」（①）→「朝顔で水を染めること」（②）→「道具
集め」（③）→「ほかの色の朝顔で試すこと」（⑤）への変化は，遊びの目的
が成長することを示している。

　また，色水遊びのなかには，ⓐ諸条件を注意深く観察し手段を見いだ
そうとしている子どもたち，ⓑ正しい順序について見当をつける子ども
たち，ⓒ見当をつけたいくつかの場合から，そのうちのひとつを選択する

子どもたちの姿がみられる。

　実際の子どもたちの活動においては，ⓐ，ⓑ，ⓒは直線的な3段階ではなく，循環的な関係であり，3つの局面ともいうべきものである。ⓒからⓐへ帰り，ふたたびⓐ→ⓑ→ⓒと進んでいって具体化されていくこともあるだろう。子どもたちは，これから起こることに期待をもち，想像し，企画し，推理を行いながら活動を進めている。そのなかで，ねらいは力動的に成長していくのである。

　また，目的（ねらい）は，秩序だった活動によって，順序立った過程を進んでいくとき，はじめて達成されるものである。目的（ねらい）は，子どもの行う活動にもとづいて，その活動をうまく進めていく方法とならなければならないのである。

3. 未来と結びつく子どもたちの活動

　子どもの活動の原動力は，環境に対する子どもの衝動である。衝動の欲求が直接に実現できないとき，衝動は意識的な欲求に転化する。衝動と欲求は，「○○をしたい」「××をしよう」とする子どもの意思が発生する出発点である。

　子どもの意思は，はじめは漠然とした願望であろう。しかし，知性のはたらきによって，はっきりと目的を立て，それを実現する手段をつかむことになる。

　もう一度「色水遊び」を例にして考えてみよう。

　器を傾ける角度によって，水がうまく入ることに気づいた子どもたちは，今度は手と指に神経を集中して，ペットボトルに色水を入れようとしている。そして，赤，青，紫など，ほかの色の朝顔で試している子どもたちがいる。こうした様子は，観察にもとづく分析によって，「こうすれば」（能動）→「こうなる」（受動）の間に存在する結びつきを明らかにしようとしている姿である。

　朝顔から水に色をつけるこの遊びが進むにつれて，子どもたちは「こうすれば」「こうなる」という結果の見通しをもって，すなわち予想を意図

（目的）に転換して活動している。

　こうした場合，子どもは，結果を偶然的に起こす代わりに，意図的にもたらすことができるようになり，はたらきかけることの結果がより豊かなものになっているのである。そして，子どもが展開する活動に見通しをつけ，意図（目的）を形成するように援助するところに保育者の役割のひとつがある。

　「色水遊び」のように，ある具体的なイメージをもち意図（目的）をもって活動を展開するとき，子どもたちの活動は決して散漫なものとはならない。また，それは「予想的見込み」（未来）を含む態度であり活動となる。経験といえば，過去向きに理解されがちであるが，未来との連関（connection with a future）を本質としているのである。

【参考文献】

・文部科学省『幼稚園教育要領』フレーベル館，2017
・厚生労働省『保育所保育指針』フレーベル館，2017
・鈴木勲編著『逐条学校教育法』学陽書房，2009
・窪田眞二・小川友次著『平成29年版　教育法規便覧』学陽書房，2017
・中央法規出版編集部『保育所運営ハンドブック』中央法規出版，2017
・民秋言編集代表『幼稚園教育要領・保育所保育指針・幼保連携型認定こども園教育・保育要領の成立と変遷』萌文書林，2017

第6章 わが国と外国の幼児教育・保育の制度

前章では幼稚園と保育所の目的と目標について，根拠となる法律と子どもの活動の両方の観点から見てきた。この章では，日本の幼稚園と保育所は，どのような制度にもとづいて成り立っているのかを見ていくことにする。それに先だって，制度とはどのようなものか，なぜ制度を知る必要があるのかについて考えておこう。後半部分では，日本の制度を客観的に見るための参考として，4つの国の保育制度について概説する。

6-1 日本の幼児教育・保育の制度

1. 制度を知る意味

みなさんのなかには，子どもの心理学や保育内容・技術については「役に立つ」ので興味があるが，制度や法律と聞くと堅苦しい感じがして興味がわかないという人もいるのではないだろうか。たしかに制度は，日々の保育とかかわりが少ないように見える。本当にそうなのだろうか。

簡単に考えてみよう。たとえば日本では，幼稚園は満3歳から小学校就学前までの幼児を対象にすると決められている。これは制度の一部なのだが，もし，このような決まりがなければ，多様な年齢の子どもが幼稚園に入園し，その後の学校教育にも影響をあたえるのではないだろうか。

このように考えると，イリイチ（Illichi, I. 1926-2002）が考えたように

「社会のさまざまな制度は，もともと私たちの求める価値の実現に奉仕するためにつくられたもの」であり，また戦前の教育制度学者である阿部重孝が考えたように，どんな教育の新しい思想や理想も制度化されなければ，国民の教育に影響をおよぼすことができないのである。

　みなさんが将来，日々行う保育は，まさに制度によって守られることで，安定的に行えるものとなり，そのことによってみなさんは，社会の将来を担う一人ひとりの子どもを育てる重要な役割を果たせるようになるということを知ってほしい。制度は大きな枠組みなので，日々の保育では意識されないし，目に見えるものでもないが，このように大切なものである。

　一方，デュルケーム（Durkheim, E. 1858-1917）によれば，制度は個人の行為や思考を拘束するものでもある。後で認定こども園の成立に見るように，制度は社会の変化とともに変わっていくものであり，私たちはそれにしたがって対応を変えなければならないことが出てくる。制度が個人としての思いとずれる場合もあるかもしれないし，あるいは，誰にとって望ましい制度なのかという面で，制度を取り巻くステイクホルダー（関係者）の利害が対立することも出てくるだろう。

　いずれにせよ教育制度は，「教育の営みが，子どもの学習に対する専門的系統的はたらきかけというだけでなく，人々の価値観にかかわり，社会のあり方にかかわっていることをあらわす」ものであり，教育にたずさわる者にとって，安定した教育をすることを保障してくれるものであると同時に，一定の拘束力を課すものである。だからこそ，制度を知り，制度の動きにはアンテナを張って，ときにはその意味やそのなかで自分ができることを考えていく必要がある。

　2023年（令和5）4月，わが国に「こども家庭庁」が誕生した。同時に，こども施策を社会全体で総合的かつ強力に推進していくための法律として「こども基本法」が成立した。さかのぼること8年，2015年（平成27）からスタートした，子どもの育ちの連続性と親の就業形態を考慮した「子ども・子育て支援新制度」もそれまでの制度の大きな変更だったが，今回は「こども」を冠する新たな省庁の誕生というさらなる改革である。このことは一体何を意味するのだろうか。これまでと何が変化したのだろうか。

制度と実態がどのように影響し合うのかを知り，今後を見通すことがこれから保育者となる皆さんには大切になるだろう。

　ここで，幼児教育と保育という用語の使い分けについて述べておく。小学校入学前の子どもに対する大人のかかわりをあらわす用語には，まず，保育がある。これは保護と教育を一体化させた日本独自の言葉であり，幼稚園・保育所問わず用いられる。幼稚園によっては保育所での保育と区別する意味で，教育や幼児教育という言葉を多用する場合もある。なお，英語では保育に対応する用語はなく，Early Childhood Education and Care（略してECEC）と表記される。また，諸外国を中心に就学前教育という用語が用いられる場合があるが，この言葉は初等教育の準備教育としての意味合いが強い。

　次項では，現行のわが国の就学前の子どもの教育・保育制度を確認し，基本的な特徴を明らかにしていこう。

2．幼稚園・保育所・認定こども園

　わが国における就学前の子どもの教育・保育は，長い間，幼稚園と保育所が二元的に担ってきた。しかし，働く女性の増加や生き方の多様化にともない，幼稚園と保育所それぞれに求められる機能が共通してきたこと，地方では子どもの減少にともなって小規模な幼稚園と保育所が散在することになり，非効率になってきたことなどから，2006年（平成18）に，両方の機能をあわせもつ施設である認定こども園の制度がスタートした。2015年4月からは，「子ども・子育て支援新制度」も加わった。親の就労支援の観点から，就学前の子どもの利用できる施設が，幼稚園・保育所・認定こども園・地域型保育へと広げられた。子どもの年齢と「保育を必要とする事由」への該当状況から，保護者は1号から3号までに区分され，それぞれの施設の利用に際しての給付金受給の基準が一元化された。「保育を必要とする事由」の多様化，保育標準時間の延長（最長11時間まで）など，これまで以上に親のニーズに合うような制度に変わったのである。

　そしてついに抜本的な制度改革を目指し，こども家庭庁が2023年4月に

発足した。「こどもの権利を保障し，こども施策を総合的に推進する」ための こども基本法も制定された。子どもの最善の利益を第一に考え，子どもに関する取り組みや施策を社会の中心にとらえようという「こどもまんなか社会」を実現するためである。「子ども・子育て支援新制度」は，そのまま中心的なビジョンとして引き継がれている。

　制度の変革は時代を反映し，社会状況をよい方向に変化させるために必要なものである。その一方で制度とその理念が，現場の実際にスムーズに取り込まれるか，あるいは，齟齬が生じているかがわかるには時間がかかるものである。就学前の教育・保育に関してもそもそも異なる所管の異なる考え方のもとで成り立ってきたものが急に一元化されてもすぐに対応できるはずがなく，新しい省庁が機能するには時間がかかる。幼稚園・保育所・認定こども園は，今のところ別々のものとして従来どおり機能している。その基本的な特徴をまとめたのが図表6-1である。

●図表6-1　幼稚園・保育所・認定こども園の制度

	幼稚園	保育所	幼保連携型認定こども園*
根拠法	学校教育法	児童福祉法	子ども子育て関連3法
目的	義務教育及びその後の教育の基礎を培うものとして，幼児を保育し，幼児の健やかな成長のために適当な環境を与えて，その心身の発達を助長すること （学校教育法第22条）	保育を必要とする乳児・幼児を日々保護者の下から通わせて保育を行うこと （児童福祉法第39条）	義務教育及びその後の教育の基礎を培うものとしての満三歳以上の子どもに対する教育並びに保育を必要とする子どもに対する保育を一体的に行い，これらの子どもの健やかな成長が図られるよう適当な環境を与えて，その心身の発達を助長するとともに，保護者に対する子育て支援を行うこと （就学前の子どもに関する教育，保育などの総合的な提供の推進に関する法律第2条＝認定こども園法）

対象児	満3歳～小学校就学の始期に達するまでの幼児	保育を必要とする乳児（～1歳）幼児（～小学校就学の始期に達するまで）少年（～18歳未満）これらすべてを児童という	小学校就学の始期に達するまでのもの
設置者	国，地方公共団体，学校法人	国，都道府県，市町村，都道府県知事の許可を受けたもの	国，都道府県，市町村，学校法人，社会福祉法人
所管	文部科学省	内閣府こども家庭庁	
教育・保育の時間と日数	1日4時間を基準とし，特別の事情をのぞき年間39週を下ってはならない。預かり保育の実施が可能	保育を必要とする事由や保護者の状況に応じ，最長11時間（保育標準時間）。日曜と国民の祝日を除く日に開所	満3歳以上の短時間利用児と長時間利用児の共通時間は1日4時間，保育を必要とする子どもの保育時間は，保育所に準じる。預かり保育の実施が可能
内容基準	「知識・技能の基礎」「思考力・判断力・表現力等の基礎」「学びに向かう力・人間性等」を共通して育む。小学校教育との円滑な接続のために，「幼児期の終わりまでに育ってほしい姿10項目」が，保育の方向性として提示された		
	文部科学大臣が告示する幼稚園教育要領により，「健康」「人間関係」「環境」「言葉」「表現」の5領域を重視した教育を，幼児期の特性をふまえ環境をとおして行う	厚生労働大臣が告示する**保育所保育指針により，養護と教育の一体化に配慮する。入所時と定期の健康診断，健康状態の観察，服装などの異常の有無のチェック，自由遊び，昼寝が含まれる。1歳から3歳未満の子どもの内容の充実	内閣総理大臣，文部科学大臣・厚生労働大臣が共同で告示する**幼保連携型認定こども園教育・保育要領により，幼稚園と保育所両方の良さを活かす。園児の生活時間や環境が異なることを考慮して，総合的な指導を行い，家庭と連携を密にすることがもとめられている
施設・設備の基準	職員室（保健室），保育室（遊戯室），便所，飲料用設備，手洗所・足洗用設備，運動場，園舎は原則2階建て以下	乳児室（ほふく室），保育室（遊戯室），医務室，調理室，便所，屋外遊戯室	保育室（または遊戯室），満2歳未満の子どもが在籍する場合は乳児室（または保福祉室），保健室，便所，調理室
スタッフの職種	園長，教頭（副園長），教諭（助教諭，養護教諭，養護助教諭，講師，教育補助員）	保育士，嘱託医，調理員	幼稚園免許と保育士資格を併有し，5年以上教育職または児童福祉の職に5年以上在籍の園長，保育教諭ほか幼稚園に準じた職員の配置，学校医，歯科医，薬剤師の委託
教諭・保育士の資格	教育職員免許法に定める幼稚園教諭普通免許状を有する	厚生労働大臣の指定する保育士養成学校その他の施設を卒業した者，保育士試験に合格した者	保育教諭（幼稚園教諭と保育士資格の併有）

教諭・保育士の配置基準	1学級35人以下 各学級専任教諭1人以上 同一年齢児で学級編成することを原則とする	1クラス当たりの乳幼児数の規定はないが，基準は以下のとおり 0歳児　　　3：1 1・2歳児　6：1 3歳児　　20：1 （15：1も可） 4歳以上　30：1	3歳以上は学級を編成，各学級に保育教諭1人を配置 0歳児　　　3：1 1・2歳児　6：1 3歳児　　20：1 4歳以上　30：1 （幼稚園・保育所の高基準に従う）

＊認定こども園には，幼保連携型を中心に幼稚園型・保育所型・地方裁量型が存在する。
　このうち幼保連携型については認可指導監督の一本化と法的な位置づけを与えている。
　その他の施設はそれぞれ，幼稚園，保育所，地方の規定を当てはめる。

＊＊現行の保育所保育指針，幼保連携型認定こども園教育・保育要領の告示者はそのま
　まである。

◉図表6-2　現行の教育制度と福祉制度

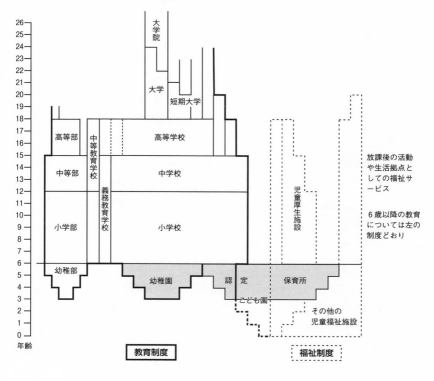

前頁の図表6-2からわかるように幼稚園は学校，保育所は児童福祉施設であり，認定こども園は子育て支援施設として子どもを総合的に扱う。2023年からは保育所も認定こども園もこども家庭庁の管轄となったが，幼稚園は，根本となる考え方が異なっているため，文部科学省の管轄のままこども家庭庁と連携を密にしていくことになった。なお，図表6-2のグレーの部分は，保育内容が共通するように2017年（平成29）改訂された。

幼稚園は集団で教育することをとおして，社会性やその他義務教育以降につながる基礎となる力を培う場所であり，教育時間は原則4時間と短いが，午後や土曜，長期休業中に預かり保育を推進する事業制度が，子ども・子育て新支援制度の実施とともにスタートした。

保育所は「保育を必要とする」乳幼児や児童を保育することが目的で，延長保育を含め最長11時間まで保護者や家庭の状況に応じて保育時間を定めることができる。保護者に代わり，子どもの健全な心身の発達を図るために，健康状態や服装のチェック，午睡の確保なども定められている。近年では認定こども園同様に地域の子育て支援の拠点となっている。

認定こども園は，就学前の教育・保育を一体としてとらえ，保護者の就労の有無にかかわらず，0歳から就学前までのすべての子どもを受け入れ対象とする。通園児以外の保護者の子育て相談や親子交流広場の提供など，地域の子育て支援の拠点となることも期待されている。

現行の就学前の子どもの幼児教育・保育の制度は，大きく2つに分けるようになった。子ども子育て新支援制度のもとでは，2歳までの乳幼児については，家庭的保育，小規模保育，事業所内保育，居宅訪問型保育などの受け皿も用意されている。親の多様なニーズに合わせて利用できるように整えられてきた幼児教育・保育の制度といえる。

一方で，保育内容については，上記3施設の3歳以上については完全に一致させることが，2017年の要領や指針の改正で明確になり，この点については評価できる。次節では，この点についてくわしく見ていこう。

3. これからの幼児教育・保育の方向性──保育内容の一致

2017年（平成29）3月，新しい幼稚園教育要領，保育所保育指針，幼保連携型認定こども園教育・保育要領が3つ同時に告示された。言うまでもなく，各要領・指針は就学前の子どもの保育内容を規定したものであるが，このトリプル同時改定は，幼児期から高校卒業までの「教育内容」に一貫性をもたせることがねらいである。2021年に告示される学習指導要領において，子どもたちの生きる力を育むために身につけさせる3つの要素，すなわち「知識・技能」「思考力・判断力・表現力等」「学びに向かう力・人間性等」が提示され，この3つを高校卒業までに身につけさせるのに，幼児教育の時点からスタートすることになったのである。

具体的には，これらの3つの要素に対応し，以下の3つが幼児期に育みたい資質・能力となった。

①知識・技能の基礎＝遊びや生活の中で，豊かな体験を通して，何を感じたり，気付いたり，わかったり，できるようになるか
②思考力・判断力・表現力等の基礎＝遊びや生活の中で，気付いたこと，できるようになったことも使いながら，どう考えたり，試したり，工夫したり表現したりするか
③学びに向かう力・人間性等＝子どもの心情，意欲，態度が育つ中で，いかによりよい生活を営むか

この3つは小学校教育との円滑な接続に必要な資質・能力であり，幼児期の終わりまでに育ってほしい姿として，次の10項目が具体的にあげられている。①健康な心と体，②自立心，③協同性，④道徳性・規範意識の芽生え，⑤社会生活との関わり，⑥思考力の芽生え，⑦自然との関わり・生命尊重，⑧数量・図形，文字などへの関心・感覚，⑨言葉による伝え合い，⑩豊かな感性と表現，である。これらの項目は，これまでの5領域の保育内容にそれぞれ組み込まれていたので，とくに目新しいものはない。子どもの主体的な活動としての遊びを通して総合的に身につけていくもの

である。決して項目ごとに個別に取りだして指導したり，小学校以降の教科と関連づけて指導したりするのではない。また，この10項目が小学校就学までに「達成されていなければならない」というものでもない。

　これらの点について，幼稚園・保育所・認定こども園の3歳以上の教育部分について，今年度より完全に共通させることになったのは，どのような家庭背景にあれ，子どもの育ちの連続性ということには変わりはないので，その教育内容が共通するということは，ある意味，当然のことだと考えられる。

　一方で，それぞれの施設には，前節でみたような「特徴」があるので違いも当然ある。たとえば，幼稚園や認定こども園では，子どもの姿や就学後の状況，家庭や地域の現状をふまえて，PDCAサイクルによるカリキュラム・マネジメントを確立すること，保育所や認定こども園では，1歳から3歳までの保育についても，5領域を関連づけて互いに共通の保育内容を取り入れること，幼稚園では支援を要する子どもについての配慮，認定こども園では園での生活時間や家庭背景の違いを配慮することなどである。

　以上のように，今後，保育内容がこれまで以上にタテ・ヨコの連続性に配慮したものになることは，子どもの育ちにとって望ましいことではあるが，この時期の子どもの発達特性にかんがみ，決して上の学校種の教育に引っ張られる形で，何かができることが目標になってはならない。

　保育者は，子どもが生活をする「場の制度」「生活内容の制度」が，常に刷新されていく昨今の状況に対応していかなければならない。じつは保育者も「親」である，つまり「子育て支援を要している側」であることが多い。彼らが「ゆとりをもって」働ける環境を整備することが，これらの改革とともにに実施されることで保育の質が高まることを期待したい。たとえば，2023年12月に閣議決定された幼児期の子どもの育ちにかかわる基本的なビジョン，いわゆる「はじめの100か月の育ちビジョン」が具体化することを待ちたい。

　このビジョンは，母親の胎内にいるときから小学校入学初期にかけてのほぼ100か月の間の子どもの切れ目ない育ちを支え，そのために保護者や養育者のウェルビーイングと成長を支援するだけでなく，社会全体の環境

も整えていくというものである。すべての子どもの身体的・精神的・社会的な観点での包括的な幸福を目指すことが，すべての人のウェルビーイング向上につながるという，おそらく日本ではじめて包括的に子どもの置かれている状況を社会全体との関連でとらえたビジョンであろう。保育者には，このビジョンの本質を理解して，その行方を見据えつつ，自分ができることを模索し続けていってほしい。

　さて，これまでは日本の幼児教育・保育の制度を整理してきたが，次節では，諸外国の教育制度を概観し，わが国の教育のあり方を見つめ直すヒントにしてみよう。

諸外国の教育制度

1. アメリカ

　日本の約25倍という広大な国土，多民族社会，キリスト教（プロテスタント）を中心とした宗教色の強い社会など，日本とは真逆といっていい社会風土をもつアメリカ合衆国。日本はとりわけ第二次世界大戦以降にこの国から多大な影響を受け続けて今日にいたっている。6-3制の単線型教育制度や教育基本法もアメリカの教育制度をもとにつくられたことは周知の事実だが，アメリカの教育制度や実践はどの程度日本と似ているのだろうか。はじめに，ある小学校の幼児クラス[1]の1日を見てみよう。

> **事 例** ▶ 多民族社会で生きるための準備教育
>
> 　A小学校は，カリフォルニア州の日系企業の多い町の住宅地にある，芝生が美しい校庭のある平屋建ての公立学校である。アメリカは居住地域ごとに通学校が定められており，それぞれの学区が教育内容などを決定する

権限をもつので，地域による学校差が大きい[2]。

学校の玄関横には星条旗と学校旗がはためいている。8時15分に開門すると子どもたちが一斉に教室に向かう。保護者は原則として学校のなかに入れない。職員室も休憩室もないので担任も教室に直行である。教室にはアルファベットや英単語とそれをあらわす絵，数字などのカラフルな壁紙がところ狭しと貼られ，その横に建国の父であるワシントン（Washington, G. 1732-1799）と南北統一をはたしたリンカーン（Lincoln, A. 1809-1865）の肖像が貼られている[3]。

5歳の幼児クラスのある日の1時間目は算数である。曜日によっては，ボランティアの保護者による生物や美術の授業もある。算数の次は「遊び」の時間。グループごとに作業が異なる。月ごとに，その月に関係するお話やポエムを聴いたりするなかで，そのポエムに「虹」が出てきたら虹の貼り絵をして，色を覚えるワークをしたり，お話に出てきた単語に短母音の「i」が入っている単語があったら，ワークブックのなかからも同じ「i」が入る単語を探したり。この学校に限らずアメリカの小学校では言語学習は大変重視されている[4]。それ以外には，人をリスペクトすることや，独立心を育てることなどが担任の教育方針である。

こうして11時過ぎになると，担任の合図で子どもたちはランチルームに行くための準備をはじめる。子どもたちはトイレに行き，手を洗うのだが，担任はその間に作業の片づけを黙々と行っている[5]。準備が整うと，担任は子どもを整列させ，ランチの後の作業の指示を与え，ランチルームまで引率する。担任も同じランチを食べるが，ほかのクラスの担任とおしゃべりしながらのランチで，子どもは別の場所で思い思いのものを選択して，お金を払う[6]。

午後からはコンピュータルームで簡単な算数や言葉のワークをしたり，休み時間には校庭で遊んだりして，15時頃に下校する。担任は基本的に自分の教室だけを担当して，ほかの教師と連携することはないが，近年は科

目によって，教授方法を教えあうなど連携することが多くなったという。教師の給与は聞いていたとおり，実働期間分だけだった❼。

【事例を読み解くポイント】

❶ アメリカの学校制度は，8-4制，6-3-3制，6-6制など州や学区によって異なり，州によってはKクラスと呼ばれる5歳（または4歳）からの幼児クラスが併設され，義務化されているところもある。

❷ 連邦政府には教育制度や内容を決定する権限はなく，したがって日本の学習指導要領のようなものも存在しない。教育課程は州政府が一定の枠組みを定め，教育予算の半分を交付するが，多くの権限は学区（school district）に移譲されている。

❸ 「合衆国」であるアメリカは民族や宗教，文化の異なる多様な人々が集まって社会を構成しているために，各教室で始業時にみられる「忠誠宣言」だけでなく，国家統一の理念を忘れないためにも，この2人の肖像画が掲げられていることが多い。

❹ 数十年の内には「非白人」人口が半数を超えると予測されているアメリカでは，南米からの移住者であるヒスパニック系住民を中心に，アジア系移民も多く，家庭の言語が英語でない子どもたちの割合が高い。また，貧困層の学力引き上げ問題もあり，言語教育は重視されている。

❺ 日本の幼稚園とは異なり，遊びの準備や後片づけは教員が行う。

❻ 学校によって異なるが，このようなカフェテリアでの昼食は一般的で，子どもたちは自分の好きなものを選んで食べるし，教師も子どもと一緒に食べることはない。栄養的に考えられた同じメニューを教師も一緒に食べる日本の給食とは異なり，❺と合わせて教育観の違いがうかがえる。

❼ 年間2カ月程度の休暇中は授業がないので，給与は支給されない。休暇中も研修や学内業務で拘束される日本の教師と異なり，自由度があるが，一般に教師の給与は低いので，この間は多くの教師がアルバイトなどをして生活費を稼ぐといわれている。

前述したように，地方分権制をとるアメリカの学校は多様であり，この例を見てどこも同様であると判断することはできない。しかしこの例には

教育に関するアメリカ全土で共通する考え方があらわれている。

信教の自由を求めてイギリスから逃れてきた一部の人からはじまったこの国は、他国から自由と希望を求めて移住してきた人々や、奴隷から解放されたのちに、やはり自由と希望を求め続けて努力してきた人々を飲みこみながら、常に「政府に頼るのではなく自分たちで社会をつくっていく」という精神を大切にしてきた。

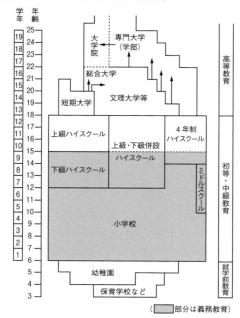

●図表6-3　アメリカの学校系統図

（□□□部分は義務教育）

しかし近年は、国際的な競争力に対応するために、いくつかの大きな変化がみられる。1つは、多くの州でチャータースクールや学校選択を可能にするバウチャー制度が導入されたこと、もう1つは、とりわけ2000年以降の連邦レベルの法律によって、国家の教育介入が強まったことである。

前者のチャータースクールとは、州や学区が認可状（Charter）を与えるが、自由に学校を運営できる、いわば公設民営学校である。バウチャー制度とは、授業料の高い私立学校も選択できるように、そのための引換券を州が支給するというもので、競争と弾力化をうながして学校の質を向上させようと試みるものである。

後者は、「2000年の目標：アメリカを教育する法（Goal 2000：Educate America Act）」によって、各州にスタンダードの設定とアカウンタビリティを求め、2002年成立の「一人も落ちこぼれをつくらない法（No Child Left Behind Act）」以降は、小学3年生と中学2年生に該当する学年で毎

年英語と数学の州の統一テストを受けさせることを定めたものである。これによって全米で学力水準を図り，その引き上げを目指している。

2. 中華人民共和国

遣隋使の時代から長い交流をするなかで，多くのことを学び，同時に多くの摩擦を引き起こしてきた隣人である中華人民共和国（以下，中国）。アメリカと同等の面積に，アメリカの4倍以上の人口である13億人以上を抱えるこの国を，その一党体制のイメージから，人口の8％程度を占める55もの少数民族を抱える多民族多文化社会ととらえる人は少ないかもしれない。

また，文化大革命（1966～76年）の混乱期に少年時代を送った世代の「一人っ子」として育った「バーリンホウ（1980年代生まれの世代）」たちが活躍して，急速な経済発展を遂げている国でもある。

ある学校の1日の流れを見てみよう。

事例 ── 規律正しい中国の学校[1]

　北京市にある公立の小学校には，その学区の子どもたちとその学区内で親が働く子どもたちが通学している。

　朝礼の後，8時15分から1時限がはじまる。教科は，語文（日本の国語）と数学（日本の算数）を中心に，自然（日本の理科），道徳，社会，体育，図工，英語など。日本と異なるのは「労働」という科目だ。家庭科の知識や実技などに加えて，工場や農場で働く場合もある。また，普通の休み時間だけでなく，2時限終了時と昼食後には「目の体操」がある。目の疲れをとって近視を予防するための昔からの体操である。2時間近い昼休みの後，午後からは2時限分の授業があり，15時過ぎに終了する。曜日によってはクラブ活動や中国の文化伝統のなかから好きなものを選んで学ぶ課外活動がある。

　毎週月曜日の国旗掲揚式には，ジャージの制服を着る決まりがある。また，中国共産党の教えを学ぶ少年先鋒隊に属する子どもは，子どもの代表として国旗に敬礼することができる。

中国の義務教育は日本と同じ9年間で，基本は6-3制であるが，地域によって5-4制をとるところもある。とくに教育条件の整わない地方の農村部では，中学校4年の最後の1年を職業教育のような形にして，5-4制をとっているところが多い。

課程基準（日本の学習指導要領）は，教育部（日本の文部科学省にあたる）が定めるが，1990年代以降，学習指導要領や教科書を地域の実情に応じて多様化する動きが出て，現在では教育部版以外に

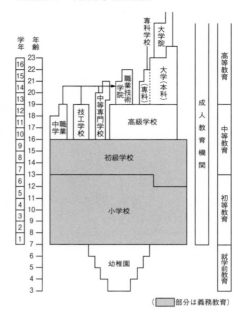

●図表6-4　中国の学校系統図

学年　年齢

専科学校
大学院
大学（本科）
（専科）
職業技術学院
中等専門学校
技工学校
中職学業
高級学校
初級学校
小学校
幼稚園

成人教育機関

高等教育
中等教育
初等教育
就学前教育

（　　部分は義務教育）

も上海版，浙江版など，数種類出ている。

年間授業日数は35週であり，これ以外に学校裁量で活用する2週間が設定され，行事などにあてられている。授業内容も全体の16〜20％程度は地方や学校が開発選定できる時間にあてられ，日本でいう「総合学習の時間」のように活用したり，少数民族の授業や複式学級授業にあてたりするなど，それぞれの地方と学校の実情によって利用方法は異なっている。

1980年代頃まで給与や待遇が悪く社会的地位の低かった教師は，現代ではその待遇が改善され，優れた教師を表彰する「教師の日」も設定されるようになった。また，学歴や業績に応じて「高級〜3級」までの4段階に資格要件を定めるなど，教員の質の向上が目指されている。

広い国土に多民族を抱え，かつ，経済状況も地域によって差の激しい中国は，独自の社会主義国家建設のために，かつては，牽引役となる社会経済的地位の高い人材を育成することを目指してきたが，近年では「和諧社会」という言葉に示されるように，まずは「公平であること」が重視され

るようになってきた。

　教育における第11次五カ年計画では「教育平等」が基本原則とされ，しかも，「質のよい教育を受けられるようにする」ことが大きな目標とされるようになった。このような方針のもとで，子どもに新しい時代を開拓していく能力を身につけさせるためのカリキュラム改革が進められたり，前述したように，地方や学校独自の裁量権を拡大させたりしている。

3. オランダ

　ユニセフが発表した子どもの幸福度ランキングが1位になった国，オランダ。日本とは江戸時代から交流があり，EUのなかでも指導的な立場にある国だが，九州程度の国土を持つ小国で，その実態はあまり知られていない。

　この国についても，ある基礎学校❶の幼児クラスの様子を見ることからはじめてみよう。

事例　教育の自由を支える親と教師の連携

　オランダの郊外型都市にあるK基礎学校は，カトリックでイエナプランメソッドを取り入れている。ここから徒歩圏内に中立でモンテッソーリメソッドの学校やごく普通の中立の学校もあるが，どこに通学するかは親が選択する❷。

　毎朝8時15分を過ぎる頃，小さな子どもたちは親に連れられて，大きな子どもたちは各自で自転車に乗って，三々五々登校する。クラスでは担任が親や子どもたちと笑顔であいさつしながら，椅子やテーブルのセッティングを行っている。子どもたちは親に言われながら，コートや荷物を自分の場所にかけて，教室に入る❸。8時45分頃になると，担任の声かけにしたがって，子どもたちが担任のまわりに椅子持って集まり，円形に並べて座ると，朝の歌を歌ったり，手遊びをしたりしはじめる。ただし部屋にピアノはない。担任が一人ひとり出席をとる。

　集団で取り組む活動は月ごとにテーマが決められていて，サーカスだっ

たり，鉄道だったりする。とは
いえ，全員が同じことをするわ
けではなく，鉄道がテーマな
ら，鉄道の貼り絵遊びをするグ
ループや実際に模型で遊ぶグル
ープ，コンピュータで鉄道クイ
ズをするグループ，trein（列
車：オランダ語）と同じ「T」

ではじまる言葉のスタンプ遊びをするグループなど，さまざまである。た
だし１カ月たって，どの子もまんべんなくすべての遊びを体験できるよう
に担任が配慮する。

　外遊びの時間になると，子どもたちはコートをとって一斉に外に飛び出
す。もう１つの幼児クラスと合同の休み時間で，２クラスの担任は互いに
話し合いながら，子どもたちの様子を観察している❹。20分ほどすると当
番の子どもがベルを鳴らして，室内にもどる。

　次はおやつの時間。家から持ってきたおやつを，子どもたちがかばんか
ら取り出し，当番の子どもがごみ箱を教室の真ん中まで持ってくる。担任
は教員の休憩室に自分用のコーヒーとクッキーを１枚取りに行く。楽しくお
しゃべりしながら，ひとときのおやつタイムである❺。

　それが終わると，図書室まで本を取りに行く。図書室には保護者のボラ
ンティアが子どもたちに本の貸し出しをしている。廊下を走ろうとする子
どもに「廊下では歩きなさい！」と注意の声が飛ぶ。こうしてランチタイ
ムまでの時間が過ぎていく。

　お昼の時間は，ほとんどの子どもは家に帰るが，それができない子ども
は持ってきたサンドイッチを別室で食べる。居残りの子どもたちを見るの
は別の担当者の役割❻なので，担任は教員休憩室に戻って，ほかの教員と
自分のランチを食べる。

　昼食後，親に連れられて戻ってきた子どもたちは，円形に座って担任に
絵本を読んでもらったり，自分たちで選んだ本を読んだり（というよりは
見たり）する。カトリックの行事期間には，司祭が子どものための話をし
にくることもある。

　こうして15時過ぎに１日の活動が終わると，担任は子どもの記録ノート

をつけ，清掃員が掃除しやすいように，机や椅子を片づけて，17時頃帰宅する。日本のような職員室はなく，教材やテキストの並んだ本棚のある会議スペースがあり，会議はここで行う❼。幼児クラスの担任同士は何かあればその都度連携するし，ほかの学年の先生とも連絡ボードで連絡のやり取りをするので大丈夫とのことだった。

【事例を読み解くポイント】

❶オランダでは1985年から幼稚園と小学校が統合されて基礎学校となった。基礎学校には４歳から入学できるが，義務教育は５歳からはじまるので，ほとんどの学校で幼児クラスとして４歳と５歳の合同クラスを設定している。

❷オランダではいわゆる「教育の自由」として学校選択の自由，学校設立の自由，学校経営の自由が前提となっている。20世紀はじめに親が自らの信じる宗派学校の設立と公立学校と同じ権利を求めた歴史があり，それ以来，どんな小さな村にも宗派的に中立の学校とカトリックの学校，プロテスタントの学校が設立され，どの学校も同じ公的財源で賄われている。この法律を活用して，移民人口の多い大都市ではイスラム教やヒンズー教の学校も同様に公的財源で設立維持され，また，モンテッソーリやダルトンスクール，シュタイナー，イエナプランなどの教育方針との組み合わせも自由になされているため，日本的な公立・私立の区別は難しい。

❸子どもの教育的責任を第一にもつのは保護者であるという考え方にもとづき，とくに低学年までの子どもには，学校の送り迎えも教室に入るまでは保護者が付き添う。

❹外遊びのときの教師は，日本とは異なり，子どものなかに入り込んで遊ぶことはしない。けがや危険なことがないかを見守り，孤立しているように見える子どもがいると，別の子どものグループに入るようにうながす程度である。

❺子どもたちが持ってくるおやつは，ほとんど果物やチョコレートのようなもので，これについては健康を考えたものにするように保護者に説明している学校が多い。教師は日本のように子どもと同じものを食べることはない。

❻ 給食やカフェテリアがない学校がほとんどで，遠方からかよう子ども
や両親が働いている子どもなどは，簡単な食事を持ってくるかミール
クーポンをあらかじめ提出しておく。この時間は学童保育と連動した
時間であり，子どもたちの管理は教師の役割ではない。

❼ アメリカ同様，日本のような職員室はないので授業に使う教材準備も
記録の記入も担当教室で行う。また，ワークシェアリングで先進的な
取り組みをしているオランダでは，フルタイム教師ばかりではなく，
1つのクラスでも週5日の内3日はA先生，2日はB先生という場合
もある。

ヨーロッパの十字
路に位置するオラン
ダは，昔から近隣の
大国の脅威と闘いな
がらこの小さな国土
を守り続けてきた。
そのために国が分裂
しないための方策の
一つとして打ち出さ
れたのが「教育の自
由」だったといえる。

多様すぎて一見バ
ラバラに見える教育
制度だが，財政面だ
けでなく，各学校段
階の子どもが身につ
けるべき中核目標を
定め，それぞれの学

●図表6-5　オランダの学校系統図

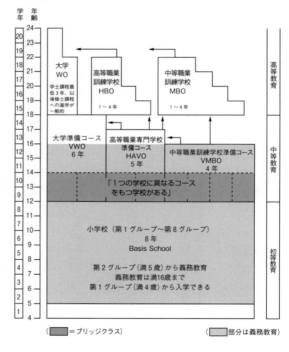

校が提出した教育計画にもとづいて査察官が学校調査を行うことなど，す
べて国が定めている中央集権的な制度をとっている。とはいえ，大枠にし

たがえば後は各校（というよりは各学校運営団体）の裁量にゆだねられるという点で，日本の制度とは根本的に大きく異なっている。

4. スウェーデン

　北欧の国々のイメージとしては，豊かではあるが厳しい自然環境，充実した社会保障とそれを支える高負担の税金，最近注目を集めているフィンランドに見られる高い学力水準，といったものであろうか。

　ここで取りあげるスウェーデンは，北欧諸国のなかでも早くから統合教育と包括的（ホリスティック）教育に力を入れ，その一環として，ほかの諸国に先がけて，幼保小の一本化を図った画期的な国である。

　統合教育とは，障がい児や外国からの移住者など，一般にマイノリティと考えられている人々を，それぞれのニーズに合わせて別々に教育するのではなく，どのような背景を持った人も同じ権利で社会に統合されるように，1つの学校で教育を受けることである。

　北欧のイメージから想像がつかないが，この国は外国からの移民に対して大変開放的な政策をとってきたので，現在国民の16％程度が移民だとされており，そのために統合教育の一環として2言語教育なども取り入れられている。また，スウェーデンの包括的教育は「いつでもどこからでも教育を受ける権利がある」という考えにもとづく生涯学習の観点から教育制度が整備されているというもので，実質その制度が使えるような金銭的なサポートもなされている。

　さて，幼児教育については，働く母親のニーズと子どもによい養育環境を与えるという2つの観点から，エデュケア（EDU-CARE）を提供するという発想が生まれ，1975年には早くもそれまで別系統であった保育所と幼稚園が統合されるようになった。

　福祉の観点で子どもの発達を包括的にとらえ，遊びをとおして学ぶというプロセスを大切にして，社会省（日本でいう厚生労働省）の管轄で保育が進められてきた。さらに，学校教育との接続という観点から，1996年には就学前保育の管轄がすべて教育省に移管された。

7歳からはじまる基礎学校（日本でいう小学校と中学校を合わせたもの）の1年前に1日3時間の就学前クラスも設定され，就学前保育から就学前クラス，そして基礎学校へと子どもがスムーズに移行できる筋道をつくった。

　1998年に制定された就学前保育のナショナルカリキュラム，同時に改正された義務教育カリキュラムも明確な関連性をもってつくられた。

　義務教育は7歳からなので，それまでの教育については義務ではない。しかし，4歳以上のすべての子どもは1日3時間無償で教育が受けられる。また，親が育児休業中や失業中の子どもも，3歳までは1日3時間の無償保育が受けられるシステムになっている。

　以下では，ある就学前学校の1日の流れを見てみよう。

> **事例**　子どもの主体性を見守るエデュケアの学校[2]
>
> 　朝の6時半に朝食準備のためのキッチン担当者が出勤する。7時過ぎには早番の教育士❶が出勤し，朝食を食べる親子が集まってくる。7時半頃から食堂でパンとチーズ，果物や野菜，飲み物という簡単な朝食をとる。
>
> 　9時になるとその日の活動が始まる。輪になって座り，歌を歌ったり，4，5歳児は自分たちの活動計画について話したりする。
>
> 　それが終わると，昼食時間まではそれぞれの子どもの自発的な探究活動が行われる❷。昼食は食堂で，年齢によって2つに分かれて食べる。
>
> 　その後14時頃までは午睡の時間だが，4，5歳児は午睡しないこともあるので，その場合は静かに過ごすようにし，場合によっては子どもと教育士が一緒に文書作りをしたりする。
>
> 　その後クラス活動に合わせておやつの時間があり，少し遊んだ後，15時頃から順次帰宅する❸。
>
> **【事例を読み解くポイント】**
> ❶就学前学校の担当者は，おもに教員と保育士が協働で行う（この学校では教職員全員を教育士と呼んでいる）が，教員は大学または高等専門カレッジで3年半以上の養成教育を受ける。教員は，子どもが将来生きていくための準備と人間として成長する可能性を提供し，子ども

> の視点に立ち，子どもが知識の創造者であるという見方に立つことが求められる。
>
> ❷ プロジェクト活動といって，一定の期間，子どもの興味関心にもとづく活動を，子どもとともに計画し，これに沿って自由に子どもは自分なりの遊びを展開していく。
>
> ❸ 親はフルタイムであっても残業がない場合が多く，またパートタイムやフレキシブルワークを組み合わせている場合もあり，7割近い子どもは16時までに帰宅する。

　このようにスウェーデンでは社会民主主義の考え方を基盤に，親の生き方の自由や働きやすさを生涯にわたるビジョンでサポートし，教育も首尾一貫（しゅび いっかん）するように，子どもが主体的に社会で生きていくために最善のものを得られるようにサポートしてきた。成績は基礎学校8年までつけられることがないし，教育費は大学まで無償である。

　とはいえ，就学前教育を学校教育とつなげることによって，これまでよりも幼児教育の中身が，遊びを中心にしたものから基礎学校に近づけるものへと変化してきたという懸念もある。

　また，教室内に3割程度の一人親生徒と1割程度のスウェーデン語が母語でない生徒を抱える環境のなかでは，よく健闘しているというものの，TIMSSなどにみられる国際学力テストもそれほ

●図表6-6　スウェーデンの学校系統図

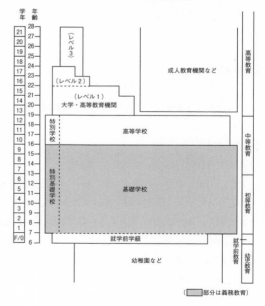

（■■■部分は義務教育）

ど好位置につけているわけではなく，近年は基礎学校9年生時点での全国テストの教科目を増やしたり，教育監察制度を強化したりする方向に政策が変化してきている。

　ここまで4カ国の学校の様子や制度について見てきたが，それらからみなさんは何を感じられただろうか。おそらく日本で自分たちが受けてきた教育を念頭に比較しながら読まれただろうし，その国の単純なイメージとは違う点も見いだせたのではないだろうか。

　各国について詳述できなかったので，わかりにくいかもしれないが，ある国の教育制度や内容は，その国の歴史や風土，社会経済などと密接にかかわって成り立っている。したがって，どこかの国の教育制度や実践方法がすばらしいからといって，それをそのまま日本に適用できるものではないし，適用したところで同じ結果が出るとは限らない。

　日本の教育，とくに乳幼児を取り巻く教育制度や教育環境について考えることは，これからの日本がどのような社会になって行くのかを考えることと密接にかかわっている。みなさんもこのような見方で日本の，そして外国の教育を見ながら，自分や子どもの将来を日々考え，行動していってほしい。

【引用文献】
1）河添恵子編著『アジアの小学生1　中国の小学生』学研教育出版，2011，pp.6-17
2）白石淑江『スウェーデン保育から幼児教育へ』かもがわ出版，2009，pp.69-71

【参考文献】
・黒崎勲『教育行政学』岩波書店，1999
・天野郁夫編『教育への問い　現代教育学入門』東京大学出版会，1997
・子どもと保育総合研究所編『最新保育資料集2010』ミネルヴァ書房，2010
・内閣府ホームページ「子ども・子育て新システム検討会議」に関する資料（http://www8.cao.go.jp/shoushi/index.html）
・二宮皓編『世界の学校』学事出版，2006
・白石淑江『スウェーデン保育から幼児教育へ』かもがわ出版，2009

・リヒテルズ直子『オランダの教育』平凡社，2004

・石附実編著『比較・国際教育学』東信堂，1996

・泉千勢ほか編著『世界の幼児教育・保育改革と学力』明石書店，2008

・佐藤学ほか編著『揺れる世界の学力マップ』明石書店，2009

・湯川嘉津美『日本幼稚園成立史の研究』風間書房，2001

・高橋靖直編著『学校制度と社会』玉川大学出版部，2001

・楠山研『現代中国初中等教育の多様化と制度改革』東信堂，2010

・Eurydice：ヨーロッパ各国の教育制度と教育改革に関するEUの公式データベースより
　　国別のデータが取得可能（英語　http://eacea.ec.europa.eu/education/Eurydice/
　　eurybase）

現場からの声③ ▶ はじめての先生

　０歳児から保育園へ通う子どもの多い社会。なかには，家にいるよりも長い時間を保育園で過ごす子どももいます。「おはようございます」から「さようなら」まで，子どもたちにとって保育園は大切な居場所です。そこで子どもと一緒に過ごす保育者は，心のよりどころといえるのではないでしょうか。

　「この子はどのように成長するのかな」と思いながら，日々成長していく姿を保護者とともに共感し，喜び合えるのは，何よりの楽しみです。そうしたなか，保護者よりも先に，子どもの成長の瞬間に遭遇することもあります。たとえば，子どもがはじめて歩いた瞬間に一緒にいることがあります。「うれしい！」と思う反面，「お母さんは，この瞬間を見たかっただろうな」と少しやり切れない気持ちになることもあります。ときには，そうした場面に立ち会っても，「もうすぐ歩けそうですね」と言葉がけをして親心を思いやることも必要になります。

　毎日一緒に過ごしている子どもたちですが，保育者は保護者ではありません。つい感情移入してしまうこともありますが，子どもの成長に欠かせないのは，子どもへの保護者の気持ちだと思います。子どもとのかかわりのなかには，保護者とのかかわりや信頼関係が基盤にあるということを忘れずに保育にあたっています。

　日々成長し，変化し続ける子どもたちを見守っていくには，自分自身も変化しつつ，自分の保育観をしっかりと持つことが支えになります。悩むことや大変なこともたくさんあります。しかし，子どもたちにとって先生は大切な存在です。受け止めてくれ，理解してくれ，そして不安を安らぎに変えてくれるのは先生です。

　子どもがこれから先の人生で出会うことになる多くの先生のなかで，乳幼児期の保育園で出会う私たち保育者は，「はじめての先生」になります。そうしたことを思うと自分の立場がより一層大切だと感じます。目の前の子どもたちの先生でいられることに喜びを感じられる保育者という仕事を選んでよかったと思います。

第7章 保育・教育の計画
——全体的な計画・教育課程から指導計画へ

　幼稚園では3歳から，保育所，認定こども園では0歳からの子どもが長期間にわたる保育を受けている。各幼稚園，保育所，認定こども園では，保育の目標の達成に向けて，子どもの発達過程を踏まえて，保育の内容を適切に計画するために，全体的な計画を作成しなければならない。この全体的な計画を基にして，具体的な指導計画がある。この章では，保育の計画の必要性，保育の計画の立て方について，幼稚園教育要領や保育所保育指針の内容をふまえて解説する。

全体的な計画と指導計画

1. 幼稚園・保育所における全体的な計画

　幼稚園，保育所の保育の基本は，子どもが主体的に人やものなどの環境にかかわり，多様な体験をすることで，心身ともに健やかに育つことにある。そのために保育者は，子どもが発達に必要な経験を積み重ねていくことのできる環境を計画的に構成し，子どもの心身の状況に応じて適切な援助をするのである。

　幼稚園は3歳からの子どもを受け入れ，保育所は0歳からの子どもを受け入れるが，どちらも長期にわたって子どもを保育する。したがって，入園（所）から終了にいたるまでの長期的な視野をもって，充実した生活が

展開できるような計画を編成する必要がある。

（1）幼稚園における教育課程と全体的な計画

それぞれの幼稚園は，幼稚園教育の目的・目標を達成するために，教育期間の全体にわたってどのような筋道をたどって教育をするかを明らかにし，子どもが充実した生活ができるようにするために，教育課程を編成する。教育課程は，それぞれの幼稚園において，全教職員の協力のもとに園長の責任において編成するものである。

さらに幼稚園では，教育課程を中心にし，教育課程に係る教育時間の終了後に行う教育活動（いわゆる預かり保育）の計画，学校保健計画，学校安全計画なども関連させ，一体的に教育活動が展開されるよう全体的な計画を作成する必要がある。

（2）保育所における全体的な計画

保育所には，指導計画，保健計画，食育計画など，さまざまな具体的な計画がある。これらの計画のもとになるものが全体的な計画である。全体的な計画は，保育所の計画の上位に位置づけられるものであり，保育所保育の「基盤となる計画」である。施設長の責任のもとに全体的な計画を作成するが，全職員が参画し，共通理解と協力体制のもとに創意工夫して作成することが大切である。

全体的な計画は，保育時間の長短，在所機関の長短，途中入所などにかかわりなく入所児童すべてを対象とする計画である。したがって子どもの育ちに関する長期的見通しをもって適切に作成される必要がある。

2. 指導計画とは

先に述べたように，全体的な計画は幼稚園・保育所における教育（保育）期間の全体を見通したものであり，幼稚園・保育所の教育・保育の目的・目標に向かってどのような筋道をたどっていくかを明らかにした全体的・基本的な計画である。

保育者は全体的な計画にもとづいて保育をするが，全体的な計画から，すぐに今月，今週の保育を導くことはできない。そこで全体的な計画にもとづいて，さらに具体的なねらいや内容，環境の構成，保育者の援助などといった指導の内容や方法を明らかにする必要がある。それが「指導計画」である。

　指導計画は，全体的な計画を具体化したものである。具体化する際には，一般に長期的な見通しをもった年，（学）期，月などの「長期の指導計画」と，より具体的な子どもの生活に即した週，日などの「短期の指導計画」を作成することが必要である。

●図表7-1　全体的な計画と指導計画

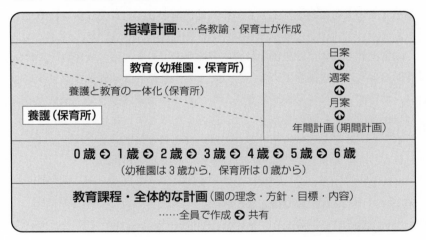

2 全体的な計画の編成

1. 全体的な計画の基準

　幼稚園は学校教育法第１条に規定されている学校の１つである。学校教育法第22条に「幼稚園は，義務教育及びその後の教育の基礎を培う」と規定されており，重要な教育機関である。

　一方，保育所は児童福祉施設の１つである。今日，保育所に入所している子どもの人数は幼稚園よりも多く，幼稚園とともに重要な保育施設である。

　幼稚園教育要領は幼稚園の教育内容の基準であり，保育所保育指針は保育所の保育内容の基準である。したがって，全体的な計画を作成する際には，幼稚園の場合は幼稚園教育要領の「ねらい及び内容」を，保育所の場合は保育所保育指針の「ねらい及び内容」を取り入れなければならない。

　さらに，こども基本法をもとに掲げられている以下の法令などに示されていることもふまえて全体的な計画を作成する必要がある。

●図表7-2　全体的な計画の基準となる法令

教育課程の基準（幼稚園）	全体的な計画の基準（保育所）
教育基本法	児童憲章
学校教育法	児童福祉法
幼稚園教育要領	児童に関する権利条約
幼稚園教育要領解説	保育所保育指針
	保育所保育指針解説書

　たとえば教育基本法や児童憲章には，幼稚園教諭も保育所保育士もよく読んで理解しなければならない基本的な事項が書かれている。主な内容を

抜粋すると，以下のとおりである。

●教育基本法（抜粋）

・第11条「幼児期の教育は，生涯にわたる人格形成の基礎を培う重要なものである…（省略）…。」❍幼児期の教育の重要性
・第13条「学校，家庭及び地域住民その他の関係者は，教育におけるそれぞれの役割と責任を自覚するとともに，相互の連携及び協力に努めるものとする。」❍幼稚園・家庭・地域の連携の重要性

●児童憲章（抜粋）

児童は，人として尊ばれる。
児童は，社会の一員として重んぜられる。
児童は，よい環境のなかで育てられる。

・1　すべての児童は，心身ともに健やかにうまれ，育てられ，その生活を保障される。
・2　すべての児童は，家庭で，正しい愛情と知識と技術をもつて育てられ，家庭に恵まれない児童には，これにかわる環境が与えられる。
　　❍保育の重要性，保育所の基本的な役割

2. 幼稚園，保育所の目的，目標，内容の流れ

　全体的な計画は各幼稚園，各保育所の独自の教育・保育目標の実現のためにある。たとえばS幼稚園の教育目標は「いつもにこにこ元気な子」である。そこでこの教育目標を実現するために全体的な計画（教育課程）を作成するのである。

　しかしながら，その前提となるのは幼稚園教育要領の内容である。幼稚園教育要領をベースにして園目標が実現されるのである。

幼稚園の全体的な計画の作成のためには幼稚園教育要領，保育所の全体的な計画の作成のためには保育所保育指針について十分な理解が必要である。そこで，以下に幼稚園教育要領，保育所保育指針の目的，目標，内容の流れについて示す。

●図表7-3　幼稚園教育の目的，目標，内容の流れ（幼稚園教育指針）

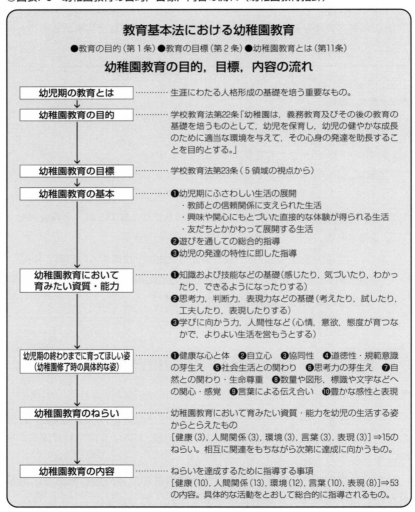

●図表7-4 保育所保育の目的，目標，内容の流れ（保育所保育指針）

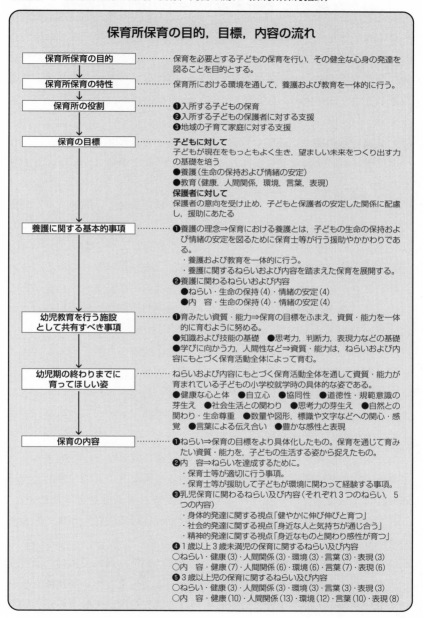

保育所保育の目的，目標，内容の流れ

保育所保育の目的 ………… 保育を必要とする子どもの保育を行い，その健全な心身の発達を図ることを目的とする。

↓

保育所保育の特性 ………… 保育所における環境を通して，養護および教育を一体的に行う。

↓

保育所の役割 ………… ❶入所する子どもの保育
❷入所する子どもの保護者に対する支援
❸地域の子育て家庭に対する支援

↓

保育の目標 ………… **子どもに対して**
子どもが現在をもっともよく生き，望ましい未来をつくり出す力の基礎を培う
●養護（生命の保持および情緒の安定）
●教育（健康，人間関係，環境，言葉，表現）
保護者に対して
保護者の意向を受け止め，子どもと保護者の安定した関係に配慮し，援助にあたる

養護に関する基本的事項 ………… ❶養護の理念⇒保育における養護とは，子どもの生命の保持および情緒の安定を図るために保育士等が行う援助やかかわりである。
・養護および教育を一体的に行う。
・養護に関するねらいおよび内容を踏まえた保育を展開する。
❷養護に関わるねらいおよび内容
●ねらい・生命の保持（4）・情緒の安定（4）
●内　容・生命の保持（4）・情緒の安定（4）

幼児教育を行う施設として共有すべき事項 ………… ❶育みたい資質・能力⇒保育の目標をふまえ，資質・能力を一体的に育むように努める。
●知識および技能の基礎　●思考力，判断力，表現力などの基礎
●学びに向かう力，人間性など⇒資質・能力は，ねらいおよび内容にもとづく保育活動全体によって育む。

幼児期の終わりまでに育ってほしい姿 ………… ねらいおよび内容にもとづく保育活動全体を通して資質・能力が育まれている子どもの小学校就学時の具体的な姿である。
●健康な心と体　●自立心　●協同性　●道徳性・規範意識の芽生え　●社会生活との関わり　●思考力の芽生え　●自然との関わり・生命尊重　●数量や図形，標識や文字などへの関心・感覚　●言葉による伝え合い　●豊かな感性と表現

保育の内容 ………… ❶ねらい⇒保育の目標をより具体化したもの。保育を通じて育みたい資質・能力を，子どもの生活する姿から捉えたもの。
❷内　容⇒ねらいを達成するために。
・保育士等が適切に行う事項。
・保育士等が援助して子どもが環境に関わって経験する事項。
❸乳児保育に関わるねらい及び内容（それぞれ3つのねらい，5つの内容）
・身体的発達に関する視点「健やかに伸び伸びと育つ」
・社会的発達に関する視点「身近な人と気持ちが通じ合う」
・精神的発達に関する視点「身近なものと関わり感性が育つ」
❹1歳以上3歳未満児の保育に関するねらい及び内容
○ねらい・健康（3）・人間関係（3）・環境（3）・言葉（3）・表現（3）
○内　容・健康（7）・人間関係（6）・環境（7）・言葉（7）・表現（6）
❺3歳以上児の保育に関するねらい及び内容
○ねらい・健康（3）・人間関係（3）・環境（3）・言葉（3）・表現（3）
○内　容・健康（10）・人間関係（13）・環境（12）・言葉（10）・表現（8）

3. 教育課程（全体的な計画）の編成の原則

　全体的な計画は，各幼稚園・保育所において，全保育者・職員の協力のもとに，園（施設）長の責任において編成するものである。幼稚園の全体的な計画の作成も，保育所の全体的な計画の作成も共通する点が多い。そこで，ここでは幼稚園の教育課程の編成の原則を中心に述べる。

(1) 教育課程の編成に必要な基礎的事項について理解する

　全教職員が共通に理解しなければならない基礎的事項は，以下のとおりである。

　第一に，こども基本法や教育基本法，学校教育法などの関係法令，幼稚園教育要領や幼稚園教育解説などの内容について理解していなければならない。とくに幼稚園教育要領には，「幼稚園教育において育みたい資質・能力」や「幼児期の終わりまでに育ってほしい姿」が示されている。これらを子どもたちをどのように育てるか，教育課程のなかで示す必要がある。

　第二に，自我の発達の基礎が形成される幼児期の発達の特性についての共通理解を図ることである。幼児期は自我（自分という意識）が芽生え，自己を表出することが中心の生活から，次第に他者の存在を意識し，他者を思いやることができたり，自己を抑制する気持ちが生まれ，同年代での集団生活を円滑に営むことができるようになる時期へ移行していく。このような幼児期の発達の特性をふまえ，入園から終了までの発達の見通しをもち，きめ細かな対応を図ることが必要である。

　第三に，幼稚園や地域の実態，子どもの発達の実情などを把握することである。幼稚園の規模，教職員の状況，施設設備などの人的・物的条件は幼稚園によって異なる。したがって，効果的な教育活動を行うためには，これらの条件をきちんと把握したうえで教育課程の編成に生かすことが必要である。

　幼稚園は地域社会と密着している。地域には都市，農村，山村，漁村など，生活条件や環境の違いがあり，特色のある文化をもつ。幼稚園を取り巻く地域社会の実態を十分に考慮して，教育課程を編成することが大切で

ある。

　第四に，社会の要請や保護者の願いなどを把握することである。幼稚園の教育が効果的に展開されるためには，保護者や地域住民に対して幼稚園の教育方針，特色ある教育活動，子どもの状況などの基本的な情報を積極的に提供し，保護者や地域住民の理解や支援を得ることが大切である。また，保護者の幼稚園への要望なども受け入れ，教育課程に取り入れるように努めなければならない。

（2）各幼稚園の教育目標について共通理解をする

　各幼稚園には，さまざまな教育目標がある。教育目標は，各園が「どんな子どもに育てるのか」を保護者に宣言するものである。したがって教育目標は，「わが園で育てる」子どもの姿を誰が見ても具体的にイメージできるように表現されているものが望ましい。

　さらに，教育目標は保育実践と結びついていなければならない。日々の保育は教育目標の実現そのものである。そこで大切なことは，一つひとつの保育目標を各年齢段階におろして，保育者が自分の受けもつクラスでは，ここまでは確実に育てておくという継続性・系統性のある保育をすることである。たとえば「思いやりのある子ども」という教育目標を年長ク

教育に響く名言

「さようなら」と，キツネがいいました。
「さっきの秘密をいおうかね。なに，なんでもないことだよ。心で見なくちゃ，ものごとはよく見えないってことさ。かんじんなことは，目に見えないんだよ」
「かんじんなことは，目には見えない」と，王子さまは，忘れないようにくりかえしました。

—— サン＝テグジュペリ ——
（内藤濯訳『星の王子さま』岩波書店）

お話の世界は，愛，やさしさ，勇気，悪，友情など，目には見えない肝心なことを体験することである。そして，その体験を自分で意味づけることである。子ども時代のさまざまな体験も同様である。

ラス，年中クラス，年少クラスでどのように達成するかを明確にする必要
がある。それをあらわしたものが教育課程である。

（3）子どもの発達の過程を見通す

　幼稚園の生活をとおして，子どもがどのような発達をするのか，どの時
期にどのような生活が展開されるかなどの発達の節目を探り，長期的に発
達を見通すことが大切である。
　さらに子どもの発達の過程に応じて教育目標がどのように達成されてい
くのかについて，およその予測をする必要がある。

（4）具体的なねらいと内容を組織する

　子どもの発達の各時期にふさわしい生活が展開されるように，適切なね
らいと内容を設定する。その際，子どもの生活経験や発達過程などを考慮
し，幼稚園の生活の全体をとおして，ねらいと内容が総合的に展開される
ように編成されなければならない。

（5）教育課程を実施した結果を反省，評価し，次の編成に生かす

　教育課程にもとづいて指導計画が立てられ，保育実践がなされる。計画
にもとづいて保育実践がなされるが，「実践のやりっぱなし」は好ましく
ない。保育実践を通じての反省・評価をし，教育課程の改善に生かすこと
が大切である。このように，保育の計画，実践，評価，改善によって各幼
稚園の教育活動の質の向上を図っていくことをカリキュラム・マネジメン
トといい，幼稚園教育要領では，その重要性が指摘されている。

　次頁の図表7-5は，Y幼稚園の教育課程の一部である。この幼稚園では，
2年保育をしており，1年間を3期に分けて教育課程を編成している。発
達の過程では，主に子どもの心情，教師とのかかわり，遊びの傾向，友だ
ちとのかかわり，生活習慣という視点から各時期の子どもの発達の姿を示
している。
　さらに，各時期の発達の過程にふさわしいねらいと内容が示されている。

●図表7-5　Y幼稚園　2年保育4歳児の教育課程

期	I期　2年保育4歳児1学期
発達の過程	●教師や入園前から親しんでいる子どもと一緒にいることで安心する。 ●教師や友だちに親しみをもち，ふれあったり遊んだりすることを喜ぶ。 ●気に入った遊具，場，素材などにかかわりながら，好きな遊びを見つけて遊ぶ。 ●さまざまな友だちの姿に目が向くようになり，自分なりにかかわろうとする。 ●幼稚園という場や生活の流れがわかってきて，場面に応じて，教師の言動を頼りに動こうとする。
ねらい	○教師とのかかわりをとおして，幼稚園生活に慣れ，安心して過ごす。 ○身近な環境や自然に興味をもってかかわり，好きな遊びを見つけて楽しむ。 ○絵本に親しむなどをとおして，友だちと一緒に過ごすことを楽しむなかで，さまざまな友だちがいることに気づく。 ○生活の仕方や園での約束を知り，それに沿って動こうとする。
内容	●教師とかかわるなかであいさつをしたり，一緒に遊んだりして親しみをもつ。 ●気に入った場やものにかかわって遊び，幼稚園で楽しむ。 ●戸外で遊ぶ楽しさを感じる。 ●身近にあるものを見立てたり，役になったりして，自分の思いや動きを出して遊ぶ。 ●身近な材料を使ったり，身近な材料でつくったりして遊ぶ。 ●砂・水・泥などの身近な材料に触れ，感触を十分に味わう。 ●身近な動植物に関心をもち，見たり，触れたり，かかわったりする。 ●友だちと一緒の場で過ごしたり，同じように動いたりして友だちに親しみをもつ。 ●教師や友だちと一緒に絵本を見たり，歌を歌ったりすることを楽しむ。 ●幼稚園生活のなかで，自分とは違う相手の気持ちや言動を自分なりに感じる。 ●自分のものとみんなのものとがあることに気づく。 ●教師とのつながりによって，自分でできることは自分でしようとする。 ●幼稚園の一日の流れや約束があることを知り守ろうとする。

3 指導計画

1. 指導計画の種類

　指導計画には，長期的な見通しをもった年，（学）期，月などの長期的な指導計画と，それと関連しながらより具体的な子どもの生活に即した週，日などの短期的な指導計画がある。

●図表7-6　指導計画の種類

長期指導計画	年間指導計画
	期間指導計画
	月間指導計画（月案）
短期指導計画	週間指導計画（週案）
	日指導計画（日案）

　上記以外にも，個人別指導計画，指導案，デイリープログラムなどがある。とくに個人別指導計画は，障がいのある子どもや保育所の3歳未満児のために必要である。

　なお，保育所の全体的な計画の作成にあたっては，以下のような計画あるいはマニュアルも必要である。

●全体的な計画に必要な各種計画，マニュアル

・子どもの人権の尊重	・説明責任と地域交流	・個人情報の保護
・苦情処理	・保健計画	・交通安全計画
・避難訓練計画	・食育計画	・保護者支援
・地域における子育て支援	・園内研修および園外研修	・小学校との連携

2. 指導計画の作成

　長期指導計画や短期指導計画を作成する際に，保育者が留意しなければ
ならない原則がある。その原則は，以下の5点である。

（1）指導計画作成の原則
　ⓐ発達の理解

　　　指導計画の作成では，一人ひとりの子どもの発達の実情を理解する
　　ことからはじまる。発達を理解するということは，年齢ごとの平均的
　　な発達段階と比較してその差異を理解することだけではない。

　　　大切なことは，子どもが生活のなかでどのようなことに興味・関心
　　をもち，興味・関心をもったものに自分のもてる力をどのように発揮
　　してきたか，友だちや保育者との関係はどのように変化してきたかな
　　ど，一人ひとりの発達の実情を理解することである。

　ⓑ具体的なねらいや内容の設定

　　　教育課程・全体的な計画で設定しているそれぞれの年齢（発達の時
　　期）のねらいや内容は，幼稚園・保育所での生活の全体を見通して考
　　えたものである。このねらいや内容を実際に具体化するのが指導計画
　　である。

　　　具体的なねらいや内容は，幼稚園や保育所の子どもたちの発達の過
　　程を見通し，子どもの生活の連続性，季節の変化などを考慮して，さ
　　らに子どもの興味や関心，発達の実情などに応じて設定することが必
　　要である。

　ⓒ環境の構成

　　　具体的なねらいや内容を子どもが実際の保育のなかで経験できるよ
　　うに，適切な環境をつくりだしていくことが重要である。具体的に
　　は，子どもが主体的に活動できる場や空間，適切なものや友だちとの
　　出会い，さらに子どもが十分に活動できる時間やその流れなどである。

　ⓓ活動の展開と保育者の援助

　　　子どもは具体的なねらいや内容にもとづいて構成された環境にかか

わって，興味や関心を抱きながら，さまざまな活動を生みだしていく。しかしながら，子どもは活動をする過程で，やりたいことが十分にできなかったり，途中で挫折したり，友だちとの葛藤により中断してしまったりすることもある。そこで保育者は，その活動のどのような点で行き詰っているのかを理解し，必要な援助をすることが大切である。

このように，保育者は，子どもが望ましい方向に向かって主体的に活動を展開していくことができるよう，適切な援助をする必要がある。

ⓔ反省・評価と指導計画の改善

保育は計画的な営みである。したがって，保育の計画（Plan）にもとづいて保育し（Do），保育の内容の反省・評価（Check）をして改善（Action）に努めなければならない。幼稚園も保育所も，PDCAサイクルにもとづいた保育が求められるのである。

4 指導計画の実践例

1. 幼稚園・保育所の年間計画

168-169頁の図表7-7は，3歳児の年間指導計画の一部である。4月から翌年3月までの1年という長期にわたる発展性を考えた計画である。年間を4期（Ⅰ期❷4～5月，Ⅱ期❷6～8月，Ⅲ期❷9～12月，Ⅳ期❷1～3月）に分け，期ごとに年間目標，子どもの姿と育てたい側面，ねらいなどが具体的に示されている。したがって，年間計画というよりも，年・期間計画と呼ぶのがふさわしい。

❶**年間目標**：全体的な計画の教育（保育）目標をふまえ，3歳児の年間目標を立て，さらに期ごとのねらいに具体化している。

❷**保育期・発達の過程**：子どもの発達の過程をふまえて1年間を3期ある

いは4期に分けることが一般的である。4期に分けた場合，次のように期の特色を示すことができる。

・第Ⅰ期（4・5月）	ごたごたの時期	出会う
・第Ⅱ期（6・7・8月）	まとまりの時期	安定する
・第Ⅲ期（9・10・11・12月）	盛りあがりの時期	飛躍する
・第Ⅳ期（1・2・3月）	まとめの時期	充実する

❸**ねらい**：保育の目標をより具体化したものであり，教育・保育を通じて育みたい資質・能力を幼稚園での具体的な生活として示している。保育所では，さらに「養護（生命の保持および情緒の安定）」のねらいが加えられる。

❹**指導内容**：ねらいを達成するために「指導する事項」である。3歳児の年間計画であるため，「教育」の内容として5領域の側面から示されている。保育所では，さらに「養護」の内容が加えられる。

❺**幼児の活動**：ねらいと内容にふさわしい具体的な活動が示されている。それぞれの活動が，月間計画や週間計画に組み入れられるのである。

❻**保育者の援助（保育所は養護含む）**：子どもが望ましい方向に向かって主体的に活動を展開していくことができるよう，保育者が適切な援助を行うことが大切である。また，とくに保育所では，「養護」的なかかわり・援助が求められる。

❼**環境構成**：具体的に設定したねらいや内容を，子どもが経験できるように，もの，人，自然事象，時間空間などを総合的にとらえて，環境を構成する。子どもが環境にかかわって主体的に活動を生みだしたくなるような，心揺さぶる，魅力ある環境が求められる。

❽**行事**：1年間の代表的な行事が示されている。行事には，(1)年間の保育の流れにリズムをつくる，(2)子どもの成長を確認する，(3)伝承行事を経験することで季節感を感じとらせる，(4)集団活動をとおして社会性を育てるなどの意義がある。

　また，保護者や地域が幼稚園や保育所の保育に対する理解を深め，連

●図表7-7　3歳児の年間指導計画

年間目標 ❶	・保育者や友だちに親しみをもち，友だちとふれあいながら好きな遊びを楽しむ。	
期・月 ❷	Ⅰ期： 4月，5月	Ⅱ期： 6月，7月，8月
発達の過程 ❷	幼稚園生活に親しみ安定していく時期	園生活の仕方がわかり遊びを広げていく時期
ねらい ❸	・喜んで登園して保育者や友だちに親しむ。 ・園生活の流れを知り，園生活のリズムに慣れる。 ・園の遊具や用具に興味をもち，自分のしたい遊びをする。	・自分の好きな遊びを十分に楽しむ。 ・遊びや生活にきまりがあること知り，簡単なきまりを自分も守ろうとする。 ・園での生活の仕方がわかり，身のまわりの始末を自分でしようとする。
内容 ❹	・基本的な生活の仕方を知り，保育者に手伝ってもらいながら自分でする。 ・自分のクラスがわかり，担任や友だちを覚え親しみをもつ。 ・保育者や友だちと安心して遊ぶ。 ・戸外の遊具で遊び，安全な使い方を知る。 ・したいことやしてほしいことを保育者に動作や言葉で伝える。	・身近な生活用品などの使い方を知り，興味をもって使う。 ・自分の好きな遊びに喜んで取り組む。 ・ものの取り合いなど，友だちとのトラブルのなかで自分の思いを表現する。 ・自分の経験したことや思いを保育者や友だちに話す。 ・気の合った友だちとふれあって遊ぶ。
幼児の活動 ❺	〈生活の仕方を知るために〉 ・部屋やロッカー，靴箱などの場所を覚える。 ・手洗いやうがい，用便などの仕方がわかる。 〈安心して過ごすために〉 ・知っている歌を歌う。 ・手遊びをする。 ・絵本や紙芝居を見る。 ・土や砂，粘土の感触を楽しむ。 ・飼育物や草花を見たり，ふれたりする。	〈好きな遊びをするために〉 ・遊びに必要な言葉を覚えて使う。 ・身近な生活用品などの使い方を知り，興味をもって使う。 〈好奇心をもったり試したりするために〉 ・追いかけっこをしたり，固定遊具を使ったりして身体を動かして遊ぶ。 ・水遊び，泥遊び，プール遊びなどを十分楽しむ。 ・絵本やアニメのキャラクターになりきって遊ぶ。 ・フィンガーペイントや絵の具で描いて遊ぶ。 ・音楽に合わせて，リズミカルに動く。
保育者の援助 ❻／環境構成 ❼	・自分の場所という安心感がもてるように靴箱やロッカーなどに印のシールをつけておく。 ・戸外の遊具や砂場を安全に整備し，見守りながら自由に使えるようにする。 ・室内の遊具や遊び場は家庭的な雰囲気をつくり，安心して遊べるようにする。 ・一人ひとりを温かく受け入れ，安心感が持てるように心がける。 ・一人ひとりと一緒に遊んでかかわりながら，小さなサインにも敏感に対応する。	・ものの持っている性質や特徴に合わせて片づけができるようなコーナーをつくっておく。 ・気温に合わせて，水遊びや泥遊び，プール遊びなどができるように場や遊具などを整えて使えるようにしておく。 ・生活習慣は一人ひとりの必要に応じて，言葉をかけたり援助したりして，自分でしようとする気持ちを大切にする。 ・ものの取り合いからのトラブルが増してくるので，互いの気持ちを受け止めながら状況に応じて対応していく。
行事 ❽	※毎月行われるもの：誕生会 ・入園式，家庭訪問　　　・春の遠足 ・健康診断　　　　　　　・交通安全教室	・花の日礼拝　　　・父の日参観　　　・1学期終業式 ・避難訓練　　　　・七夕まつり
自己評価 ❾	［子どもの育ち］ ［保育の実践］	

➌それぞれの項目❶〜❾の解説はp.166〜170参照。

(B幼稚園)

・基本的な生活の仕方や園生活の流れがわかり，自分のことは自分でしてみようとする。

Ⅲ期： 9月，10月，11月，12月	Ⅳ期： 1月，2月，3月
友だちに関心をもち， ともに生活する楽しさを知っていく時期	友だちとの関係を深め 自分の力を発揮して生活する時期
・保育者や友だちと一緒に生活することを喜び，一緒に同じ遊びをする楽しさを味わう。 ・経験したことや感じたこと，想像したことなどをさまざまな活動で自分なりに表現する。 ・日常生活がスムーズにできるように，自分なりに見通しをもって行動しようとする。	・自分なりにのびのびと生活を楽しみ，いろいろな活動に意欲的に取り組む。 ・友だちと遊んだり，話をしたりすることを楽しみ，一緒に活動しようとする。 ・大きくなった喜びと進級する期待をもつ。
・手洗い，うがい，着脱，用便などの手順がわかり，自分でする。 ・友だちと同じ活動に参加し，一緒にすることを喜ぶ。 ・行事をとおして4，5歳児とふれあい，一緒に活動する楽しさを感じる。 ・自分の気持ちや困っていること，してほしいことなどを，保育者に自分なりの言葉や方法で伝える。 ・描くこと，つくることを楽しみ，イメージしたことを自分なりに表現する。 ・遊びやおしゃべりのなかで，やりとりを楽しみながら生活に必要な言葉を知る。	・全身を使った遊びを十分に行い，寒くても元気に過ごす。 ・クラスの仲間として，友だちと一緒に行動することを楽しむ。 ・ものの場所や安全な使い方がわかり，気をつけて遊ぶ。 ・遊びの約束をしたり，続きの遊びを楽しんだりして，生活の見通しをもつ。 ・うれしいことや悲しいこと，考えたことを素直に言葉に出して表現する。
〈友だちとのかかわりを持つために〉 ・木の葉，木の実などを使って遊ぶ。・散歩に行く。 ・身近な素材で好きなものをつくり，それを使って遊ぶ。 ・積み木やダンボール箱などで遊びの場を友だちや保育者と一緒につくって遊ぶ。 ・虫や小動物に興味を持ち，年長児や保育者が世話をするのを見たり，一緒に遊んだりする。 ・描くこと，つくることを楽しみ，自分なりの表現をする。 ・リズムに合わせて身体を動かしたり，身近な動物や乗り物などの動きを表現する。	〈自分たちで生活していくために〉 ・4，5歳児と遊んだり，まねしたりして遊ぶ。 ・お正月に経験した遊びを再現して遊ぶ。 ・霜柱，雪，氷など，冬の自然にふれて遊ぶ。 ・絵本や紙芝居などをみんなで楽しみ，好きな登場人物になりきって遊ぶ。 ・描いたりやつくったものを飾ったり，使ったりして遊ぶ。 ・行事に参加し，いろいろなことを表現したり，友だちの表現を見たりする。
・運動遊びに使う用具は，子どもたちの興味に合わせて自由に使えるように用意する。 ・一人でいたいときや疲れているときには，安心して過ごせるようにゆったりできる場を設けておく。 ・身振り，手振りなど全身で表現している子どもの気持ちを感じ取り，必要に応じて援助していく。 ・子どもの思いや行動などを受け止め，いろいろな経験ができるように知らせ，遊びを楽しめるようにする。 ・園の内外で自然にふれる場や機会をつくっていく。 ・自分でやろうとする気持ちを認め，難しいときには手を貸しながら，やる気を引きだすように援助し，満足感が味わえるようにかかわっていく。	・暖房，換気，寒さへの対応をして，安全や健康に気をつけていく。 ・年長児との遊ぶ場をつくり，年長児のやさしさや頼もしさにふれさせていく。 ・ごっこ遊びや製作などに積極的に取り組みたくなるような場や空間づくりをする。 ・さまざまな遊びが展開されていくように遊具や材料の準備を工夫する。 ・子ども同士で一緒に遊べるような環境を用意したり，必要に応じて言葉をかけたりする。
・2学期始業式 ・創立記念礼拝　・運動会　・秋の遠足　・もちつき ・収穫感謝礼拝　・クリスマス会　・2学期終業式	・3学期始業式 ・まめまき　・お別れ会 ・生活発表会　・3学期終業式

（磯部裕子『教育課程の理論—保育におけるカリキュラム・デザイン—』（改訂版）萌文書林，2008，pp.68-69より作成）

第7章　保育・教育の計画——全体的な計画・教育課程から指導計画へ　169

携・協力を密にする機会にもなる。

❾**保育者の自己評価**：保育は計画，実践，省察，評価，改善，計画という
循環を重ねながら展開する。保育者は指導計画をとおしての保育実践を
振り返り，自己評価をすることが大切である。「子どもの育ち」と「保
育の実践」の2つの視点から評価する。

2. 年間計画，月間計画，週案，日案の流れ

長期指導計画としての年間計画および月間計画，短期指導計画としての
週案および日案は，それぞれの特色があり，つながりをもっている。

● 年間計画

> 年間計画は，教育課程や全体的な計画の保育内容をベースにして，子ども
> の発達状況をふまえて作成するものである。

● 月間計画

> 月間計画は，期ごとに立てられた年間計画の内容を，さらに具体的に月の
> 計画に落とし込んだものである。

● 週案，日案

> 週案は，月間計画の保育内容を，さらに具体的な週単位の実践計画として
> 落としこんだものである。この週案をもとに，明日の日案が作成される。

以上から明らかなように，年間計画から日案にいたるまで，それぞれの
計画はつながりをもつのである。したがって年間計画になかった内容が月
間計画にあらわれたり，月間計画にあった内容が週案にないなどというこ
とはあり得ない。

もちろん現実の保育は，子どもの興味や関心を大切にしなければならないので，すべて計画どおりに実現するということではない。子どもに合わせて計画を柔軟に変更することも必要である。

【参考文献】
・文部科学省編『幼稚園教育要領』フレーベル館，2017
・厚生労働省編『保育所保育指針』フレーベル館，2017
・厚生労働省子ども家庭局保育課『平成29年度全国保育士養成セミナー　行政説明資料』厚生労働省，2017
・民秋言編者代表『幼稚園教育要領・保育所保育指針・幼保連携型認定こども園教育・保育要領の成立と変遷』萌林書林，2017
・無藤隆，汐見稔幸，砂上史子『ここがポイント　3法令　ガイドブック』フレーベル館，2017

第**8**章　子どもの発達の特徴と遊び
——保育者のかかわり方のポイント

　子どもはさまざまな遊びの経験をとおして豊かに成長していく。"おもしろい，楽しい"という気持ちが原動力となり，五感を使い全身で楽しんでいく。遊びのなかでいろいろなものと出会い，ふれあい，見立てるなどの体験を積み重ね，さまざまな能力を身につけていくのである。

　とくにこの時期大切なのは，大人と子どもの相互のかかわりである。この関係を基本の軸とし，人への信頼感を育み，次第に子ども同士のかかわりへと広がっていくのである。保育者は子どもの発達過程を理解し，人としての成長発達を遂げていくことができるように，総合的な指導力をもって保育を行うことが重要である。

　この章では，０歳から６歳までの年齢ごとの発達の特徴を追いながら，その時期の特徴的な遊びと保育者のかかわり方について，事例を交えて考えてみたい。

8 1　０歳児（乳児）の発達の特徴と遊び

　子どもたちの発達の傾向について，2017年（平成29）告示の保育所保育指針・幼保連携型認定こども園教育・保育要領では，乳幼児の発達を乳児，１歳以上３歳未満，３歳以上に分け，各時期における発達の特徴や道筋などが第２章の「基本的事項」に示されるようになった。

　乳児保育（０歳児保育）にかかわる「ねらい及び内容」については，次の３つの視点が明記された。身体的発達にかかわる視点「健やかにのびの

びと育つ」，社会的発達にかかわる視点「身近な人と気持ちが通じ合う」，
精神的発達にかかわる視点「身近なものと関わり感性が育つ」の3点であ
り，「養護」における「生命の保持」および「情緒の安定」にかかわる内
容と一体となって展開されるものとしている。ここでは，0歳児（乳児）
について，よりくわしくみていくことにする。

● 0歳児の発達の特徴

　誕生からのおおよそ1年の間の子どもの発達には，めざましいものがあ
る。首もすわらず，一人では動くこともできない状態から，一人で立ち上
がり歩くまでに成長していく。

　運動面では，3，4カ月までに首がすわり，寝返りをうち，手足の動き
が活発になり，半年を過ぎ7カ月頃までには一人で座れるようになる。ハ
イハイ，つかまり立ち，伝え歩きで移動し，やがて，一人歩き（おおむね
1歳3カ月頃まで）へと運動機能が発達していく。手先も意図的に動かせ
るようになり玩具を持って遊ぶようになる。

　情緒・社会性面では，応答的な大人とのかかわりをとおして，泣き，笑
うなどの表情も豊かになっていく。周囲の人やものに興味を示し，探索活
動も盛んになる。また，特定の大人との情緒的な深まりをとおして，あや
してもらうことを喜ぶなど，やりとりが豊かになる一方，人見知りをする
ようになる。自分の意志や欲求を身振り，喃語で伝えるようになる。1歳
近くなると簡単な言葉や自分に向けられた気持ちもわかるようになってく
る。食事も母乳・乳汁だけから離乳食の各段階を経て，少しずつ自分で食
べようとするようになっていく。

事例	空き缶遊びからやりとり遊びに

　　　　　　　　　　　　　　　0歳児クラス（高月齢児）　10月
　11カ月になったＡ子のお気に入りの遊びは，引き出しから玩具を取り出
し，穴に落としたり投げたりすることである。ボールなどを投げ転がる先
をじっと見て，ハイハイで取りに行くことを繰り返し楽しんでいる。

あるとき，円筒形の空き缶を持って投げたＡ子。"カランカラン"という音にびっくりすると，すぐ振り向いて後ろにいる保育者の顔を見た。保育者が「びっくりしたのね。大丈夫よ」と，ニコッと笑顔を見せると安心したように急いで取りに行った。

　空き缶を拾うと，座り直してまた投げてみる。今度はちょっとした拍子にその場で空き缶はクルクルと回りだした。保育者が「すごい！　クルクル回っているわね」と言葉を添えて拍手しながら，ニコッとＡ子の顔をみてうなずく。すると，Ａ子も大喜びで，両手を振り，保育者の顔を見て「キャッキャッ！」と声を出して笑いだした。

　保育者がＡ子に空き缶を転がして返すと，また保育者に向かって投げてよこす。そのようなやりとりがしばらく続いた後，Ａ子は缶を拾うと，伝え歩きをして保育者に渡しに来た。

　そこで保育者は，「上手ね。はい，ありがとう」と受け取り，「空き缶さん，いない，いな～い」と言って，空き缶をエプロンのなかにかくしてみた。するとＡ子は，エプロンをめくって空き缶を見つけうれしそうに保育者を見上げた。何回か保育者のエプロンで，「いない，いない」の遊びを繰り返した後，Ａ子は自分の上着に空き缶をかくそうと一生懸命である。「空き缶さん，いない，いないなのね」と保育者が声をかけると満足した表情であった。

　⬤ 事例を読み解く

　上記の事例では，Ａ子が空き缶という身近にあるものに触れて遊びながら，さまざまなものの性質や特徴を実感していることがわかる。

　はじめて缶を投げたとき，思いもかけず大きな音にびっくりしたＡ子だったが，振り向いたとき保育者の笑顔に迎えられて安心している。Ａ子と保育者の間には愛着関係が成り立っており，この安定した関係が，次の

遊びへの意欲につながっていることがわかる。

　このように，子どもが探索活動にチャレンジするためには，信頼できる特定の大人との安定した関係が必要である。いつも見守ってくれる，何かあったら助けてくれる，という安心感が次への意欲を呼び起こしていくのである。

　この事例で保育者は，そのような気持ちをしっかりと受け止め，驚きや不安な気持ちに対してタイミングよく共感の言葉をかけている。さらに，「いない，いないばぁ〜」の遊びへとつないでいる。"目の前から消えてもものには永続性があるのだ"，ということが理解できるようになった，この時期の子どもの発達を，的確にとらえているからこそできる遊びの展開である。大好きな保育者との楽しい遊びの共有から，自分でもやってみたいという意欲へと展開していっている。安心できる大人の存在（養護）をもとに，新たなものに触れ，知的好奇心を満足していく活動（教育）が展開されている，0歳児ならではの保育の一コマといえる。

● 保育者のかかわり方のポイント

　生まれて間もない0歳児の子どもは，機嫌のよいときに身近にあるものを一生懸命に見つめ，それをつかもうと手を伸ばす。ものだけではなく，自分の手を見つめ，足をつかんでしゃぶったり，自分の発した声に聞き入って，さらにごきげんな声をあげたりする。これが0歳児の最初の時期の遊びである。自分のからだ中心に自発的な活動を行い，身近なものや，あやしてくれる大人との関係をとおして遊びを広げていくのである。

○生活のなかで快さを共有する

　　0歳児の子どもにとって，生活のなかのかかわりそのものが，遊びの援助でもある。おむつを交換するとき，言葉をかけ全身をさすりスキンシップ遊びをしていくことや，抱っこをして身体をゆすりながらわらべ歌を歌い心地よい眠りを誘うことなどの生活そのものが，遊びの援助となる。子どもの発した喃語にはタイミングよくやさしく答え，大人との穏やかで心地よいやりとりを楽しむようにする。基本は

一対一でのやりとりとなるため，声の大きさなどにも配慮したい。

○ふれあい遊びをとおして声を出して笑う体験を大切にする

　　楽しい気持ちをともに感じ，心を通わせてくれる相手がいてこそ
"笑い"は，さらに豊かな感情の表現となっていく。保育者は0歳児
の子どもにとって人生最初の教師である。スキンシップ遊び，伝承の
あやし遊びなどを保育者自身が楽しみながら，声を出してたくさん笑
うことを伝えることが必要である。人とかかわることの楽しさを体感
できるように，保育していくことが大切である。

○発達を的確にとらえて，遊びの援助をしていく

　　誕生からの1年くらいの間の運動発達は目覚ましい。安全に配慮し
ながら，それぞれの発達にあった援助を行い，全身を十分使って遊び
を楽しめるようにしていくことが必要である。0歳児は月齢によって
手の操作性も大きく違ってくる。目と手を連動して動かすことができ
るようになってきたら，操作をともなう玩具を発達に沿って用意し，
操作方法を伝えながら，一緒に遊んでいくことが望ましい。絵本はな
るべく一対一で読み，絵本をとおして保育者とのかかわりを楽しめる
よう配慮する。

教育に響く名言

ギリシャの神殿では，とくに初期のギリシャ神殿では，肝心なのは目に
見えるものではなく，そのあいだの空間だということです。つまり，柱
そのものより柱間の空間のほうが大事なのです。

——— ミヒャエル・エンデ ———

（聞き手・編訳　田村都志夫『ものがたりの余白』岩波書店）

保育者は，子どもが生活する時空間を創造することが大切であるとも読むこ
とができるだろう。子どもが環境とかかわって生み出される「場」，またその
「場」が展開する時空間の充実こそ，保育において肝心なことである。

○さまざまな素材に触れ五感を十分使って遊ぶための，安全な環境設定をする

　　自分で触って操作する，引き出しから取り出す，落としたりしゃ
ぶったりするなど，身近なものに触れて，十分に探索活動ができるよ
うな環境を設定する。転倒，落下，誤飲などの危険がないよう見守り
ながら，一人ひとりが十分にさまざまな素材に触れて遊ぶことができ
るように，生活用具や手づくりの玩具などを工夫し用意する。また，
０歳児は室内で過ごす時間が多いので，外の光の入る窓，ベランダ，
音楽や歌，きれいな色彩の装飾・植物など，よい刺激となるような保
育空間をつくり出すことにも配慮したい。

8 2　１歳以上３歳未満児の発達の特徴と遊び

　平成29年告示の保育所保育指針・幼保連携型認定こども園教育・保育要
領の第２章では，１歳以上３歳未満の子どもに対する保育のねらいや内容
については，「健康」「人間関係」「環境」「言葉」「表現」の５領域で示し，
「養護」における「生命の保持」および「情緒の安定」にかかわる内容と
一体となって展開されるよう留意することと明記された。ここでは，まず
１歳児，次に２歳児を，よりくわしくみていくことにする。

1．１歳児の発達の特徴と遊び

● １歳児の発達の特徴

　一人歩きがはじまり，手を使い，押す，つまむ，めくるなど，さまざま
な運動機能の発達により，室内でも屋外でも探索活動が盛んになり，環境
にはたらきかける意欲は一層高まっていく。道具も使えるようになり，い
ろいろな玩具を使って遊ぶようになる。
　情緒・社会性の面では，自分なりの思いをもちはじめ，指差し，身振り

や一語文を使って，思いを伝えようとする。二語文を話しはじめる。また，自分なりのこだわりも出て自己主張も強くなる。しかし，伝えきれず，思いどおりにいかないと感情を爆発させることも多い。反面，大人への依存度は高く，親しい大人の姿が見えなくなると泣き叫んだり，戻ってきたりなど，愛されたいという欲求も強い。

玩具を実物に見立てるなど，象徴機能も発達し，人やものとのかかわりが深まる。まだ一人遊びが中心であるが，友だちへ関心をもちはじめ，ものをやりとりしたり，模倣しあって笑いあったり，ときには取りあったりする場面も出てくる。まだかかわって遊ぶのは短い時間であり，一緒の場で遊んでいても並行遊びが多い。

事例 保育者や友だちと"おなじ"を楽しむ

1歳児クラス（高月齢児） 10月

B男は，段ボールでつくった箱のなかに何回も入ったり出たりして，一人で楽しんでいる。しばらくして，ブロックやおもちゃをたくさん積み込み，山盛りの段ボールを押しながら，ままごとコーナーまで来て，保育者に「はい，どうぞ」とブロックを手渡した。「宅急便？　ありがとう！」と保育者はB男の手にポンとスタンプを押すまねをすると，ニコッと満足そうに箱を押してままごとコーナーを出て行った。

それを見ていたC子も段ボール箱を押してやって来て「Cちゃんも！　どうぞ」と同じようにブロックを渡した。B男とC子はそれぞれの箱をブロックで山盛りにして顔を見合わせては，箱がぶつかり合うとキャッと笑う。

B男が箱のなかからブロックを1つ取り出した。それをまねて，C子もブロックやおもちゃなど取り出しはじめた。どんどんおもしろくなって次々ポンポンと勢いよく投げだしはじめたのだ。

それを見ていた保育者が「ゴミ収集車ですよ，ゴミをお願いします」「ゴミはそっと拾ってくださいね」と大きな段ボール箱を持ってブロック類を拾いだした。すると，それを見ていた子どもたちは保育者と一緒に大事そうに拾いだし，あっという間に大きな段ボール箱はブロックでいっぱいになった。そのあと二人は空の箱を並べ，なかに入って顔を見合わせてキャッキャッと声を出して笑い，出たり入ったりしはじめた。そこに空き箱を持ったD男とE子も加わり，保育者がバスの歌を歌うと，皆それぞれの箱に入りこみ，身体を揺らして笑い合っている。

● 事例を読み解く

　1歳児の見立てごっこ遊びは，対保育者を中心に展開される。B男は自分のイメージで見たてたブロックを，大好きな保育者に渡すことで，思いを伝え満足をしている。それを見ていたC子も模倣を楽しみつつ，保育者に受け止めてもらいたい気持ちを表現している。自分を一番に受け止めてもらいたい，愛されたいという気持ちは1歳から2歳のこの時期，とても強くなっている。一人ひとりが保育者にていねいに受け止めてもらうことで遊びは続いていく。

　また，関心をもった子ども同士が同じ言葉を使い合い，同じ行動をして，楽しんでいる姿をよく見かける。この事例では"おんなじ"であることへのうれしい気持ちがよくあらわれている。これは友だちへの関心が芽生え，共鳴し合っていることのあらわれでもあり，社会性の発達としては喜ばしいことである。

　しかし，興奮してくると，いたずらから困った行動へとエスカレートしていくこともたびたびである。この事例の場合，一緒にやることがうれしくて，ブロックを投げるという行動になってしまっている。このようなとき，保育者は遊びのなかに入って，うれしい気持ちをくみ取りながら，やめてほしい行動を転換していくことが必要である。子どもの気持ちに共感しながら，やってはいけないことをきちんと伝えていくことによって，この年齢なりによいこと悪いことの境目を理解して，遊びができるようになっていく。

● 保育者のかかわり方のポイント

○一人ひとりの子どもの思いを受け止める

　自分の思いをもちはじめるこの時期。しかしまだその思いは伝わりにくく，思いどおりにはいかないことのほうが多い。そのため，イライラし，ひっくりかえって泣く，大人をたたく，頑固に動かないなどが多くなる。遊具の取り合いなどのトラブルから，たたく，かみついてしまうといった行動も出てくる。そのとき保育者は，言葉にまだあらわすことのできない一人ひとりの思いを受け止め，「○○で悲しかったのね」「○○したかったのね」と言葉に変えて共感していくことが大切となる。一見わがままな行動に見える場合でも，子どもなりの思い込みがある。その気持ちを理解したうえで，社会的に認められない行動であることを伝えていく対応が求められる。保育者は大人の一方的な価値観で，「だめよ！」「やめなさい！」「いけません！」という禁止の言葉を一日中浴びせることがないように気をつけたい。禁止語を，どのように減らしていくのかが保育の鍵となる。一方，危険なこと，絶対にやってはいけないことは毅然とした態度で伝えることも大切である。

○一人遊びをじっくり楽しむための配慮を十分に行う

　それぞれの子どもが自分の好きな遊びを心ゆくまで楽しめるようにすることは，1歳児保育のポイントである。保育者は一人でいるときの子どもが，どんな状態でいるのかを見きわめる必要がある。パズル，積み木，型落としなどの機能的操作の必要な玩具や絵本などで遊んでいるときには，集中して遊べるような落ち着いた環境を保つようにする。室内にいくつかのコーナーをつくり，お互いの遊びを邪魔し合わないように，遊具棚やつい立てなどの仕切りを工夫する。人気のある玩具や絵本は複数揃えて，一人ひとりが満足できるように種類や量にも気を配る。室外でも，砂遊びや小動物を見つけて夢中になるなど，没頭して遊ぶ時間を大切にしたい。

○模倣や探索活動を十分にできるために，安全への配慮が欠かせない

　　1歳から2歳はいろいろなことを試す探索の時期である。一見いた
ずらに見える行動のなかにも，その子なりの発見があり，試してみる
という意欲・知的好奇心の高まりを垣間見ることが多い。保育者は子
どもの探索活動を肯定的に見守り，室内外を問わず，たくさんの発見
ができるような遊びの環境を整えていくことが大切であろう。屋外で
はどこにでも興味のままに行動してしまいがちなこの時期，危険防止
にはとくに気を配る必要がある。

　　また，模倣活動が盛んになる時期でもある。室内にままごとコーナー
をつくり，保育者が一緒に遊ぶことにより，生活を再現し模倣する楽
しみを味わうことができる。探索要求は身近な大人への関心や模倣か
ら生まれると考えられており，模倣のモデルとしての保育者の行動も
重要になってくる。

○言葉と“もの”，言葉と実感が結びつく経験を重ね，生きた言葉を伝えていく

　　言葉をどんどん覚えていく時期である。保育者は子どもの興味に合
わせてていねいにかかわり，ものに名称があることを伝えていく。さ
らに，子どもの気持ちを言葉に変えていくことが大切となる。「おい
しいね」「痛かったね」「気持ちいいね」など，気持ちをあらわす言葉
を伝え，実感と結びついて理解できる言葉を増やしていく。一緒に楽
しい体験をしているときこそ，実体験と言葉がしっかり結びつきやす
い。また，リズミカルな言葉遊びや絵本をじっくり読む機会も大切に
していきたい。このような体験の積み重ねが，言葉とイメージの世界
を豊かにしていく。

2. 2歳児の発達の特徴と遊び

● 2歳児の発達の特徴

歩く，走る，跳ぶなどと基本的な運動機能や指先の機能が発達してき

て，全身が滑らかに動くようになる。それにともない，身のまわりのこと，食事・衣服の着脱などを自分でやりたがるようになり，やれることも増えてくる。しかし，まだうまくできず，じれて葛藤する姿が見られる。排せつに関しては，おむつからパンツに切り替わる時期に入り，自立に向けての身体機能も整ってくる。

　情緒・社会面では自我の育ちのあらわれとして，自己主張がますます強くなり，あくまでも自分の意志をとおそうとする。情緒も豊かになり，笑ったり，おこったり，泣いたりすねたり，一見反抗的とみえるような態度をとるなど，感情の表出も激しい。2歳を過ぎると言葉数も増え，二語文，三語文が話せるようになってくる。大人との対話もスムーズになってきて，2歳後半になると「あれなに？」など，知的好奇心はますます旺盛となる。ストーリーを理解できるようになり，簡単な絵本や紙芝居などを繰り返し読んでもらうことを楽しむ。

　まだ一人遊びが多いが，見立て・つもり遊びができるようになり，保育者や友だちと一緒にイメージを共有し，ごっこ遊びを楽しむようになる。しかし，お互いに譲り合うことができないため，けんかも多くなってくる。

事 例　保育者と一緒にごっこ遊び──物語の世界に

2歳児クラス　11月

　子どもたちは絵本を読んでもらうのが大好きである。お気に入りの絵本を「もう一回読んで！」と保育者のところに持ってきて，何度も読んでもらい楽しんでいるうちに，すっかり言葉を覚えている子もいる。今，皆のお気に入りは『三びきのやぎのがらがらどん』である。大人がとおるたびに「トロルが来た〜」と叫んで，追いかけてもらうのを期待し，ときにはやっつけに行ったりして，一人ひとりがらがらどんの子やぎになりきっている。

　園庭の落ち葉を集めてごっこ遊びをしているときも，F子が「トントントン，いれて」というと，すかさず「トロルはだめ！」と返事するG男。すっかりがらがらどんになったつもりで，やりとりをしている。でも，突然「だめ！」と言われたF子は，困惑顔。

そこで保育者が「だれ
だ！　おれの橋をガタピシ
させるやつは〜」と，こわ
い声色を使って言うと，
「ワーッ！　トロルだー！」
とがらがらどんになりきっ
た子どもたちが走り出した。
保育者もトロル役になりき
って子どもを追いかけ，園
庭狭しと走り回る。最後
は，たくさんの小さながら

がらどんが，落ち葉攻勢でトロルをやっつけ大喜び。トロルが「参った！」
と言ったとたん，「もう一回，トロルごっこしよう！」と，さらにたくさ
んのわくわくドキドキ顔の子どもたちが，保育者のまわりに集まってきた。
そのなかには，「今度は先生と一緒にトロルになる！」とうれしそうに待
っているF子の笑顔もあった。

● 事例を読み解く

　この時期になると，短いストーリーのある絵本を理解できるようにな
り，気に入ったものは繰り返し読んでもらいたがる。また，そのイメージ
を一人ひとりが思い描けるようになる。2〜3人でイメージを共有し，見
立てつもり遊びが楽しめるようにもなってくる。しかし，それぞれの思い
はいろいろで，相手が何をイメージしているのかまでは，思いいたらない。
役割分担も明確ではない。同じ場にいても，私は○○のつもり，僕は××
のつもりといったように，それぞれの思いがぶつかり合ってトラブルにな
ることも多い。

　この事例でも，F子とG男のイメージの違いを保育者は敏感に感じて，ごっ
こ遊びのなかで，それぞれの思いをつなげている。

　また，保育者は，子どもたちが共通のイメージをもっている部分を理解
し，遊びに入ることで子ども同士をつなげ，遊びの発展を手助けする役割
を担っている。さらに，追いかけっこを一緒に楽しむことで，鬼ごっこと

いう遊びの楽しさや，ルールの理解の土台づくりも行っている。全身を
使って一緒にたくさん遊ぶことで，子どもと保育者の関係は安定したもの
となる。

● 保育者のかかわり方のポイント

○自分でやりたい，やろうとする気持ちを受け入れ，じっくり遊べるように
励ましていく

　　次から次へと探索活動が盛んだった1歳頃と比べて，2歳児はかな
りの時間1つの遊具で集中して遊べるようになってくる。ブロックや
ひも通しなどの遊びでも自分なりのイメージをもって遊びはじめ，思
うようにやりたいという気持ちも強くなってきている。しかし，うま
くいかずにじれたり，イライラして癇癪を起こしてしまうこともまだ
多い。子どもが何かに取り組んでいるときは気持ちを尊重し，あまり
声をかけすぎず，遊びのなりゆきを見守り，本当に手助けが必要なと
きだけ手を貸すようにしていく。

　　友だちと一緒に遊ぶ時間が少しずつ増えてきた2歳児だが，まだ中
心は一人遊びである。長い時間集団のなかで過ごす子どもにとって，
ほかの子どもが邪魔をしない空間を確保することも大切なことである。
また，甘えたいという気持ちも大切に受け止めていきたい。このよう
な配慮で無用なトラブルを防ぎ，じっくり遊ぶ時間を保障することが
できる。

○子どものイメージを受け入れ，さまざまな遊びのなかで表現できるように
配慮する

　　ものを組み立てたり，崩したりしながら遊びの過程を楽しみ，偶然
できた形を見立て，命名したりとイメージも豊かになってくる。手指
の操作性が発達していくときなので，個々に落ち着いて遊べる遊具を
豊富に用意しておくことが必要である。描く，切る，貼るなどの遊び
や粘土，型はめ，パズル，ブロックなどでつくっては壊していく繰り
返しの過程のなかで，構成遊びを楽しむことができるように配慮する。

また，子どもは自分でイメージしたことを言葉で伝えたい，という気持ちも芽生えてきているので，一人ひとりの気持ちを大切に受け止めていく。

○遊びが続くように子どもの仲立ちになり，一緒に遊ぶ楽しさを伝える

　　友だちと一緒がうれしい時期に入ってきている。しかし，2，3人で遊ぶのは楽しいのに，言葉で気持ちを上手に伝えられないため，トラブルは多く，遊びが中断してしまいがちである。保育者が仲立ちになり，お互いの思いを言葉にして伝えるなど，遊びが続くようにしていく。保育者が一緒に遊ぶなかで，「かして」「いれて」といったやりとりの仕方や順番に使うことなどを伝えていく。

○子どもの言葉に耳を傾け，話す楽しさを伝える

　　子どもが話しかけてきたときは，しっかり向き合って聞き，言葉であらわしきれないときには「○○のことなのね」とやさしく正しい言葉に置き換え表現する。簡単なストーリーのある物語も理解できるようになるので，さまざまなジャンルの絵本を用意し，日常的に読み聞かせを取り入れる。紙芝居を皆と一緒に楽しむことや，お昼寝前などに素話を取り入れ，聞く楽しみを伝えたい。また，「これなに？」「どうして？」といった質問には，ていねいに答えていくことが大切である。

○戸外活動の機会を大切にして，自然とふれあいを楽しむ

　　基本的な運動機能も発達してくるこの時期，なるべく多く戸外活動を取り入れ，自然とのふれあいのなかから多くの経験ができるようにする。ある程度の距離が歩けるようになってきているので，散歩に出かけ，公園や広場で思いっきり身体を動かし，固定遊具で遊ぶ経験も重ねていくことが望ましい。自然のなかを探索し，草花・木の実を拾う，石を集める，小動物を観察するなど，子どもの興味に応じ，自然の不思議さや心地よさを十分に経験していくことも大切である。

3 歳以上児の発達の特徴と遊び

3歳以上児の発達については，保育所保育指針・幼保連携型認定こども園教育・保育要領の第2章の「基本的事項」に「運動機能の発達により，基本的な動作が一通りできるようになるとともに，基本的な生活習慣もほぼ自立できるようになる。理解する語彙数が急激に増加し，知的興味や関心も高まってくる。仲間と遊び，仲間の中の一人という自覚が生じ，集団的な遊びや協同的な活動も見られるようになる」と示されている。

本章3節の3歳児，4歳児，5歳児の発達の特徴は，保育所保育指針・幼保連携型認定こども園教育・保育要領に示された3歳以上児の発達の傾向をふまえたものである。

1. 3歳児の発達の特徴と遊び

● 3歳児の発達の特徴

基礎的な運動機能が伸び，歩く，走る，跳ぶ，押す，引っ張る，投げる，転がる，ぶらさがる，またぐ，蹴るなどの基本的な動作が，自分の思うようにできるようになる。それにともない，食事，排せつ，衣類の着脱など，基本的な生活習慣もほぼ自分でできるようになる。

言葉の面では，理解する語彙が増加し，言葉を使っての表現も活発になる。「おはよう」「ありがとう」などのあいさつも自分から使うようになり，日常生活での言葉のやりとりがスムーズにできるようになる。また，知的興味や関心が高まり，「なぜ？」「どうして？」などの質問が盛んになる。

想像力も豊かになり，大人の行動や日常生活で経験したことを遊びに取り入れ，「○○のつもり」「××のふり」などのつもり行動も活発になる。

自我がよりはっきりしてくるとともに，友だちとのかかわりが多くなる。しかし，実際には，遊んでいる場を共有しながら，それぞれが自分の遊び

を楽しんでいることが多い。ほかの子どもの遊びをまねしたり，遊具を仲立ちとしてかかわったりする姿も見られるが，同時に遊具など，「もの」の使用を巡ってトラブルになることも多くなる。徐々に友だちと分け合ったり，順番に使ったりするなど，決まりを守ることを覚えはじめる。

| 事 例 | 紙封筒のモルモットで遊ぶ |

3歳児クラス（3年保育）　11月

　保育室前の廊下で，H男とJ子の二人が段ボール箱に入っている紙封筒でつくられたモルモットで遊んでいる。

　保育者がそばに来て見ていると，H男が「モルちゃん」と言う。保育者がうなずくと，J子も「餌あげているの」と言う。さらにH男が「うんちしているの」と言うと，J子は「この子は，おなか痛いの」と言い，それに対してH男は，「この子は痛くないの」と続ける。J子が「こうやってやるんだよ」とモルモットを抱いて保育者に見せると，H男もモルモットを抱いて見せる。保育者は二人の話をニコニコして聞いている。

　J子は，手提げ袋を腕にかけモルモットを2匹抱いて保育室の前まで行き戻ってくる。J子がモルモットの入っている段ボール箱のなかから緑色のクレープ紙を取ると，それを見ていたH男も緑色の紙を取る。H男が「これお金」とJ子に言う。そばにいたK男に「これ」と紙の財布を見せる。J子がモルモットを抱くと，H男は緑色の紙をJ子が抱いているモルモットに食べさせるまねをし，「餌一杯食べている」と言う。

● 事例を読み解く

　この事例では，3歳児がそれぞれの遊びを楽しみながらも，部分的に友だちとかかわりながら遊んでいる姿が見られる。

前の週に，4歳児のクラスが大きな段ボールや紙封筒を使って動物をつくり，3歳児を客に招いて遊んだ。この週は，4歳児のクラスから借りた大きな段ボールでつくったゾウやキリン，封筒でつくったモルモットが3歳児の保育室の前に置かれている。3歳児は，思い思いに大きな動物に乗ったり，封筒のモルモットを抱いたりして遊んでいる。

　H男とJ子の遊びは，モルモットを抱いたり，モルモットに餌をあげたりと単純なものである。しかし，同じ場に友だちがいることによって会話が続いたり，友だちの動きが刺激になって，行動がうながされたりしている。

　H男がそばで見ている保育者に，「モルちゃん」と言うと，同じ場で遊んでいたJ子も「餌あげているの」と自分の行為を保育者に伝えようしている。また，J子が保育者にモルモットの抱き方を「こうやってやるんだよ」と言って見せると，H男も同じように「こうやって抱くんだよ」とモルモットを抱いて見せている。友だちの言葉をまねて言ったり，友だちの言葉に触発されて，関連したことを言ったりしている。

　しかし，H男が「うんちしているの」と言うと，J子は「この子，おなか痛いの」，それに対してH男は「この子は痛くないの」というように，友だちと同じような行動を取りながらも，自分なりに思っていることを表現しようとしている。

　このように，友だちの刺激を受けて反応し，連鎖的に言ったり行動したりして遊びが続き，そのなかで友だちとかかわる姿が見られる。また，そこに保育者がいることで，H男と保育者，J子と保育者との関係でありながら，その保育者を介してH男，J子がつながっているともいえる。

● 保育者のかかわり方のポイント

○保育者に依存しつつ，伸び伸びと生活する楽しさを味わえるようにする

　　これまでは保育者を頼り，保育者との関係を中心に行動していた子どもも，自分の思いを全面に押しだし，自己主張が強く現れる時期である。

　　しかし，幼稚園の3歳児や保育所の新規入所児にとっては，集団生

活のはじまりである。家庭から離れた生活となり，子どもは多くの不安を抱えている。自分と同年齢の子どもがたくさんいて魅力のある環境であるが，友だちは自分の思いどおりには遊んでくれない。また，遊具がたくさんあるが，自分の思いどおりに使えない。このような多くの不安やストレスを抱えている子どもにとって，保育者の存在は心のよりどころとなり，自分の力でいろいろな活動に取り組む力となっていく。

　保育者は，一人ひとりの子どもをしっかり受け止め，安心して園生活や遊びを進めていかれるように援助することが大切である。

○身近な人やものにかかわり，自分の思いをだして遊ぶことができるように，十分な時間と空間を用意する

　まだまだ経験が乏しい３歳児であるが，多様な試みをしていたり，気に入ると何度でも同じことを繰り返したりして遊んでいる。このように，興味や関心をもったものに対して自分からかかわり，自分の思いを十分だして遊ぶことは，子どもの発達をうながすことにつながる。そのためには，ゆったりと遊びこめる時間と空間を保障することが必要である。

　安定して遊べる雰囲気は，物的だけでなく人的にも感じられることが大切である。この事例でも，子どもたちが，そばにいる保育者に自分の思いを伝えようとしている姿が見られた。保育者が，話を聞いてあげたり，ニコニコした表情でうなずいたりしているだけでも，子どもにとって自分の行為を受け止めてもらえている安心感がある。子どもの行動や心の動きを受け止め，認めたり，励ましたりする保育者の存在は，自己を発揮して遊べる環境として重要である。

○友だちとふれあう楽しさを感じることができるように援助する

　３歳児は，実際には遊んでいる場を共有しながら，それぞれが自分の遊びを楽しんでいることが多い。しかし，自分とは違ういろいろの友だちがいて，その友だちと一緒に遊ぶことによって，さまざまな新

しいことに出会い，一人で遊ぶよりは，友だちがそばにいて遊ぶほう
が楽しいことに気づきはじめる。

　この事例では，自分の思いを伝えている H 男と聞き手である保育者
との関係，同様に J 子と保育者との関係に見えるが，保育者を介して
H 男，J 子がつながっているともいえる。保育者の存在がその場の楽
しい雰囲気をつくることは，その楽しい場を一緒に共有している子ど
も同士もつながっていくことになる。また，保育者が機会をとらえて，
「○○ちゃんと一緒だね」などと，友だちとふれあって遊ぶ楽しさを
共感し，一層楽しさが感じられるように援助することも大事である。

　友だちと一緒に遊ぶ楽しさを気づきはじめる一方で，遊具の取り合
いなどから，けんかになることもある。順番や決まりを守らないとい
けない場合もある。自分の思いをとおしたいという気持ちと，自分の
気持ちを抑えなければならない状況に幼いなりに葛藤する。友だちと
一緒に遊ぶ楽しさを味わうためには，同時にがまんするということも
求められる。

　このような心の葛藤や困難を乗り越えていくためには，子どもの心
情をくみ取りながら「よくがまんできたね」とほめたり，「困ったね」
などと共感したり，保育者がそばにいて子どもの気持ちを受け止め，
心の支えになることが必要である。

2．4歳児の発達の特徴と遊び

● 4歳児の発達の特徴

　全身のバランスをとる能力が発達し，片足跳びをしたり，スキップをし
たりするなど，身体の動きが巧みになり，活発に活動するようになる。ま
た，道具を使ったり，紐をとおしたり，結んだりするようになるなど，手
先も器用になる。

　身近な自然環境に興味を示し，虫探しをしたり，草花で色水づくりをし
たり，遊びのなかで積極的にかかわろうとする姿が見られる。このような

なかで，さまざまなものの特性を知り，それらとのかかわり方を体得していく。

　想像力が豊かになり，現実に体験したことと，絵本など，想像の世界で見聞きしたこととを重ね合わせたりする。そのなかで，イメージを膨（ふく）らませ，簡単なお話づくりをしたり，ごっこ遊びに取りこんだりしている。また，友だちとイメージを共有して遊ぶことも少しずつできるようになる。

　自我がしっかり打ち立てられ，大きいもの，強いもの，速いもの，きれいなものなどにあこがれをもつ時期でもある。他者との比較をするようになり，自分以外の人をじっくり見るようになる一方で，見られる自分に気づき，自意識をもつようになる。そのため，今までのように無邪気に振る舞えない姿もみられる。

　感情が豊かになり，身近な人の気持ちを察し，少しずつ自分の気持ちを抑えることができたり，がまんしたりすることができるようになってくる。自己を十分に発揮することと，他者と協調して生活していくということを学びはじめる時期である。

事 例　猫になって遊ぶ

4歳児クラス（2年保育）　12月

　保育者が，「今日は何がはじまるのかな，後から行くね」とL子たちに声をかけ庭に出る。

　L子は，「ねえ，Mちゃん，ドアとかどうする」とM子に声をかけ，つい立てを持つと，M子も一緒につい立てを持ち，ままごとコーナーに運ぶ。その後，いつも一緒に遊んでいるN子，O子，P子が遊びに入る。L子が「これ偉い猫ね」とM子に言うと，M子が「うわー」と声を出しその場に倒れる。L子が四つ這いになってつい立て（玄関に見立てる）から外に出ると，その後をN子，O子，P子も同じように四つ這いで続く。M子が家のなかから「行ってらっしゃい。猫さん」と見送る。

　猫になったL子たち4人は四つ這いで保育室を一周し，「ニャーニャー軍団」と言いながら家に戻って来る。M子が家のなかからドアを開けると，4人は四つ這いで家に入る。M子が，「おいで」と猫を呼び，猫になっ

た子どもたちがM子のそばに寄ると，M子は子どもたちの頭をなでる。
M子がままごとコーナーの畳の間に行き，猫になっている子どもたちを
手招きすると，子どもたちはついて行き，そこで思い思いに遊ぶ。
　O子が四つ這いになって家から出る。テーブルで絵を描いている友だち
のところに行き戻って来ると，N子が家のなかから「O猫」とニコニコし
て呼ぶ。O子も「N猫」とニコニコして言い返す。「O猫」「N猫」と数
回言い合う。P子とO子は，
保育室にいた保育者のそば
に行き，保育者に向かって
ニャーニャーと鳴く。その
後二人は，「あわてんぼう
のサンタクロースクリスマ
スまえにやってきた♪」と
歌いながら四つ這いになっ
て家に帰る。

● 事例を読み解く

　保育者が「今日は何がはじまるのかな，後から行くね」と期待をこめて
声をかけていることから，事例に登場してくるL子たち5人は，近頃，一
緒に遊ぶことが多くなっているのであろう。この日もL子たちの遊びは，
長い時間続けられていた。

　猫になりきっている子どもたちは自分たちを「ニャーニャー軍団」と命
名している。このように4歳児になると，つもり行動を楽しみながら，友
だちと部分的ではあるが，イメージを共有して遊ぶことができるようにな
る。

　子どもたち一人ひとりの猫に対するイメージはさまざまであろうが，身
近にいる親しみのある猫という共通の動物に変身し，友だちと同じように
四つ這いになって行動することを楽しんでいる。N子とO子が互いに「N
猫」「O猫」とニコニコしながら繰り返し呼び合う場面や，P子とO子が，
「あわてんぼうのサンタクロースクリスマスまえにやってきた♪」と歌い

ながら四つ遣いになって家に帰る場面では，友だちと一緒に遊ぶ楽しさを十分味わっているといえる。

　さらに，この遊びのなかでの友だちとのかかわりを見てみよう。遊びはじめでは，L子は，「ねえ，Mちゃん，ドアとかどうする」とM子に相談するが，それに対してM子からの返事はない。しかし，次の動きでは，M子も一緒につい立てを持ちままごとコーナーに運んでいる。M子の言葉での返事はないが行動で了解したことを示し，L子に協力している。

　L子は，M子に「これ偉い猫ね」と自分の役を伝えている。M子はその言葉に反応して「うわー」と声を出しその場に倒れる。ここでもM子は，言葉で返事をすることよりも動きで表現している。「偉い猫ね」に対して，その場に倒れるというおどけた姿で応えている。ユーモアを交えた行動をとることによってその場の雰囲気をつくっている。

　友だちと一緒に遊びを展開していくためには，仲間の間で遊びのイメージを共有することが必要になり，言葉の役割が重要になってくる。この事例では，L子がM子に言った「偉い猫ね」は，ニャーニャー軍団の「つもり」を支える会話といえる。

● 保育者のかかわり方のポイント

○いろいろな遊びに自分から取り組み，体験を広げたり目当てをもってかかわったりできるようにする

　　知的好奇心や探索欲求が盛んなこの時期，身近な自然環境に興味を示し遊ぶなかでさまざまなものの特性を知り，それらとのかかわり方を体得していく。身近な事象や具体物，とくに生き物や自然の素材とかかわる機会を十分にもたせ，自分でいろいろと工夫したり扱ったりできる環境を用意することが保育者の役割として大事になってくる。

　　幼児期の思考や認識は直感的なものであり，日常の生活体験のなかで，具体的な出来事や事物を手掛かりとして行われる。したがって，保育者は，一方的に知識を与えようとしたり，客観的な見方や考え方ができるようになることを急いだりすることのないようにしなければならない。

子どもの気づきや試している姿を受け止めたり，援助したりして，できた，やってよかったという喜びを味わえるように認めたり，共感することが大切である。

○友だちと一緒に遊ぶ楽しさがわかり，自分の気持ちを相手に伝えたりクラスの友だちのなかでつながりを楽しんだりすることができるようにする

　この時期は，友だちとイメージを共有して遊ぶことが少しずつできるようになる。事例では，ニャーニャー軍団の猫ということが共有され，遊びが展開している。それぞれがイメージしている猫は異なるかもしれないが，まだ友だちと同じ動きをして楽しんでいる段階であり，イメージの違いによるぶつかり合いは見られなかった。

　しかし，イメージを共有して遊びが展開されていく過程では，互いのイメージの違いに気づきぶつかり合うことも起きてくる。自分のイメージを実現させたいと思う一方で，友だちと仲よく一緒に遊びたいといった，相反する気持ちの間で葛藤する場面もある。保育者はともすれば，トラブルがあるとすぐに仲よくなるように治めたくなる。しかし，それは友だちとのぶつかり合いのなかで，自分の気持ちを相手にわかってもらうように主張したり，相手の意見を受け入れようと自分を抑えようとしたり，さまざまな感情を体験する場をうばうことになる。

　自己中心的であった遊びが友だちとの協同的な遊びに移行し，友だちの思いを受け入れようとしていく大切な時期である。保育者は，このような学びの場を保障し，援助していくことが大切である。

3. 5歳児の発達の特徴と遊び

● 5歳児の発達の特徴

　基本的な生活習慣がほぼ身につき，1日の生活の流れを見通しながら生活を進めることができる。共有物を大切にしたり，自分で生活の場を整え

ようとしたりし，また，その必要性を理解するようになる。さらに，自分のことだけでなく，進んで大人の手伝いをしたり，年下の子どもの世話をしたりするようになる。

　運動機能はますます伸び，大人が行う動きのほとんどができるようになる。また，鉄棒や登り棒などに自ら挑戦したりする姿が多く見られるようになったり，ボール遊びでも，サッカーのような巧みな運動能力が要求される活動に興味が移ってくる。

　自分なりに考えてものごとの判断ができるようになるとともに，他者を批判する力も芽生えてくる。仲間の存在が重要になり，同じ目的に向かって，友だちと協同して遊ぶ。自分がやらなくてはならないことや，きまりを守る必要性もわかり，集団としての機能が発揮されるようになる。遊びでも，ルールの理解が深まり，単純な鬼遊びから陣取りのような頭脳を使い運用能力を発揮する遊びを好むようになる。

　語彙も豊富になり，しりとりや伝言ゲームなど言葉を主体とした活動や，共通のイメージをもって遊んだりするなど，生活や遊びのなかで言葉の果たす役割が大きくなってくる。けんかが起きても，自分たちで解決しようとし，互いに許したり認めたりするなど，社会生活に必要な基本的な力が身につき，仲間の一人としての自覚や自信がもてるようになる。

事例 鬼ごっこ『ドロケイ』

5歳児クラス（3年保育）　11月

　昼食後，「ごちそうさま」のあいさつをした子どもから園庭に出て外遊びをはじめる。クラスの全員が鬼ごっこ『ドロケイ』に参加する。最初にグーとパーのジャンケンで，2チームに分かれる。

　次に，泥棒チームになるか警察チームになるかを各チームの代表が出て，ジャンケンで決めるが，代表は各チームで話し合って決める。チームの代表が出ると，チームの仲間が「○○ちゃんガンバレ！」と代表の応援をはじめる。ジャンケンによってチームが決まり『ドロケイ』がはじまる。

　しばらくの間，追いかけたり，追いかけられたり両チームが楽しく遊んでいる。泥棒チーム全員が捕まると，チームが交替して鬼ごっこを再開す

るのだが，全員がなかなか捕まらず，次第に飽きてしまう子が出てくる。「もう，泥棒いやだよー！」などの声があがる。

　鬼ごっこに参加していたR子が，「H組のドロケイチーム集まってー！」と一緒に鬼ごっこをしていた友だちに大きな声で呼びかける。皆が集まるとR子は，「ずっと同じじゃつまんないから決め直そう」と提案する。ほかの子どもも同じ気持ちでいた様子で，うなずいたり，「いいよ」という答えが返ってくる。もう一度グーとパーのジャンケンからチームを決め直し，鬼ごっこを再開する。

　再開して5分程過ぎた頃，同じチームのS子とT子二人が言い合いをはじめ，「もうT子と一緒に遊びたくない！」とS子が泣き出してしまう。すると，事態に気づいた子どもたちが集まり，そのなかのU子が二人に「どうしたの？」と理由を聞く。すると，S子は泣きながら，T子がきつく言ったことを訴える。U子は，「Sちゃんは，○○って言いたかったんだよね」とS子の代弁をしたり，T子の言い分も聞いたりする。そのうちS子も泣きやみ，二人のわだかまりも徐々に消え，ふたたび遊びはじめる。

　　●　事例を読み解く

　事例のクラスは，この頃，鬼ごっこの『ドロケイ』に人気があり，大きな集団で遊ぶ姿が多く見られた。この日も最終的には，クラス全員が『ドロケイ』に参加している。

　チームのメンバーは，ジャンケンによって分けられた偶然の結びつきである。チームが，警察チーム，泥棒チームのどちらになるかをジャンケンで決める場面では，それぞれのチームが代表の子どもを応援している。気の合う友だち同士というつながりではないが，チームとしての意識をもち，クラスとしてのまとまりもうかがえる。

この事例では,『ドロケイ』の遊びが停滞していくが,R子を中心に自分たちで遊びを楽しくする方法を考え出そうとしている。R子は,遊びが停滞しこのままでは状況が変わらないと感じたのであろう。皆に呼びかけチームを決め直すということを提案している。R子の提案は皆に受け止められ,新しくチームを編成し,自分たちで問題を解決し遊びを再開している。また,同じチーム内でのいざこざが起きたが,この事態に対してもU子がいざこざの当事者の仲介に入り,両者の気持ちを聞いたり,泣いているS子の代弁をしたりして自分たちで解決しようとしている。事例には保育者は登場しないがR子やU子の姿から,これまで保育者がトラブルにどのように対処していたか,その姿を垣間見ることができる。子どもたちは,保育者の援助する姿をモデルにして学び,自分たちの遊びのなかで実践しているともいえる。

　遊びを展開していく過程では,仲間同士のトラブルが起きたり,遊びが停滞したり,さまざまの事態に出会う。これまでだと,問題が起きたときには,保育者を呼びに行き,保育者の援助を受けながら解決に向かっていたことも多かったであろう。しかし,この時期になると,自分たちで問題を解決しようとする力が育ってきているといえる。

● 保育者のかかわり方のポイント

○自分なりの課題をもち,生活を主体的に進めていこうとする気持ちがもてるように援助する。5歳児になると,1日の生活の流れを見通し生活を進めることができるようになり,自分たちのことを自分たちで進めようとする

　　年長組となった子ども自身からも,「年長だから」という言葉が聞かれ,いろいろなことへ意欲的に取り組もうとする姿が見られる。また,保育者も「もう年長さんだから……」と年少児への世話をするなどの活動を取り入れ,年長児としての自覚をうながすような指導が見られる。しかし,保育者の意図が強すぎると子どもは自己発揮できなくなり,かえって主体的に進めていこうとする気持ちは失ってしまう。子どもの主体性を尊重しつつ,一人ひとりの子どもの実態をとらえ,子どもの負担にならないように配慮する必要がある。

○考えたり，試したりできるような場をつくり，知的好奇心を高められるような環境を用意する

　5歳になると，友だちと一緒に試したり工夫したりするなかで，友だちの考えに刺激を受け，自分だけでは発想しなかったことに気づき，新しい考えを生みだし，自分で考えることが楽しくなる。

　そのためには，友だちと一緒に繰り返し試すことができる場や時間を保障することが必要である。また，子どもの要求に応え，知的好奇心を高めるような環境を工夫して用意することが必要になる。

　保育者は，日々の遊びをよくとらえ，今，何をおもしろいと思って遊んでいるのか，何を経験しようとしているのか，発達の課題は何かなど，子どもを理解するとともに，遊びを理解することが環境を用意するうえで大切である。

○友だちと一緒に遊びを進めていくなかで，自分に自信をもったり他者を認めたりする気持ちをもてるように援助する

　遊びは，いつも同じ調子で進められていくわけではない。さまざまな状況のなかで，発展したり停滞したりしている。事例の『ドロケイ』もはじめは楽しく遊んでいたが，追う，逃げる，の体制に変化が見られず，徐々に停滞していった。遊びに参加していた子どもは，この事態を受け止め，自分たちの遊びが楽しくなるように，チームの再編成というアイデアを出し，解決しようとしている。アイデアを出す子どもがいれば，それを受け止める子どもがいて，互いに協力し合って問題を乗り越えていこうとしている。

　中心となったR子，U子はもちろんのこと，一緒に参加し問題解決に立ち会っている子どもたちも遊びを自分たちで進めている当事者として自信をもつことになる。このように，遊びのなかでさまざまな課題に取り組んでいくうちに，友だちのよさや一緒に遊ぶことの楽しさを実感していく。

　『ドロケイ』の事例のように，この時期は自分たちで問題を解決し，遊びを進めていくことができるようになる。しかし，一見問題が解決

されたように見えても，一方的に問題を解決したり，感情面は整理が
つかず嫌な思いが残ったりしている場合もある。保育者はことの成り
行きを見守り，子どもの気持ちを支えたり，軌道修正したりすること
も大事な援助である。

【参考文献】
・今井和子監修『0歳児の育ち辞典』小学館，2009
・今井和子監修『1歳児の育ち辞典』小学館，2009
・今井和子監修『2歳児の育ち辞典』小学館，2009
・榊原洋一，今井和子編著『今求められる質の高い乳児保育実践と子育て支援』ミネル
　ヴァ書房，2006
・汐見稔幸，小西行郎，榊原洋一編著『乳児保育の基本』フレーベル館，2007
・滝川一廣，小林隆児，杉山俊夫，青木省三編『そだちの科学』№12，日本評論社，
　2009
・古橋和夫編『新訂　教職入門』萌文書林，2018
・待井和江，福岡貞子編『現代の保育学8　乳児保育』（第7版）ミネルヴァ書房，
　2009
・帆足英一監修，諏訪きぬほか編『実習保育学』（第5版）日本小児医事出版社，2011
・徳永満里『赤ちゃんにどんな絵本を読もうかな──乳児保育の中の絵本の役割』かも
　がわ出版，2009
・厚生労働省編『保育所保育指針解説』フレーベル館，2018
・文部科学省編『幼稚園教育要領解説』フレーベル館，2018
・高橋たまき・中沢和子・森上史朗共編『遊びの発達学──基礎編』培風館，1996
・森上史朗・吉村真理子・後藤節美編『保育内容　人間関係』ミネルヴァ書房，2001

第**9**章 幼児教育と保育の教育評価

　この章では，これからの保育者が改めて体系的に学ぶことが要求されている教育評価について考えていく。教育評価のなかでも，とくに子どもを対象とした評価を実施する場合，学童期と異なり幼児期は子どもが言語化した内容をもとに，理解度や習熟度を測定することは難しい。いわゆる「テスト」の文脈には，なじまない幼児期に用いる評価方法には，保育者自身が「何を（評価対象）何のために（評価する目的）評価したいのか」を自覚し，日常の実践とむすびつき過度な労力を必要としない評価方法を考案しなければならない。まず，評価の各対象を体系的に理解することから始めてみたい。

9.1 評価の対象──「誰」が「何のために」評価されるのか

1. 評価と指導計画

　幼稚園教育要領，幼保連携型認定こども園教育・保育要領，そして保育所保育指針が2017年（平成29）改訂，翌年度から全面実施となった。とくに幼稚園教育要領は，2020年度から小学校，2021年度から中学校と順次全面実施されていく新学習指導要領と同時に改訂[*1]された。幼稚園教育要領

＊1　文部科学省「今後の学習指導要領改訂に関するスケジュール」2017（http://www.mext.go.jp/a_menu/shotou/newcs/__icsFiles/afieldfile/2017/05/12/1384662_1_1.pdf）

の主な改訂の方向性として，次の6点が示されている（文部科学省，2016）。

①幼児教育において育みたい資質・能力の整理

「知識・技能の基礎」「思考力・判断力・表現力等の基礎」「学びに向かう力・人間性等」の3つの柱を，遊びを通して育む。

②幼稚園等におけるカリキュラム・マネジメントの確立

調和の取れた発達を目指し，具体的なねらいや内容を組織するとともに，PDCAサイクルの確立等を通じて幼児の実態を踏まえた教育課程の編制，改善・充実を図る。

③資質・能力の育成に向けた教育内容の改善・充実

これまでの5領域を継承しつつ，資質・能力の3つの柱と非認知能力の育成などの観点から教育内容を見直す。預かり保育や子育て支援も充実する。

④幼児期の終わりまでに育ってほしい姿の明確化

幼児教育の学びの成果が小学校と共有されるよう，5歳児修了時までに育ってほしい姿を明確にする。

⑤幼児期にふさわしい評価の在り方

「幼児期の終わりまでに育ってほしい姿」の明確化の方向性等を踏まえて改善する。

⑥学びや指導の充実と教材の充実

障害を持つ子どもへの対応も含め，「困難な状況」に対する「手立て」等の例を示す。教員の継続的な教材研究の必要性などについて明確化を図る。

改訂の方向性のなかで幼児期の教育評価は，⑤のように明確にあげられているだけでなく，その他の項目においても，その実施のためには必ず含まれる内容となっている。また，よく読んでみると，指導計画も同様にすべての項目を通じてかかわってくる内容であることに気づくであろう。

これは，幼稚園や連携型こども園だけにあてはまる関係性ではない。保育所保育指針においても，以前「保育計画」と呼ばれていた指導計画は，

幼稚園の「教育課程」に対応する「全体的な計画」となっている。

　これらは，長期・短期指導計画の上位にあり，園が提供する保育・教育の計画性，組織性の根幹となる。そしてこの計画が課程＝カリキュラム化されることで，計画→実践→振り返り・評価→改善・計画という日々の保育活動が展開される。つまり，各課程そしてそこから作成される指導計画と教育評価は，実践を挟んで常に一対で保育実践を支える要素なのである。

　また，Steffyら（2013）が提唱する教師の省察－刷新－成長サイクル・モデルは，教師が仕事を続けていく上での発達を表すモデルである。これは，保育者にも同様に該当するだけでなく，上記のPDCA（Plan指導計画－Do保育実践－Check教育評価－Action修正改善計画）サイクルとも重ねて考えていくことができる（図表9-1）。省察は，実践を振り返って分析することで生じる。その省察を元に次の実践が計画され，実践のなかで達成感や以前の保育より成長した保育を感じることができるのである。

●図表9-1　教師のキャリアの発達と教育活動のPDCAサイクル

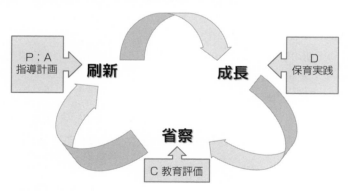

（Steffy, B. E. 三村隆男訳『教師というキャリア──成長続ける教師の六局面から考える』雇用問題研究会，p.22に加筆）

　また，教育評価は，教師や保育者が個々の子どもに対して行う評価だけを指すものではない。図表9-2は，おもな教育評価の対象と評価主体を分類したものである。中心の円は，保育者が行う一人ひとりの子どもに対する評価を表す。

具体的には「要録」や児童票の作成，そのための日々の記録などに代表される評価活動である。次の外側の円は，幼稚園，保育所，認定こども園のすべての施設において，保育者や園が必ず行わなければならない自己評価を表している。保育者自身による保育の振り返りはもちろん，園全体で行われる「課程」や各行事，職員に対する研修機会の提供などの回数およびその効果，安全管理，雇用や経営状態など，自己評価する対象はさまざまである。この自己評価をまとめて受審するいわゆる第三者評価や自治体による監査などが，外側の五角形で表される外部評価である。忘れてはいけないのは，保護者に対するアンケート調査も外部評価に含まれることである。
　次に，評価対象別に留意点を解説する。

●図表9-2　調査対象と評価主体

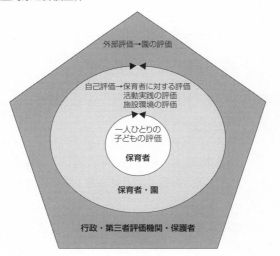

2. 子どもに対する評価

　クラス担任になると，幼稚園幼児指導要録，認定こども園こども要録，保育所児童保育要録の作成を任される。どの「要録」であっても入園から卒園あるいは退園までの期間，就学先など学籍に関する記録部分と，指導

の重点や子どもの発達の状態など指導・保育に関する記録部分から構成されている。これは子どもがその園に在籍していたことの証明であると同時に，小学校との連携や市町村への提出といった外部への説明責任を果たすという2つの側面によるものである（文部科学省，2016）。

　大槻（2016）は，保育現場での保育要録の記入時間が児童一人につき90分未満であるとする平成23年度の日本保育協会の調査結果に対して，現場では日々の記録を含め書くための準備に多大な時間がかかっていると報告している。20人の子どもの担任は，指導要録作成だけで30時間以上の時間を費やしていることになる。幼稚園教諭を対象とした調査はないが，保育士が感じる仕事の負担感は，子どもの児童票[*2]記入がもっとも高かったという報告もある（日本保育協会，2015）。

　日々の保育のなかで，一人ひとりの子どもを評価する際には2つの見方がある。一つはある特定の基準に沿って，クラスや学年全体のなかでその子がどの位置にいるのかを判断することである。この見方は相対評価と呼ばれる。子どもの評価に際して，この見方は軽視されたりひどい場合は禁じられたりするが，それは現実的ではない。なぜなら発達の評価をするうえで，必ず暗黙のうちに「年齢相応か否か」というほかの子どもとの相対評価の視点は用いられるからである。

　もう一つは，一人ひとりの子どもの特定の基準に対する到達度を評価する絶対評価あるいは到達度評価と呼ばれる小学校以上の評価で用いられている見方である。これは小学校以上の学習指導要領のように，明確な基準がないと成立しない評価である。

　絶対評価の重要性を考慮しているイギリスでは，ほとんどの保育施設に在籍する子どもは就学までに国が定めた幼児カリキュラムを修了し，一人ひとりの子どもの学習成果を保育者は2名で「十分ではない（emerging）」「期待どおり（expected）」「期待以上（exceeding）」の3段階で評価し，施

＊2　入園から退園までの一人ひとりの子どもの家庭の状況および保育経過（成長過程）を的確に記録し保管するため，1年を通じて記録し，年度修了時に担任がまとめ次の担任に引き継ぐ書類。出欠や身体・精神の発達の評価だけでなく，検診や行事の記録など多様な記録が求められる。

設は地方教育局を通じて教育省に個々の子どもの評価結果を提出しなければいけない（Standards & Testing Agency, 2017）。

　では，日本の現状の保育における評価はどのようなものだろうか。2017年（平成29）告示の要領や指針の改訂後には，新しい指導資料や解説が編纂されるだろうが，2008年（平成20）告示の要領・指針の指導要領では，次のような説明がなされている。

　　　「まして何歳にはこのような姿であるというような一般化された幼児の姿を基準として，一人一人の幼児をその基準に照らして，優れているか劣っているかを評定することではないのです。また，幼児と幼児を比較して誰が誰より優れているか劣っているかを評定することでもありません。」（文部科学省　2010　p.8）

　つまり，相対評価も絶対評価もここでは否定されている。子どもの表情や言動に寄り添い，子どもの内面を推測しながら，そして保育者が自分のかかわり方に対する気づきをもたらしながら，徐々に子どもの行動の意味を見いだすのである。つまり子どもに対する評価とは，結局，保育者自身の保育に対する評価であることに注意が必要である。

　一見，子どもに対して優しい視点で描かれているが，非常に主観的な評価であり，評価の妥当性や信頼性という面で不安が残る。現場で保育者が迷うのも理解できる説明であり，今後，誰でも自信をもって評価ができるように，幼児期における教育評価の体系化の議論が待たれるところである。

3. 保育者に対する評価

　2015年度（平成27）から施行された子ども・子育て支援新制度によって，幼保連携型認定こども園をはじめとする運営のための補助金受給施設は，自己評価が義務化された。自己評価に関しては，2009年（平成21）に厚生労働省が「保育所における自己評価ガイドブック」を，2008年（平成20）に文部科学省が「幼稚園における学校評価ガイドライン」（平成23年改訂）

を作成した。内容としては，園・施設の自己評価であるが，その基礎にあるのが職員，つまり保育者一人ひとりの保育実践に対する自己評価である。

　図表9-3は，2009年に努力義務となった自己評価の公表に対して，厚生労働省が提示した自己評価のモデルである（厚生労働省，2009）。このモデルは2020年（令和2）に改訂された（山本，2021）が，自己評価のプロセスに関しては，この図表のほうが詳細に描かれている。このモデルで強調されているのは個人の知を可視化して組織の知とすることであり，個々の保育者の自己評価に当たるのはA→P→D→C1のサイクルである。ここで鍵となるのが職場の組織内で共有するための「相互作用による可視化」の過程である。保育者の自己評価は，各期に施設内全員が参加して実施されることが推奨されている。方法としては，①実践を振り返る「話し合い→コメント整理」，②日誌やビデオ等保育記録を見ながら「話し合い→コメ

●図表9-3　保育所における自己評価の理念モデル

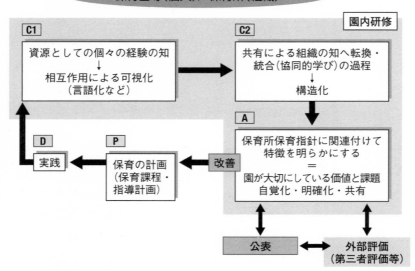

（厚生労働省「保育所における自己評価ガイドブック」2009，p.5）

ント整理」，③後述する第三者評価等の既存項目を用いて「話し合い→コメント整理」が紹介されている。

　どの方法を採用するにしても，組織集団での「話し合い→コメント整理」が必須であるのだが，ここで考えなければならないのは学歴も多様化した新卒から園長までそろった話し合いの場で，誰もが「○○ができなかった。次は頑張ります」といった予定調和的発言で自己評価が終わってしまうことである。

　この問題を克服するためには，担任が指導計画時により具体的な到達目標を作成して実践に臨むことである[*3]。いかに「話し合い→コメント整理」を「根拠ある自己評価の持ち寄り→客観的な分析」の水準にするかが園の資質向上の鍵となる。自己評価の作業に対して保育者の間で「やらされ感」を払拭し，効果が目に見えるようにする創意工夫が管理職には求められる。

4．教育・保育施設に対する評価

　図表9-2の自己評価の円の「施設環境の評価」といちばん外側の5角形の外部評価は，評価主体が異なるだけでどちらも園に対する評価である。園に対する評価については，近年第三者評価を受審し結果を公表するという形での実施が勧められている。実習先を決めるときなどに園のホームページを見る学生は多いと思うが，そこに第三者評価を受審していれば結果が公表されていることが多いので，注意して見るとその園の特徴がよくわかると思う。

　この園に対する評価は，幼稚園と保育所でいくつか異なる点がある。まず，幼稚園は平成20年に「幼稚園における学校評価ガイドライン」を文科省が作成，平成23年に改訂された（文部科学省，2011）。幼稚園では，先ほど述べた園が実施し公表する自己評価に加えて，学校関係者評価と第三者

---

*3　この方法については，拙著『保育教諭のための指導計画と教育評価』（ナカニシヤ出版，2016）参照のこと。

評価があり，前者は，保護者や地域住民などによる委員会が観察，意見交換を通して園が実施した自己評価を評価する。後者は，園と自治体等設置者が実施者となり，学校運営に関する外部の専門家を中心とした評価者により教育活動その他の学校運営全般について評価する。この専門家も評価者として研修を受ける必要がある。私立幼稚園は結果公表による経営への影響が大きくなるため，独自に詳細な学校評価ハンドブックを作成している（全日本私立幼稚園幼児教育研究機構，2013）。

　一方，保育所は，高齢者や障害者・児童福祉サービス施設と同じく福祉施設としての共通評価基準と，保育所の事業内容に即した内容評価基準の二部構成の評価項目に基づいて第三者評価が実施される。おそらく多くの保育所が受審している全国社会福祉協議会の第三者評価は，平成16年以降何度か改正を経て現在の共通基準（福祉サービスの基本方針と組織，組織の運営管理，適切な福祉サービスの実施），内容基準（保育内容，子育て支援，保育の質の向上）の各項目によって実施されている。今後，厚生労働省からこども家庭庁への移管にともない，とくに施設に対する評価基準がどのように改訂されるのかをみていく必要があるだろう。

　どちらにしても，第三者評価の受審は園全体で取り組まなければならない新たな業務となりつつあり，実地調査のインタビューでは新卒保育者が対象となることもあるので，職歴や職位にかかわらず，全職員が評価項目や園の業務について熟知する機会となる。

2　評価の方法──就学前の特徴を踏まえた教育評価の可能性

1.「自分で決める」をうながす評価

　この節では，教育評価を実施する方法に関して説明する。教育評価は，そもそも何のために行うのかという議論は，前節で説明した次元によっても

その様相が異なるが，とくに保育者と園に対する評価は，「保育の質の向上」に収束しがちである。その一方で子どもに対する評価は，教育の目標，つまり「何を育てたいのか」の多様さに対応して方法もまた多様になってくる。

　これまで筆者は，説明責任の面で優れており，さらに子どもが次に何をすれば良いのかを自分で決めるための評価法であるシャクリーら（2001）のポートフォリオ評価法に基づく評価実践を紹介してきた[*4]。これは，評価法から実践を考案していくという通常のPDCAとは異なるCP（評価のプラン）－D－C－Aという過程であると説明することができるだろう。

　ポートフォリオ評価法による手順を，実際の保育実践にあてはめて6つの決定事項にまとめると，次のようになる。

決定1　活動の内容とねらい
決定2　評価に関わる人々とそれぞれの評価方法
決定3　活動期間中集めていく情報，集めるルール
決定4　活動期間の設定と活動の終わり方
決定5　子ども，保育者，保護者が活動を振り返る機会と振り返ったあとの選択肢
決定6　振り返った内容を次の活動に活かす工夫

　この内容を見てもらうと，最初がなぜPではなくCPとなるのかが理解できるだろう。決定1はもちろん通常のPなのであるが，決定2から決定6はすべて「どのように評価活動を行うのか」という評価の設計なのである。さらにわかりやすく評価の設計手順としてまとめると，次のようになる。

決定1　「どの活動に対して」評価するのか
決定2　「誰が」「どうやって」評価するのか
決定3　活動によって生じる「何を」評価するのか
決定4　「いつ」評価するのか

＊4　拙著第3章（pp.43-64）参照。

決定5　評価のフィードバックを「いつ」「どのように」するのか
決定6　実践者の自己評価を「いつ」「どのように」するのか

　こうしてみると，指導計画を立てる際に考えることは活動内容や材料だけでなく，評価であることがわかる。
　このように評価を中心に置いて実践を考えていくことのメリットは，次の2点にある。

　　①子どもにとって，到達したか否かを自分で判断できる。
　　②その結果から，次に自分が何をするのかを選択できる。

　就学前の子どもだから全員ができる内容を活動内容に設定していると，子どもの発達をうながすどころか，大半の子どもは活動に飽きてしまい，昨今求められている非認知能力の一つである集中力形成が阻害されていく。適切な基準に沿って評価される経験を積み重ねることで，子どもは自分の「得意・不得意」を理解し，得意なことに対して「もっと難しくてもやりたい」「違うやり方でもやってみよう」と〈意欲〉を形成する。
　「みんなができること」を設定することは，子どもに集中して活動に取り組む機会と，自分の好きなことを見いだす機会の両方を奪っている。このような否定的な評価観とそれに基づく実践は，先述した文科省の相対評価も絶対評価も否定する態度から生じ，保育者に混乱をもたらす原因をつくり出しているように思われる。
　また，保育者自身が自分の評価基準を信頼できず，子どもを評価することに自信がもてないというケースも多く聞かれる。自信がないなら専門家とどうにか子どもをつなぐことを考えればよいのである。
　こうした専門家による実社会の評価を「真正の／本物の評価（authentic assessment）」と呼び，アクティブ・ラーニングなど子どもの能動的活動を主体とした学びには不可欠な要素であるといわれている（シャクリーら，2001；山口，2013）。
　筆者は，保育者研修などで，教育という言葉に不安を感じる保育者には

「子どもと地域の専門家をつなぐだけで，立派な教育」ということを伝えている。逆に，保育者が「なんとなく正しいように思える」という予定調和的な評価基準で，子どもの行動や作品を評価することのほうがよほど危険である。それは学校内ではよい子だったが社会に出てみたら「ツカえない」といわれる，あるいは社会に出る手前で「自分のやりたいことが見つからない」と騒ぎ立てる人たちが増えてきていることと関係しているかもしれない。

2. 評価に適した記述法——他者に伝わる文書をつくる

では，予定調和的な評価をしないためにどうすればよいのだろうか。これはとても難しい問題で簡単に解決策を示すことはできないが，まずは基本的な文書の「書き方」に注目してみたい。

図表9-4は，筆者が授業内で記録を書く課題時に学生にチェックさせる項目である。1から3は書き言葉のルール，4から8は読み手の視点が取

◉図表9-4　論理的文章を書くための10のチェックポイント

次の各項目に沿って，「他者の視点」で文章を推敲する！

1. 各文の**主語と述語は対応**しているか。アンダーラインを引いて確認する。
2. **体言止め**（名詞や「〜こと」で終わらせる）をしていないか。
3. **話し言葉**が混ざっていないか。
4. 自分が見た事実（出来事）・聞いた事実（伝聞）・他の人が考えたこと（引用）がわかる表現になっているか。また，「**自分が考えたこと**」と明確に区別が分かるようになっているか。
5. 行為の**主体や対象**が明らかに示されているか（誰が・誰に）。
6. 「自分が考えたこと」の**根拠**（「なぜそう考えることが<u>できるのか</u>」）が書かれているか。
7. その場にいなかった読み手に，より丁寧な**説明が必要**な箇所はないか。
8. 「自分が考えたこと」と根拠の間に，**飛躍・矛盾**がないか。
9. 最後は，**主観的な感想**になっていないか。
10. 「頑張ります」「努力します」といった**予定調和的**（で，明らかにうそ・表面的）な終わり方になっていないか。

れて読み手に自分の体験や考えたことを分かってもらうための技術（メタ認知によるモニタリング・スキル），そして9と10は保育者の多くが陥る「暗黙の価値観」による職業的慣習の問題である。

　これまで筆者が行った保育者の記録に関する研修を通して，気づいたことが3つある。

　1つ目は，誤字や脱字にばかり気が取られていることである。パソコンを使って文書作成を行えば，漢字は覚えるものではなく認識するものになっている。手書きで作成する文書のスキルも大事であるのはもちろんであるが，漢字の誤りを気にする保育者ほど文章を論理的に書くことに困難を覚えるようである。

　いずれしっかりとした調査で明らかにするべきであるが，この傾向はおそらく「覚えることが学習」だという信念と関連が深い。実習生やキャリアが浅い保育者の指導時には，漢字を正しく書けないことが問題なのではなく，スマホ世代であるにもかかわらず，調べることや見直すこともせず間違った文書を提出するという不誠実な態度が問題であることを指摘するほうが有効である。

　2つ目は，読み手は自分と同じ経験をしていないことが，書き手にほとんど意識されていないことである。園オリジナルの取り組みを記述する，あるいは特定の子どもとのかかわりを記述するといったときに，この特徴はあらわれやすい。読み手が「置き去り」にされる記述である。この対策は一度書いた文章を，図表9-4の4から8の項目で，ていねいにチェックを行うことである程度改善される。

　この点に関連して，他者が考えたことと自分が考えたことの区別がつかない記述も目につく。たとえば，園長から「遅番のパートさんへの引き継ぎに問題があった」と指摘されたならば，「○月○日の職員会議で園長先生から遅番への引き継ぎについて注意があった」という一文があれば，園長が提案し園全体で注意していることがわかる。しかし，次の担任が書いた記述ではどうだろう。

　　遅番への引き継ぎはしっかりしなければならない。遅番の○○先生と

話し合って，○組ではおやつの時間の後に△△先生にも加わってもらい，簡単なクラス・ミーティングの時間をとった。

　なぜ遅番への引き継ぎに関して，新たなルールを設けて実践したのか，この記述では「文脈＝出来事までの流れ」がわからない。また，書き手自身が気づいて改善を図ったようにも読むことが可能である。さらに，一番問題がある最初の1文は，次の3つ目とも関係がある。

　3つ目は，自己評価の文面がほとんど「○○ができなかった・不足していた　→　だから次回はがんばります」という構造で書かれてしまうことである。この構造が，保育者が本当に気づかなければならないことを見つからないようにしている，言い換えると本来の自己評価の目的が消失し，単なる「作文」になってしまう最大の要因である。この傾向は，学校文化が個人の「感想」を重視し，説明の文書の書き方や引用のルールを教えないこと，そして現実の職場が求める「成果」や「実績」についてイメージをもてないまま進路を決めてしまうことなど，学校教育に起因している問題でもあるだろう。

　とくに保育者は，自身が学校文化に適応的であった人が多いように思うが，その結果なのか記述のなかで観察された事象と「〜すべきこと」や「根拠なき信念」が混在し，区別がつかず，最後は「これから頑張ります」で終わってしまう残念な記述が多い。終わりが決まっているならば，わざわざ文章を作成し自己評価する意味がない。上記9，10の改善は子どもにとって保育者が最初の学校文化の担い手であることを考えると，早急に取り組まなければならないだろう。

3. 評価のためのシステムづくり

(1) 評価活動のプロセス

　今後，ますます「教育」の側面が強調されていくにつれ，就学前の子どもの教育評価の方法論は重視されていく。カー（2013）は「学びの物語」アプローチという幼児に対する質的な記述による評価方法を提案している。

そのプロセスは次のようになっている。

①学びをとらえる（describing）
②話し合う（discussing）
③記録をつくる（documenting）
④次にどうするか判断する（deciding）

①学びをとらえる（describing）

　「学びをとらえる」は，保育活動の各場面で提供されている学びの機会を構造的に取り出す視点を定めることを指している。日本の実践では5領域の分類がそのまま教育内容の構造であると同時に，評価する対象の分類であると考えられていることが非常に多い。その慣習にしたがうと，たとえば「表現の領域に対応させてこの活動，ことばの領域に対応させてこの活動」という活動設計をしてしまう。そうではなくて，「自分たちは何を重視して子どもたちを育てたいのか」を整理することで，指導計画も子どもに対する評価も体系的になっていく。

　教育要領のねらいの内容を見ていくと，「関心をもつ」「気づく」「味わう」といった外側から観察できない主観的な述語が目につく。では，ある子どもが「関心をもった」と保育者が判断するのはどのような状況なのだろうか。「関心をもった」と判断した場面の記述を集めるなかで，保育者が漠然ともっていた「関心をもつ子ども像」が浮かびあがってくる。その像が妥当なのか否かは，次のプロセスで確かめればよいので，むしろここでの記録は「関心をもつ」についての個々の保育者自身のとらえ方を明らかにするための記録と考えればよいだろう。

②話し合う（discussing）

　「話し合う」は，保育者同士の話し合いはもちろん，子どもたちや保護者との話し合いまでもカーは含めている。その目的はアセスメントを公にすることにある。先の「関心をもつ」の記述をもち寄り，子どもの何を見るのか，その見方は妥当なのか，活動ごと環境ごと年齢ごとクラスごと何

が同じで何が異なるのか，自分たちが子どもに「こうなってほしい」と考えている「関心をもつ」は，具体的にどのような要素から成っているのかを検討する。すると，子どもに期待する姿が明確化され，保護者に対して伝える子どもの様子，つまり説明内容の核となり，次のプロセスの形式を考案することにつながる。

このプロセスで質的な評価には，必ずつきまとう信頼性と妥当性の確保という問題を克服するために，「複数の目で見る」機会を設けることが重要である。複数で評価の視点の擦り合わせをすることで，評価の信頼性と妥当性を確保していく。この作業のために多くの人数で実施する。たとえば，園全体の研修としての「話し合い」は必要ではない。まず，担任同士で話し合って記録から整理した「学びの機会とそこで育まれる能力やスキル」を，異なる学年担当者相互に説明する機会を園内研修として設定する。そのなかで学年間の連続性を考慮した園単位の指導目標と評価基準が見えてくるだろう。

③記録をつくる（documenting）

「記録をつくる」は，①の記録ではない。学期や年度，あるいは月，週といった期間を定めて，そのなかで園の指導目標に沿った子どもの行動や発言が観察されたときに，エピソードや子どもたちの会話で構成された「学びの物語」として，決まったフォーマットに記入し，それを蓄積していくことである。

ここで重要なのは，書類を増やさないことである。今まで日案に計画と記録を記入していたなら，記録欄をエピソード方式に合わせて変更する，あるいは計画欄に「関心をもつ」「自ら責任を担う」といった園全体で目指すその年度の指導目標を印字しておき，その下に各クラスの担当者がねらいとそれに対応するエピソードを記入するようにするなど，「今，やっていること」にひと工夫することで質的な評価を取り入れる。いかに時間をかけずに，評価の記録を収集するか，その「書式」を考え出すこと自体が保育の質を高めることになる。

④次にどうするか判断する（deciding）

「次にどうするか判断する」は，非常に重要なプロセスであり，日本の保育者がもっとも苦手とするところだろう。しかし，これが本来子どもに対する質的な評価を実施する目的なのである。

簡単にいってしまえば，このプロセスは「分析」である。それぞれの子どもの記録を集め，エピソードを時系列に並べてみたり，指導目標ごとに分類してみたり，特定の子どもとのかかわりでまとめてみたりして，設定した期間内のその子の成長や保育者の介入の特徴を保育の成果として表してみる。その成果があったからこそ，次に何ができるのかを考えてみる。子どもや保護者と一緒に，その期間の成果を振り返りながら，次の目標を一緒に探す。その作業ができる時間と空間を設計する。

ただし，これもわざわざ新しい取り組みとして考えるのではなく，保護者面談や保育参加など，これまでやってきていることを工夫して行う。たとえば，保護者面談は新年度早々に新しい担任が保護者と話し合う機会であるが，そこで前年度の記録を元に今年の目標を話し合い共有する，あるいは前年度の担任も同席し，自分が作成した記録と分析してわかったことを保護者にフィードバックする，といったことで十分評価の重要なプロセスとなる。

(2) 園全体で評価活動に取り組む際の留意点

上記評価プロセスを実施していくうえで，気をつけなければならないことが2つある。次の図表9-5は，OECDが2014年（平成26）に実施した調査分析結果であるが，加盟国の就学前教育職員の年齢構成比である。

これをみると諸外国に比べ日本は，20代の保育者が占める比率が圧倒的に多いことがわかる。半数以上の20代で構成されているという現状でもっとも危惧されるのは，職員の入れ替えが激しく，せっかく園全体で教育評価をシステマティックに取り組んでいても，毎年常に一から始めなければならない。これが第一の留意点である。

管理職やベテランの立場からするとこの繰り返しは非常に「しんどい仕事」であるし，システムとしても非効率的である。少数のベテランと多数

●図表9-5　就学前教育における正規・非正規職員の年齢構成

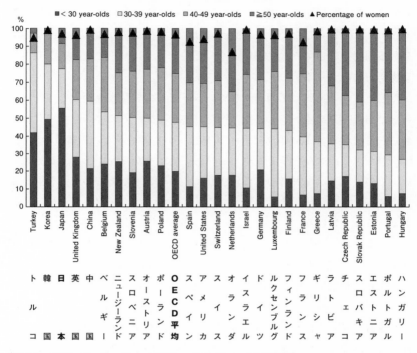

（OECD，2017，Starting Strong 2017，p.103　Figure3.6.に加筆）

　の「数年で入れ替わる」若手で園を運営していく経営スタイルは，これまでの保育者の雇用慣行の弊害であり改善しなければ一層の保育者不足に対応できない。しかし，改善は早急に行えないので，指導計画と教育評価活動のマニュアルを整備し，毎年度各担任から修正点を吸い上げる機会を設けて，より効率的になるよう修正を重ねていくしかない。

　さらに，各クラスの引き継ぎと新卒研修は，専門の担当者を設けて実施するしかない。質的な評価は，得意不得意の個人差も確かに大きいが，経験の蓄積によって理解が深まっていく側面が強い。前年度の子どもの育ちを確認する研修を設ける，各担任が評価活動のために工夫している点を伝え合う機会を設ける，といった保育者が継続して評価活動に取り組めることを可能にするシステムづくりを心がけたい。

第二の留意点は，区切りのある評価活動にすることである。保育者は，通常業務として学期や年度といった区切りに応じて評価をまとめる作業をする。ここで紹介したような質的評価は，もう少し短期に区切って子どもを観る期間を設定すると効率がよく，どの子どもについても満遍なく事例や物語が集められる。

　たとえば，1週間に1回担当している子どもの一覧表を用意し，印象に残った出来事をタイトルとして1行だけ書き出す。そのなかで指導目標にもっとも合致した1つのエピソードをしっかり書く。これを繰り返すと，出来事が思い出せない子どもやエピソードにつながらない子どもが見つかる。その子どもは保育者の目に留まりにくい子どもであるので，翌週からよく観るよう意識化できる。そうすると，その子のエピソードを拾うことができるようになる。

　このように，評価のための記録は毎日書く必要はなく，ある程度の区切りで1つずつ，無理やりではなく自然に書き出せるようなシステムにすると，保育者が負担なく評価活動に取り組めるようになる。

　保護者や子どもに対する説明責任を十分に果たすことができ，そして保育者自身の保育の質の向上につながり，業務を増やすことなく評価活動ができるためのシステムづくりは，管理職の適切なリーダーシップと園職員全体の創意工夫と連携が不可欠である。

　これまでの教育評価論のように，評価のHow Toを教員個人が獲得するというイメージでは，これからの，しかも就学前教育を対象とした教育評価は実現できない。園という組織全体で毎年度評価システムを修正変更しながら，個々の子どもの評価，保育者の評価，そして園・施設の評価が一体となって保育の質の向上につながるよう継続していかなければならない。

【引用文献】
・カー，M. 大宮勇雄・鈴木佐喜子訳『保育の場で子どもの学びをアセスメントする ──「学びの物語」アプローチの理論と実践』ひとなる書房，2013
・公益財団法人全日本私立幼稚園幼児教育研究機構「私立幼稚園のための学校評価ガイドブック」2013（https://youchien.com/research/evaluation/attqmr00000001m2-att/

04_handbook_h24.pdf）

・厚生労働省「保育所における自己評価ガイドライン」2009
・OECD, 2017, Starting Strong 2017：Key OECD Indicators on Early Childhood Education and Care. OECD Publishing Paris.
・大槻千秋「保育所児童保育要録の作成の実際 ──保育園現場からの実践報告」『帝京科学大学教職指導研究 ──帝京科学大学教職センター紀要』2 (1), 2016, pp.37-43
・日本保育協会「平成26年度保育士における業務の負担軽減に関する調査研究報告書」2015（http://www.nippo.or.jp/research/2014.html#h26_b）
・文部科学省『幼稚園教育指導資料第３集 幼児理解と評価』株式会社ぎょうせい, 2010
・文部科学省「幼稚園における学校評価ガイドライン［平成23年改訂］」2011
・文部科学省『幼稚園教育指導資料第５集 指導と評価に生かす記録』株式会社チャイルド本社, 2013
・内閣府・文部科学省・厚生労働省「幼保連携型認定こども園教育・保育要領の改訂に関する審議のまとめ」幼保連携型認定こども園教育・保育要領の改訂に関する検討会, 2016
・シャクリー, B.D., バーバー, N., アンブロース, R., ハンズフォード, S. 田中耕治監訳『ポートフォリオをデザインする ──教育評価への新しい挑戦』ミネルヴァ書房, 2001
・Standards & Testing Agency 2017/2018 Assessment and Reporting Arrangement（ARA）.（https://www.gov.uk/government/uploads/system/uploads/attachment_data/file/651752/2018_EYFS_Assessment_and_Reporting_Arrangements__ARA_.pdf）
・Steffy, E.B., Wolfe, M.P., Pasch, S.H.&Enz, B.J. 三村隆男訳『教師というキャリア ──成長続ける教師の六局面から考える』雇用問題研究会, 2013
・山口陽弘「真正の評価とは何か」佐藤浩一編著『学習の支援と教育評価 ──理論と実践の協同』北大路書房, 2013, pp.120-126
・山本睦『保育・教育の評価とマネジメント』ナカニシヤ出版, 2021
・全国社会福祉協議会「［共通評価基準］各評価項目の判断基準に関するガイドライン（保育所解説版）および［内容評価基準］各評価項目の判断基準に関するガイドライン（保育所解説版）」2016（http://shakyo-hyouka.net/evaluation4/）

現場からの声④ ▶ 一歩一歩を大切に

　障害児通園施設は，知的障害，発達障害（または疑いのある子），歩行支援が必要とされる子どもたちが通う施設です。「通園」と称されているとおり，子どもたちは毎日保護者のもとから通っています。「育てにくい……」「どう接してよいかわからない」という不安を抱えながら入園の日を迎えた保護者たちに，私たちが最初にすることは保育園や幼稚園と変わりありません。笑顔で，子どもと保護者をお迎えすることです。

　子どもたちが園で過ごす時間帯は幼稚園と似ており，朝10時にバス，または保護者が直接園に連れて来て14時頃に降園します。基本的に月齢順に人数で区切り，クラスを分けています。歩行支援クラスだけは，別になっいて，歩行支援を目的とした遊びや活動を取り入れています。

　朝の登園後はすぐに子ども一人ひとりに職員がつき，見守ったり，手を添えたりして一緒に朝の支度を行います。支度とは，お便り帳にシールを貼ることですが，これが子どもによっては大変難しいことなのです。多動気味の子は１カ所に静止していることが難しいため，テーブルの前のシールを１枚取るという行為だけでも，ときに30分以上かかります。子どもたちは「支度」の後の遊びを楽しみにしています。そのため，支度だけにここまで時間をかけてしまうと，子どもの楽しみがどんどん減ることになります。そこで，職員は子どもがスムーズに支度を終えられるよう，言葉がわかる子には言葉で，まだ言葉を理解していない子には写真で一つひとつの動作をはっきりと伝え，できたらたくさんほめます。そして，好きな朝の遊びの時間が多く取れるようにします。

　シールを貼る行為ひとつにおいても，たくさんあるシールのなかから１つのシールを選択することが目標の子，鞄のなかのお便り帳を自分で掴み引っ張り出すことが目標の子，椅子に座って支度を最後まで行うことが目標の子，職員が持っているシールに注目することが目標の子など，さまざまなのです。私たち職員は毎日子どもたちの表情一つひとつにまで注目し，その変化に成長を感じ，保護者とともに子どもの可能性を信じて喜びを分かち合っています。

220　第２部　教育の制度と実践——基礎理論をおさえて

第**3**部

教育と保育の現状と
これから

これまでの考察にもとづいて，教育と保育の現状とこれからについて考えよう。知っているとは言葉できちんと説明できること。そして，子どもと保育に対して，さらに積極的な関心と深い愛をもってほしい。愛は関心から生まれる。

第10章 特別支援教育
——一人ひとりに合った支援

　特別支援教育とは何か？　特別支援教育とは特別な教育をさすのではない。すべての子どもに対して，その子に合った教育を準備することである。この子は今，どのようなことに困っているかを理解し，何が必要かを考えて指導内容を決め，まわりで何がおきているのかを気づかせてあげながら安心して集団生活を続けられるようにする必要がある。一人ひとりの子どもに適した支援が届けられるように，学びを深めていこう。

10-1 障がいのある子どもにどう対処すればよいのか

1. 障がいのある子ども

　障がいのある子どもを障がい児と呼び，障がいのない子どもを健常児と呼ぶことが多いが，どんなに障がいの重い子でも健常な部分をもっている。したがって，障がい児対健常児という呼び方は正しくないことになる。障がいのある子とない子をどうしても分けなければならないならば，それぞれの子どもを障がい児と定型発達児と呼ぶべきであろう。

　それでは，障がいのある子どもとはどのような子どもであろうか。障がいのある子どもとは，人が生きていくために必要と思われる能力（歩く力，ものをつかむ力，話す力，見る力，聞く力，においを嗅ぐ力，理解する力，注意する力，考える力，ほかの人と協力する力など）のうち，一つあるいはい

くつかが発達してこない状態にある子どものことである。障がいのある子どもには，これらの能力が発達してこないために，社会生活を送るうえで，さまざまな不便なことや不利なことが起こる。現時点では，医学的に治すことができない場合がほとんどで，子ども本人にどのような努力を強いても改善しない。

　障がいのある人とみなされている人たちは通常，社会のなかでは少数派であるために，暮らしにくい生活を強いられていると考えられる。心身機能の不具合のみを障がいとみなすのではなく，そのことにより生活しにくかったり，社会参加できなかったりすることこそが障害であるという考え方を「社会モデル（生活モデル）」と呼ぶが，現在では，この「社会モデル」が主流となりつつあるといえる[1]。

　生活しにくかったり社会参加できなかったりするような不便や不利を少しでも減らすために実施されるのが，特別支援教育である。

2. 障がいのある子どもへの支援

　　「みんなちがって，みんないい」

　これは，金子みすゞの童謡『わたしと小鳥とすずと』の最後のフレーズである[2]。子どもは一人ひとり違っていて，違っているからこそ，それぞれのよさをみることができていい。友だちのよさがみえてわかるとお互いに刺激し合って皆がさらによくなっていく。

　特別支援教育とは何か特別なことをすることではない。すべての子どもに対して，その子に合った教育を準備することである。今，目の前にいる子どもがどのようなことに困っているかを理解していかなければならない。まわりで何がおきているのかを気づかせてあげなければならない子どももいる。一人ひとりの子どもに合った特別な支援が届けられるように学びを深めたい。

　混声合唱が人の心を強く動かすのは，多くの違った声が合わさって，す

ばらしいハーモニーを生むからである。そこには，一人の優れた声だけで
は，どうがんばっても出せないものがある。人間の社会には，いろいろな
人がいて，どの人も固有の才能をもっている。したがって，どの子も定型
発達しなければならないということはなく，一人ひとりの子どもをよく見
て，その子の才能を見つけだして育てていくことこそが必要なのである。

　人には皆，それぞれに得意なことや不得意なことがあるので，不得意な
ことについては誰かほかの人に代わってもらえばよい。その代わり自分の
得意な分野で社会に貢献すればよいのである。

　どのような障がいと診断されたかが重要なのではなく，その子の「いい
ところ」を見つけることが大切である。まず，その子が何に対して目を輝
かせるか，何に興味をもっているかを見つけて，本人が楽しいと感じてい
るところから伸ばしていく。その後，新しいことや少し苦手なことにも挑
戦させてみるとよい。興味のないことを押しつけることは，本人が楽しめ
ないため，問題行動と呼ばれる困った行動を引き出すかもしれないので，
適切な支援とはいえない。あれもこれもとその子のできないことをできる
ようにしようと働きかけていると，できないことは，やりたくないことで
もあるため多くの時間がかかり，本人にとっておもしろく楽しいことをや
る時間がなくなってしまうのである。こちらも適切な支援とはいえない。

　発達上のつまずきや困難さがあるために，一番困っているのは障がいの
ある子ども本人であるから，必要なときに必要なところに手を当てて支え
ていかなければならない。それが適切な支援と呼ばれるものである。

教育に響く名言

大切なのは，どれだけたくさんのことや偉大なことをしたかではなく，
どれだけ心をこめたかです。

—— マザー・テレサ ——

人間の行いを神の立場から見れば，たくさんのことをするより，どのような心
をもってしたかということが大切であるとマザー・テレサは語っている。この
言葉は子どもの遊びや活動を評価する観点でもある。どのような心で，どれだ
け心をこめて遊んでいたのか，子どもの内面を見る視線として。

乳幼児の発達上の障がいは，母子保健法にもとづいて市区町村の健康保健センターなどにおいて実施される乳幼児健康診査で，早期発見・早期療育につなぐことができる。1歳半健診（1歳6か月を超えて満2歳に達しない幼児を対象とする），3歳児健診（満3歳を超えて満4歳に満たない幼児を対象とする）などが行われている（図表10-1）。

　学校教育については，2006年（平成18）の学校教育法などの改正にともなって，それまで行われてきた障がいの種類や程度に応じた特殊教育から，一人ひとりが必要としている支援を必要なときに的確に実施しようとする特別支援教育への転換がはかられた。翌2007年（平成19）からの特別支援教育導入によって，障がいのあるすべての子どもが安心して過ごせるような具体的支援体制が整ったことになる。わが国の2016年度（平成28）の特別支援学校在学者は，139,821人で，前年度より1,927人増えたが，特別支援学校数は11校増の1,125校であった。障がいがあると診断される子どもの増加のため教室数が足りなくなり，カーテンなどでの仕切り教室やプレハブ教室が使われ，施設整備は遅れていた。その後，子どもの数が減少するなかで，特別支援学校在籍者数は，2023年度（令和5）約151,000人となって，2022年度（令和4）より約2,700人増加し，過去最多となった。

　特別支援教育を考えるときにもっとも大切なことは何だろうか。特別支援学校や特別支援学級のさらなる増加を求めることだろうか。障がいのある子どもと障がいのない子どもを分離した教育を推進することだろうか。

●図表10-1　乳幼児健康診査の主な内容

健診の名前	主な項目
1歳半健診	身体発育状況，栄養状態，脊柱および胸郭の疾病および異常の有無，皮膚の疾病の有無，歯および口腔の疾病および異常の有無，四肢運動障害の有無，ことばや遊びについて，予防接種の実施状況，育児上問題となる事項
3歳児健診	身体発育状況，栄養状態，脊柱および胸郭の疾病および異常の有無，皮膚の疾病の有無，眼の疾病および異常の有無，耳，鼻および咽頭の疾病および異常の有無，歯および口腔の疾病および異常の有無，四肢運動障害の有無，ことばや社会性について，予防接種の実施状況，育児上問題となる事項

日本が2014年に批准した国連の障害者権利条約には，「障害のある子への教育の機会均等と一般的な教育制度に基づきながらの個別指導と合理的配慮の提供をしなければならない」と規定していることを忘れてはならない。

10-2 発達の障がいを理解する

1. 発達の障がいとは

　発達障害とは，2005年（平成17）4月に施行された発達障害者支援法によると，「自閉症，アスペルガー症候群その他の広汎性発達障害，学習障害，注意欠陥多動性障害その他これに類する脳機能の障害であってその症状が通常低年齢において発現するもの」である。これは，発達障害の狭い意味での定義と考えることができる。

　この法律によって，「発達障害者の心理機能の適正な発達及び円滑な社会生活の促進のために発達障害の症状の発現後できるだけ早期に発達支援を行うことが特に重要であることにかんがみ，発達障害を早期に発見し，発達支援を行うことに関する国及び地方公共団体の責務を明らかにする」こととなった。

　知的発達に遅れがないために，円滑な社会生活が送れないという問題がはっきり見えなかったり，支援を受けることに抵抗があったりして，支援が受けにくくなり，子どもにとってもっとも大切な幼児期が過ぎてしまうことがしばしばある。大事な時期を逃してしまうことだけは避けなければならない。特別なケアを必要とする発達の障がいがあるとすれば，支援しなければならないことはいうまでもない。特別なケアを必要とする発達の障がいがある子どもすべてに適切な支援が必要なのである。

2. 障がいの理解と支援

(1) 自閉スペクトラム症（または自閉症スペクトラム障害）について

　自閉スペクトラム症は，脳のなかの感情などをつかさどる神経が十分に機能していないことによって起こる，脳の成熟障がいといわれている。次に述べるような症状がみられるが，全般的には自分の意志や要求を上手に周囲の人に伝えることができず，また困っていることをどのように解決したらよいのか想像することができない障がいである。

　長男が自閉症である佐々木[3]は，「夜，隣の部屋で一人静かにしているので，寝ているのかなと思って見てみると起きている。赤ん坊なのに親がいなくても平気なのである」と述べている。

　自閉スペクトラム症は，典型的には次の2つの特徴が月齢12〜24ヶ月に見られることによって気づかれる。その特徴とは，

　　ⓐコミュニケーションと対人的相互反応の障がい
　　ⓑ限定されて反復的な行動，興味または活動

の2つである。

　　ⓐコミュニケーションと対人的相互反応の障がいの例
　　　「人見知りや後追いをしない」「特定の音への反応はすばやいが，呼んでも振り向かない」「視線が合わない」「他の子どもに関心を示さない」「興味のあるものを見せる，もって来る，指さすことをしない」「人とのかかわり方が一方的であったり，不適切であったりする」「相手の表情を理解しない」「場の雰囲気を理解しない」「他人からの言語的および非言語的なはたらきかけに対して感情を表出しない」「話しはじめが遅れる」「意味のある言葉が出ない」「オウム返しやひとりごとが多い」「身振りや手振りを使って意志伝達をしようとしない」
　　ⓑ限定されて反復的な行動，興味または活動の例
　　　「細長い棒やお皿などに対する特別な執着がみられる」「物の一部に

特殊な決まりきったやり方で固執する」「物のにおいや感触に特別な関心をもつ」「家具の配置や日常行動の順序など，いつも決まっていることや，その細部の変更に抵抗する」「手のひらをヒラヒラさせて見る，横目で見る等，光または動きを見ることに熱中する」「つま先歩きをする」

　自閉スペクトラム症児には，こだわっている「もの」だけでなく，「ひと」とかかわるのも気持ちよいと伝えていくことが大切である。意志や要求を表現してもらうために，絵や図，写真などを積極的に取り入れる必要がある。また，聴覚，触覚，味覚などに感覚過敏がみられる場合は，わがままにみえるかもしれないが無理にがまんさせず，安心させてストレスを除いてから少しずつ慣れさせたい。がまんをさせ過ぎると，その苦痛が心の傷となって，いつまでも残ってしまうことになる。また，自閉スペクトラム症児に対して，本人が理解できていない声かけを多くすることは，ストレスの増加につながるので避けたい。

　自閉スペクトラム症児は脳神経やホルモンの発達がゆっくりとなる場合があり，その場合は睡眠・覚醒リズムの確立が遅くなる。生活リズムが整わないために，家族全員が夜中に眠れないことも起こり得る。起床，就寝，食事などの時刻を一定にする努力が必要である。

　自閉スペクトラム症は，多くの場合知的な遅れをともなうが，知的障がいをともなわない場合もある。その場合，知的能力があるので定型発達者と同じように振る舞うことを求められてしまい，なまけていると思われることになる。障がいと気づかれないまま，我慢を強いられて耐えられなくなって問題行動を引き起こすまで支援を受けられないこともありうる。自閉スペクトラム症児の「ひと」への関心は，自分の興味や要求が向いたことについてのみ高まるといえる。「ひと」への関心があり関わりたいが，かかわり方が一方的であったり不適切であったりする。行動に問題があると，まわりの大人はその行動だけに目を向けて一刻も早く制止しようとしてしまいがちであるが，どのような文脈でなぜその行動をとったのかをよく考えていく必要がある。

（2）注意欠如・多動症（ADHD）について

　注意欠如・多動症は，英語のAttention-Deficit Hyperactivity Disorder（ADHD）を日本語に訳した障がい名である。注意欠陥・多動性障害とも訳されている。

　ある行動をやってよいか悪いか考えて判断する前に，すぐに行動に移してしまう障がいである。幼児期には，どの子にも多少は認められるが，同年齢児との違いがしばしばとても大きく，発達の妨げとなっている場合を指す。注意を集中して課題や活動を行うことができず，すぐ別のことに注意がそれてしまう。じっとして待つことが，ほかの同年齢児と比べて極端にできない。指示やルールは理解できても，自分の感情をコントロールして，それにしたがうことができない。このような不注意，多動性，衝動性についての問題が主な症状である。

　原因として，脳神経のうち我慢して行動を制止することを担当する部分に障がいがあると考えられている。ADHDという診断は，「しばしば綿密に注意することができない，または，不注意な間違いをする」「しばしば外的な刺激によって気が散ってしまう」「しばしば手足をそわそわと動かしたりトントン叩いたりする，または椅子の上でもじもじする」「しばしば質問が終わる前に出し抜けに答えはじめてしまう」「会話で自分の番を待つことができない」などの症状の観察と聞き取りのみでなされることが多い。客観的テストなどの測定にもとづいた診断法はまだ確立されていない。

　周囲に気が散る原因となるものを置かないようにすること，注意の持続時間が短いので，短い時間内でできる課題や活動を設定すること，気分転換や発散する時間を設けること，やってはいけないことを並べるのではなく，やってよいことを短い文で伝えることが必要である。「走らないで！」「立たないで！」など，否定文を使わず，「歩いて！」「座って！」と肯定文で指示を出すようにするとよい。

　何をやっても叱られることが多いので，自信を失いやすい。そのため，自尊心を傷つけないように注意して，本人の気持ちを理解するよう心がける必要がある。

（3）限局性学習症について

　限局性学習症は，日本では，1999年（平成11）7月に文部省（現文部科学省）が示した次のような定義にしたがって，支援が開始された。

　「学習障害とは，基本的には全般的な知的発達に遅れはないが，聞く，話す，読む，書く，計算する又は推論する能力のうち特定のものの習得と使用に著しい困難を示す様々な状態を指すものである。学習障害は，その原因として，中枢神経系に何らかの機能障害があると推定されるが，視覚障害，聴覚障害，知的障害，情緒障害などの障害や，環境的な要因が直接の原因となるものではない」。一般には，教科学習がはじまる年齢以降に明らかになる障がいであるが，幼児期に気づかれることもある。

　学習に困難があり，その困難を対象とした教育がなされているにもかかわらず，以下のような症状の少なくとも一つがあり，少なくとも6ヵ月間続いている場合に限局性学習症と診断されることがある。単語を正確に流暢に読むことの困難さ，読んでいるものの意味を理解することの困難さ，綴り字の困難さ，文章の中で複数の文法または句読点等の間違いをすること，算数の計算を習得することの困難さ，数学的推論の困難さ等である。

　どこにつまづいているのか，学習能力を正確に把握して，無理なくできることから指導していくことが大切である。子どものできないという思いが，すべての教科に広がらないように注意すべきである。

（4）知的障害について

　日本には，知的障害とはどのような障がいである，とはっきり述べている基準のようなものはない。アメリカ精神医学会の診断基準によれば，知的なはたらきが明らかに平均以下であること，社会への適応機能が年齢に対して期待される水準よりも低いこと，18歳以前に発症の3つによって特徴づけられる障がいである。知的なはたらきとは，考えること，覚えること，人の話や書いてあることを読んで理解すること，筋道を立てて話をすること，まわりの状況に合わせてやってよいこと悪いことを判断することなどである。

　知的障害のある子どもの主な特徴として，原[4]は次の点をあげている。

「言葉の発達がおくれる……発音がはっきりしないこともある」「ものごとを理解するのに時間がかかる」「ひとつのことを身につけるまでに時間がかかる」「ちょっとした変化に合わせて行動することが難しい」「一度に記憶する量が少ない……記憶していられる時間も短い」「集中が長続きしない……単にあきっぽい性格ではない」「その場に応じてどうするか自分で判断することが苦手」「ルールを理解できにくいため，ルールが守れない」「2つのことを同時におこなうことが苦手で，動作がぎこちなく見える」「細かい作業がうまくできない」「思ったことや感じたことをそのまま言ってしまう」「人に頼ってしまう」などである。

　これらの特徴のため，知的障害のある人への対応には，さまざまな工夫が必要である。特徴を理解して，指示ははっきり短く出す。質問は，答えやすいように言い直す。困っていないことまで，手助けしようとしない。急がせたり，いらいらしている様子を見せたりしないように注意する必要もある。

(5) 視覚障害について

　視覚障害は，盲と弱視に大きく分けられる。盲児とは「点字を使用し，主として聴覚や触覚を活用した学習を行う必要のある者」，弱視児とは「矯正視力が0.3未満の者のうち，普通の文字を活用するなど，主として視覚による学習が可能な者」と定義される[5]。

　視覚のはたらきには，視力，視野，色覚，光覚，調節，両眼視，眼球運動などがある。視力の障がいがもっとも大きな影響をもつが，視野なども重要である。

　視覚障害の原因としては，図表10-2のように，視覚情報を伝えたり，理解したりする過程における何らかの障がいがあげられる。

　全盲で生まれたわが子を世界的なピアニストに育て上げた辻井[6]は，色というものを理解させるために，りんごの赤，バナナの黄色などと教えているうちに，わが子が「じゃ，今日の風はなに色？」と聞いてきたと述べている。大好きな食べ物に色というものがあるなら，同じく大好きな風に色があっても不思議はないのである。視覚障がい者の周囲の様子につい

●図表10-2　視覚障害の原因部位

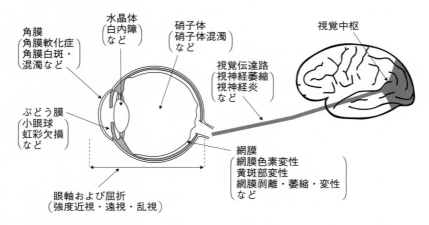

角膜
角膜軟化症
角膜白斑・
混濁など

水晶体
(白内障
など)

硝子体
硝子体混濁
など

視覚中枢

視覚伝達路
視神経萎縮
視神経炎
など

ぶどう膜
(小眼球
虹彩欠損
など)

網膜
網膜色素変性
黄斑部変性
網膜剥離・萎縮・変性
など

眼軸および屈折
(強度近視・遠視・乱視)

(小林巌「視覚障害児の心理・行動特性と支援」橋本創一ほか編『特別支援教育の基礎知識——障害児のアセスメントと支援，コーディネートのために』明治図書出版，2006，p.45)

ての理解は，視覚による情報に頼っている者とは大きく違うことを理解して，支援を考えなければならない。

(6) 聴覚障害について

　耳から入る音の情報をうまく理解できない場合を聴覚障害という。音を理解するための耳から大脳皮質聴覚野までの仕組みは，簡単に図示すると図表10-3のようになっており，聴覚障害には，伝音性難聴と感音性難聴とがある。原因としては，疾病，傷害，加齢，ストレスなどが考えられる。
　聴覚障がい者については，聞こえないことを障がいとはとらえずに，手話を第一言語として生活する人と考えることもできる。最近では，手話を第一言語として生活する子どもたちのための絵本も出版されている。コミュニケーションのために，誰でも音声言語を使わなければならないと決まっているわけではない。

●図表10-3　聴覚の仕組み

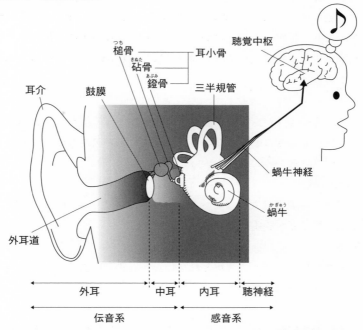

（城間将江・氏田直子・井脇貴子・中村淳子『人工内耳装用者と難聴児の学習――家庭でできるドリルブック』学苑社，1996，p.4）

（7）肢体不自由について

　肢体不自由とは，生まれつき又は出産時の障がい，あるいは病気や事故などによって，手や足，背骨などの運動機能に不自由があることをいう。整形外科医であった高木憲次（1889-1963）が，四肢と体幹に障がいがあり，そのままでは勉強したり仕事をしたりする上で，支障をきたすおそれのある状態について，肢体不自由と呼ぶことを提唱し，現在もこの名称が使われている。肢体とは，四肢と体幹のことである。四肢とは，上肢（腕から手先まで）2本と下肢（脚から足先まで）2本の4本を指す。体幹とは，胴体のことであるが，内臓は含まない。

　四肢と体幹について，どのような障がいがあるかによって次のように分けることができる。

ⓐ四肢の短縮欠損

　　四肢が短かったり，なかったりすること。生まれつき手や足が短かったり，指が５本ではなかったりするような先天的な場合と，事故や病気のために四肢を切断しなければならなかったような後天的な場合がある。

ⓑまひ

　　脳からの信号が，神経を伝わって筋肉へうまく届かないために，肢体を思いどおりに動かせないこと。筋肉に力が入らなかったり，力の調節ができなかったりする。

ⓒ不随意運動

　　自分の意志とは関係なく，筋肉に力が入ったりぬけたりするため，手足や顔などが勝手に動いてしまうこと。

ⓓ失調

　　姿勢や動きのバランスがとれないこと。動きのスピードや距離の調節ができないためにおこる。

　肢体不自由の原因には，中枢神経系の障がい，筋力低下や筋萎縮などの筋肉系の障がい，骨・関節系の形成・発育障がい，後天性の切断など，その他の要因に起因するものがある。

　肢体不自由の人の不自由なところは，人によって違うので必要な支援もその支援の仕方も人それぞれ違うことになる。いろいろな行事や活動に楽しく参加できるように，よく考えて支援を工夫する必要がある。

【引用文献】

1）市川奈緒子「障害のある子どもとは」市川奈緒子編著『障害児保育』ミネルヴァ書房，2020

2）金子みすゞ『わたしと小鳥とすずと──金子みすゞ童謡集』JULA出版局，1984

3）佐々木常夫『ビッグツリー──自閉症の子，うつ病の妻を守り抜いて』WAVE出版，2009，p.15

4）原仁監修『ふしぎだね!?知的障害のおともだち』ミネルヴァ書房，2007，pp.44-51

5）井澤信三ほか編著『障害児心理入門』ミネルヴァ書房，2010，pp.33-34

6）辻井いつ子『今日の風，なに色？』アスコム，2000，p.216

【参考文献】

・American Psychiatric Association 2013 Diagnostic and Statistical Manual of Mental Disorders, 5th edition：DSM-5. 高橋三郎・大野裕監訳『DSM-5 精神疾患の診断・統計マニュアル』医学書院，2014

・一木玲子「障害者権利条約から見た日本の特別支援教育の課題─誰も排除しないインクルーシブ教育を実現するために─」『アジア太平洋研究センター年報2019-2020』2020，pp.49-56

・茂木俊彦編『障害児教育大事典』旬報社，1997

・文部科学省「学校基本調査」（平成28年度）

・文部科学省「学校基本調査」（平成27年度）

・文部科学省「学校基本調査」（令和 5 年度速報値）

・長崎勤ほか編『臨床発達心理学概論 1 ── 発達支援の理論と実際』ミネルヴァ書房，2002

・広瀬宏之『図解よくわかるアスペルガー症候群── 発達障害を考える・心をつなぐ』ナツメ社，2008

・小林巌「視覚障害児の心理・行動特性と支援」橋本創一ほか編『特別支援教育の基礎知識──障害児のアセスメントと支援，コーディネートのために』明治図書出版，2006

・城間将江・氏田直子・井脇貴子・中村淳子『人工内耳装用者と難聴児の学習──家庭でできるドリルブック』学苑社，1996

第11章 生涯学習社会における幼児教育と保育

人の一生のなかでもとくに乳幼児期は,「生涯にわたる人格形成の基礎を培う」きわめて重要な時期であり, また子どもが自ら伸びよう, 成長しようとする自発性・能動性に富んだ時期である。この章では, 幼児教育や保育について, あるいは子どもの育ちについて生涯学習の視点からとらえ直してみよう。また, 日本と国際社会の考え方や調査データをふまえ, 保育者のこれからの課題を考えてみよう。

11 1 「生涯学習」の理念と 幼児教育・保育

1. 日本において生涯学習とは

まず, 日本において生涯学習と幼児教育の関係がどのようにとらえられているかを見てみよう。

2006年(平成18)に新たに定められた教育基本法は, 第11条で「幼児期の教育」について「生涯にわたる人格形成の基礎を培う重要なもの」と定めている。つまり人は学校教育を受けている間だけでなく, 生涯にわたって人格を形成し続けるのだ, という。このためには, 人から教えられるだけではなく, 自ら学ぶ力が必要であり, その学ぶ力の基礎は幼児期の教育によってつくられる, と定めているのである。

また,「生涯にわたる人格形成」にかかわって教育基本法第3条には「生

涯学習の理念」が掲げられている。そこでは，国民が「自己の人格を磨き，豊かな人生を送る」ためには，いつでもどこでも「学習することができる社会」が実現されなければならないという。

　さらに，教育基本法の第1条と第2条にはそれぞれ日本の教育の目的，目標が定められており，それに続く第3条に生涯学習が掲げられていることから，生涯学習社会の実現が日本国にとって教育の基本理念に位置づけられていることは明らかである。

　（生涯学習の理念）
　第3条　国民一人一人が，自己の人格を磨き，豊かな人生を送ることができるよう，その生涯にわたって，あらゆる機会に，あらゆる場所において学習することができ，その成果を適切に生かすことのできる社会の実現が図られなければならない。

　（幼児期の教育）
　第11条　幼児期の教育は，生涯にわたる人格形成の基礎を培う重要なものであることにかんがみ，国及び地方公共団体は，幼児の健やかな成長に資する良好な環境の整備その他適当な方法によって，その振興に努めなければならない。

　では，生涯学習とはなにか。生涯学習とは，「生涯を通じて人間的，社会的，職業的な発達をはかるために意識や行動様式の変容をおこなう一連の活動のこと」[1]である。1965年（昭和40）にユネスコの会議でポール・ラングラン（Lengrand, P.）が中心となって「生涯教育」の理念を提唱したが，これは生涯学習を援助する営みであり，「人の一生という時系列の次元でもまた生活・社会の次元でも有機的に関連づけがなされ，統合された教育」のことである。

　日本では21世紀にいたる教育改革のはじまりとなる臨時教育審議会（1984-87年〈昭和59-62〉）において，学習者の観点を重視する立場から生涯学習の用語だけが使われ，「生涯学習体系への移行」がそれ以降の教育改革の

柱とされた。それからほぼ20年が経ち，教育基本法第３条に国家の教育理念として生涯学習が改めて位置づけられたのである。

このように理念として明確に打ち出された生涯学習であるが，これを実現するために，1990年（平成２）には「生涯学習の振興のための施策の推進体制等の整備に関する法律」（生涯学習振興法）が公布された。これは，学校教育法，社会教育法の枠を超えた推進体制や学習機会の整備をはかることを目的としていた。しかし，「平成10年代に入り，行政改革のあおりを受けてあまり機能しなくなった」[2]という。

2. 生涯にわたって学び続ける社会をつくりだすこと

では，ここでいう「学習」とはどのような意味なのだろう。生涯学習社会とは，教育基本法第３条にあるとおり，「その生涯にわたって，あらゆる機会に，あらゆる場所において学習することができ」る社会である。

このような社会を目指す背景には，社会の変化による要請がある。産業社会の構造的変容に加えて，少子高齢化の進展，高度情報社会の到来と国際化の進展，南北問題や地球温暖化現象などの環境問題に対応した持続可能な社会の構築への要請，自立した個人の育成やコミュニティ（地域社会）の再編成への要請，さらに2011年（平成23）３月11日には東日本大震災と福島県の原子力発電所の事故が勃発し，日本社会は大きな課題に直面し岐路に立った。

日本では，このような「社会の変化に対応していくためには，自ら課題を見つけ考える力，柔軟な思考力，身につけた知識や技能を活用して複雑な課題を解決する力及び他者との関係を築く力に加え，豊かな人間性などを含む総合的な『知』が必要となる」ので，生涯学習振興の必要性が高まっている，という[3]。

具体的には，まず幼児教育で環境とのかかわりをとおして生活や学びへの活力と知的好奇心の原動力を養い，「生きる力の基礎」を育む。ついで義務教育以降の学校教育で確たる基礎教育を受けるとともに，実社会における多様な体験などと相まって，発達段階に合わせて「生きる力」を伸ば

す。さらに成人になってからは種々の教育的資源を活用して「自立した一人の人間として力強く生きていくための総合的な力」を身につける。このように，生涯にわたって学習を継続し，その成果を生かせる社会環境づくりを目指すのが生涯学習社会である。

　この背景には，情報化の進展により「知識基盤社会」が到来したことがある。子どもにも大人にも，莫大な情報のなかから必要な情報を適切に選択・獲得し，さまざまな機器を操作して情報を処理する「リテラシー」が求められ，さらに情報を生みだしメディアを通じて発信する能力や，情報をめぐる高い倫理性などが要求される時代となった。

　けれども，情報メディアの革新の速度はあまりに急であり，そこでつくりだされ伝えられる情報は莫大で多様である。この変化に対応するために，人は常に学び続けなければならないし，社会の側にも「学び直し」や新たな学びを支援する体制が必要である。

　同時に，生涯学習社会とは，生涯学習の「成果を適切に生かすことのできる社会」だとされている。明治維新以降，急速な近代化を遂げた日本社会は，社会的地位を配分する目安として個々人の学校教育での達成を示す学歴が活用された。しかも学歴や学校歴は一度取得すれば消えることはなく，あたかも人格までも規定するかのような評価尺度として機能してきた。

　このような学歴の「身分化」への反動として，学校教育を修了した後でも，個々人が自分の能力や技術をさらに向上させるために学習と努力を重ねる機会を増やす。またその学習の成果を正当に評価して，その人の社会的役割や職業・待遇に反映させる，「再チャレンジ」のシステムをもった柔軟な社会をつくろうという意図から構想されたのが生涯学習社会である。

　つまり生涯学習は，「いかに学ぶかを学ぶ」ことにより，技術革新や労働の質の変化に対処し，また，知識や能力さらには批判力や行動力を含む人間存在のすべてを不断に形成するよう人々をうながし，さらに職場や社会で役割を果たし続けるように励ますものなのである。

　しかし，2010年（平成22）の段階では，生涯学習で修めた学習成果を個人が社会生活のなかで「生かしているかどうかの実態把握が全くできていない」状態であり，「生涯学習推進のグランドデザインの策定」が早急に望

まれている現状であるという[4]。1987年（昭和62）に示された「生涯学習体系への移行」は，四半世紀経ってもいまだその途上にあるといえるだろう。

生涯学習社会を生きる「学ぶ」力を育てる幼児教育・保育

1. 幼児教育・保育の充実が国際的課題となる

　前節で述べた学習の意味を，より国際的な視野から根本的にとらえているのがユネスコ（国連教育科学文化機関）の提案だろう。それは，乳幼児期の教育について，「学びと発達」（learning and development）を核として考える視点を提供している。

　ユネスコは，21世紀の教育を4つの基礎のうえに再構築しようという。それは，

　　①理解の手段を獲得するために『知ることを学ぶ』（Learning to know）
　　②自らの置かれた環境の中で創造的に行動するための『為すことを学ぶ』
　　　（Learning to do）
　　③社会のすべての営みに参画し協力するために『共に生きることを学ぶ』
　　　（Learning to live together, Learning to live with others）
　　④上の3つから必然的に導き出される過程としての，『人間として生きることを学ぶ』（Learning to be）

の4本柱である[5]。

　教育そのものが社会的経験であり，「子ども達はそれをとおして自分自身を知り，人間関係のあり方を学び，基礎的な知識と技能を獲得するのである。そしてこの経験は幼少時のごく初期から始められなければならず」[6]，乳幼児期の教育は，子ども一人ひとりが人として社会の一員として育って

いく道程のはじめなので，家族と地域社会の参加が不可欠であるという。

　一方，OECD（経済協力開発機構）は1996年（平成 8 ）の「万人のための生涯学習の実現」の会議をきっかけに乳幼児の教育とケア（Early Childhood Education and Care：ECEC）政策に関する研究に着手した。当初は，女性の労働市場への参加を保障するうえで必要だという発想からだったが，「乳幼児期の発達が人間の学習と発達の基礎形成段階であり，乳幼児期のプログラムをつくることは，すべての子どもが人生を公平にスタートさせるのに役立ち，また教育の平等と社会的統合に寄与する」ものととらえ直し，公教育と同じように乳幼児の教育とケアを公共財とみなして政策課題にすべきだと提言している。

　この提言の根拠の 1 つは，乳幼児の脳の発達と学習能力に関する研究の著しい進展にある。またもう 1 つは，乳幼児期は人的資本へのまたとない投資機会であり，幼児期に投資された投資効果は，後年になって学校中退者や大人へのリメディアル教育へ同額の投資をするよりも効果が高い，という経済学の研究成果にある（図表11-1）。つまり，乳幼児期は理論的に人的資本への公的投資にふさわしい時期であり，それは家庭への投資にもなる。それに対して中等教育の後期や成人を対象とした基礎技能を補完す

◉図表11-1　人的資本投資に対する収益率

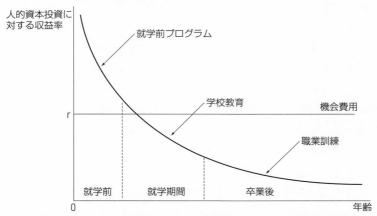

出典：Cunha他（2005），*Interpreting the Evidence on Life Cycle skill Formation.*
（OECD編著『OECD保育白書』明石書店，2011，p.46より作成）

るための教育（リメディアル教育）は多額の費用がかかり，しかも有効性は限定的であるという。

　以上の理由から，乳幼児期の学習は，その後のライフステージでの学習を生み，生産性をより高める公共財であるという[7]。

2. 日本における子ども・子育て政策の現状と動向

　前節で述べたように，教育経済学分野の研究や，乳幼児期から成人に至るまでの長期縦断研究による幼児教育プログラムの効果研究の知見により，乳幼児期の子どもたちへの公的投資は，国の政策として中長期的に見て最も投資効果のある政策だといえる。これを論拠として，日本の子ども子育てをめぐる政策は，男女共同参画や働き手としての母親の就労支援という意味で現世代投資であると同時に，これからの社会を担う未来投資という二重の側面と社会的機能を有したものとなっている。

　2023年（令和5）に創設されたこども家庭庁は，こども基本法の趣旨を踏まえて子ども自身に関する目標を中心にすえて創設された。すなわち「こども家庭庁の必要性，目指すもの」として，（1）こどもまんなか社会の実現に向けて，常にこどもの視点に立って，こども政策に強力かつ専一に取り組む独立した行政組織と専任の大臣が必要であり，（2）こどもが，自立した個人としてひとしく健やかに成長することができる社会の実現に向けて，こどもと家庭の福祉の増進・保健の向上等の支援，こどもの権利利益の擁護を任務とするこども家庭庁を創設，（3）こどもにとって必要不可欠な教育は文部科学省の下で充実，こども家庭庁と文部科学省が密接に連携，の3点を掲げている（厚生労働省資料）。こども家庭庁は「こどもが自立した個人としてひとしく健やかに成長することのできる社会の実現に向けて，子育てにおける家庭の役割の重要性を踏まえつつ，こどもの年齢及び発達の程度に応じ，その意見を尊重し，その最善の利益を優先して考慮する」ことを基本とする。「こども及びこどものある家庭の福祉の増進および保健の向上その他のこどもの健やかな成長及びこどものある家庭における子育てに対する支援並びにこどもの権利利益の擁護」が行われる。

●図表11-2 こども基本法の概要

こども基本法の概要

目 的
日本国憲法及び児童の権利に関する条約の精神にのっとり、次代の社会を担う全てのこどもが、生涯にわたる人格形成の基礎を築き、自立した個人としてひとしく健やかに成長することができ、こどもの心身の状況、置かれている環境等にかかわらず、その権利の擁護が図られ、将来にわたって幸福な生活を送ることができる社会の実現を目指して、こども施策を総合的に推進する。

基本理念
① 全てのこどもについて、個人として尊重されること・基本的人権が保障されること・差別的取扱いを受けることがないようにすること
② 全てのこどもについて、適切に養育されること・生活を保障されること・愛され保護されること等の福祉に係る権利が等しく保障されるとともに、教育基本法の精神にのっとり教育を受ける機会が等しく与えられること
③ 全てのこどもについて、年齢及び発達の程度に応じ、自己に直接関係する全ての事項に関して意見を表明する機会・多様な社会的活動に参画する機会が確保されること
④ 全てのこどもについて、年齢及び発達の程度に応じ、意見の尊重、最善の利益が優先して考慮されること
⑤ こどもの養育は家庭を基本として行われ、父母その他の保護者が第一義的責任を有するとの認識の下、十分な養育の支援・家庭での養育が困難なこどもの養育環境の確保
⑥ 家庭や子育てに夢を持ち、子育てに伴う喜びを実感できる社会環境の整備

責務等
○ 国・地方公共団体の責務 ○ 事業主・国民の努力

白書・大綱
○ 年次報告（法定白書）、こども大綱の策定
（※少子化社会対策/子ども・若者育成支援/子どもの貧困対策の既存の3法律の白書・大綱と一体的に作成）

基本的施策
○ 施策に対するこども・子育て当事者等の意見の反映
○ 支援の総合的・一体的提供の体制整備
○ 関係者相互の有機的な連携の確保
○ この法律・児童の権利に関する条約の周知
○ こども大綱による施策の充実及び財政上の措置等

こども政策推進会議
○ こども家庭庁に、内閣総理大臣を会長とする、こども政策推進会議を設置
① 大綱の案を作成
② こども施策の重要事項の審議・こども施策の実施を推進
③ 関係行政機関相互の調整　等
○ 会議は、大綱の案の作成に当たり、こども・子育て当事者・民間団体等の意見反映のために必要な措置を講ずる

附則
施行期日：令和5年4月1日
検討：国は、施行後5年を目途として、基本理念にのっとったこども施策の一層の推進のために必要な方策を検討

（内閣官房ホームページ　https://www.cas.go.jp/jp/houan/220622/78gaiyou.pdf　2024年1月5日閲覧）

3. 子どもの頃の生活体験が大人になってから学習の活力を左右する

　一方、「幼児期の教育が生涯学習の基礎を培う」ことの一端が最近の調査データとして示されている。幼少期の生活体験が、児童期から青年期、さらに成人してから後の「体験の力」を左右している、という調査結果について見てみよう[8]。

　この調査では、子どもの頃の体験を「自然体験」「動植物とのかかわり」「友だちとの遊び」「地域活動」「家族行事」「家事手伝い」といった6つの項目で測り、その体験が多いほど大人

●図表11-3 子どもの頃の体験と大人になってからの「体験の力」

子どもの頃の体験	「体験の力」
自然体験	人間関係能力
動植物とのかかわり	共生感
友だちとの遊び	自尊感情
友だちとの遊び	規範意識
地域活動	意欲・関心
家族行事	文化的作法・教養
家事手伝い	職業意識

になってからの「自尊感情」「共生感」「意欲・関心」「規範意識」「人間関係能力」「職業意識」「文化的作法・教養」といった7つのジャンルの力＝『体験の力』が高いという結果が報告されている（図表11-3）。

　つまり，子どもの頃の生活体験が，成人になってからの生きる活力，たとえば学習意欲，社会貢献意識などの高さに強くかかわっているのである。いわば生涯学習の基礎となる「力」が幼少期の生活体験に根ざして養われていることがデータとして示されている。

　しかしその一方で，子どもの知的・情緒的成長にとって重要な体験のうち，自然体験や友だちとの遊びは，年代が若くなるほど減ってきている（図表11-4）。

●図表11-4　年代別体験量（成人調査）

ほとんどないと回答した割合(%)					質問項目	何度もあると回答した割合(%)				
60代	50代	40代	30代	20代		20代	30代	40代	50代	60代
17.1	18.9	17.1	19.0	24.3	海や川で貝をとったり，魚を釣ったりしたこと	11.7	13.0	15.9	16.6	18.1
15.4	14.2	11.2	13.1	14.2	海や川で泳いだこと	17.5	16.5	17.8	19.5	18.3
15.5	20.7	21.9	27.1	32.3	太陽が昇るところや沈むところを見たこと	19.5	22.8	25.8	28.1	32.4
13.0	19.3	20.2	26.0	28.3	夜空いっぱいに輝く星をゆっくり見たこと	16.8	18.4	20.8	26.5	32.7
38.0	44.9	46.8	48.8	44.7	湧き水や川の水を飲んだこと	8.2	8.6	10.3	12.2	14.9
2.9	2.8	3.2	3.9	5.1	かくれんぼや缶けりをしたこと	28.9	30.4	31.8	33.8	29.9
9.4	8.3	4.9	7.5	11.1	ままごとやヒーローごっこをしたこと	12.2	18.0	22.2	21.3	20.5
9.4	8.8	10.3	15.9	20.9	すもうやおしくらまんじゅうをしたこと	13.1	16.8	20.9	21.7	19.8

注1：ウェッブ調査による
注2：対象：5,000人（各年代1,000人）

（図表11-3，4ともに，国立青少年教育振興機構『子どもの体験活動の実態に関する調査研究　報告書』2010年（平成22）10月，p.96，p.136より作成）

　子どもたちの生活体験が減少していることはよく指摘されてきたが，このデータは，子どもたちの保育や教育にあたる保育者自身が，すでに体験量の少ない世代であることを示している。保育者は自ら意識して自分の生活体験をふり返り，「体験の力」を身につけることが必要であり，これは

専門職としての力量形成の課題の1つであるということができよう。

また，同じ調査により子どもの頃の自然体験の量と成人してからの個人の収入や家庭全体の収入との間の関係が明らかにされた。つまり，自然体験の量が多い者ほど成人してからの収入が多いという関連がみられた（図表11-5）。

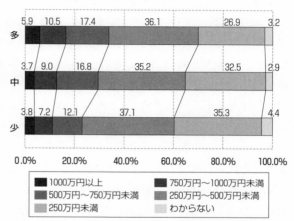

●図表11-5　子どもの頃の自然体験の量と成人してからの年収

	1000万円以上	750万円～1000万円未満	500万円～750万円未満	250万円～500万円未満	250万円未満	わからない
多	5.9	10.5	17.4	36.1	26.9	3.2
中	3.7	9.0	16.8	35.2	32.5	2.9
少	3.8	7.2	12.1	37.1	35.3	4.4

（国立青少年教育振興機構『子どもの体験活動の実態に関する調査研究報告書』2010年（平成22）10月，p.137より作成）

これは何をあらわすのであろうか。報告書から引用する。

　　このことは，自然体験が高収入に結び付くという単純な帰結というよりは，その者が育つ成育家庭，とりわけ親の社会・経済的背景や自然体験に対する意識の高さが，自然体験を媒介して，将来の子どもの収入に結びついているとも考えられる。実際，学習塾などの教育産業が主体となって企画する自然体験活動が，近年数多く行われるようになってきている。

　　このように，子どもたちの育つ家の文化的背景や経済的背景により，「自然体験」や「友だちとの遊び」に対する子どもたちの体験量に格差が生じ，将来の収入や子どもに必要とされる総合的な「知」の形成に影響を及ぼすとすれば，格差を是正し，社会的公平を目指した施策の充実や，平等性を勘案した体験活動の公的提供が一層必要となるであろう[9]。

このような経済的・文化的格差の現実に対して私たちは，子どもの権利

を保障し，改正された児童福祉法の趣旨を生かして，公教育と児童福祉とを関連づけ，包括して取り組む社会を細やかにつくる必要がある。

　このことは，「すべての子どもが人生を公平にスタートさせる」には，単に就学準備としての知的・技能的達成に焦点を当てた幼児教育・保育ではなく，家庭や地域社会とともに，園（保育所・幼稚園など）において意識的に子どもの環境を整備し，子どもと環境とのかかわりを増やし，体験量の格差を是正する包括的で生活体験の豊かさを目指す取り組みが必要である，ということを示唆している。

　生涯学習と幼児教育・保育のかかわりを考えるということは，将来どのような市民を育成するか，という明確なイメージをもち，その基礎として幼児期に遊びと学びの能力の発達をうながし，学習への意欲や好奇心，自信をもつことを支援する制度とプログラムを開発していくことにつながる。

　「幼小保の連携」やこども園への幼児教育と保育の機能の統合においては，生涯学習社会を生きる市民の育成という視点からユネスコの提唱する教育の４つの柱を核に据えて子どもの発達をどのように具体的に支援するかを，子ども自身の参加を得ながら保育者・保護者・地域住民と行政が連携して考えるべきだろう。

　「教育は個人の全面的な発達，すなわち精神，肉体，知性，感性，美的感覚，責任観，倫理観のすべての発達に寄与するべきだ」「人はすべて人生のあらゆる場面において，自らが信じる方法によって自らの行為を決定できるように，自主的で批判的な思考発達を遂げるべきであり，独自の判断力を構築すべきなのである」[10]。生涯学習の目的は，まさに個人の全面的発達であり，その基盤が幼児教育・保育によって培われるのである。

【引用文献】
1）岩内亮一ほか編『教育学用語辞典』（第４版・改訂版）学文社，2010，p.128（山本恒夫の解説文）
2）前掲書（1）
3）中央教育審議会『新しい時代を切り拓く生涯学習の振興方策について』2008年（平成20）
4）前掲書（1）

5）ユネスコ『学習——秘められた宝——ユネスコ「21世紀教育国際委員会」報告書』
　　ぎょうせい，1997，pp.66-76

6）前掲書（5），p.16

7）OECD編著『OECD保育白書——人生の始まりこそ力強く（Starting Strong Ⅱ）』
　　明石書店，2011，pp.44-47

8）国立青少年教育振興機構総務企画部調査研究・広報課編『「子どもの体験活動の実
　　態に関する調査研究」報告書』2010年（平成22）10月

9）前掲書（9），第2部第1章，pp.136-137

10）前掲書（5），p.74

【参考文献】

・J.J. ヘックマン・古草秀子訳『幼児教育の経済学』東洋経済新報社，2015

・泉千勢・一見真理子・汐見稔幸編『世界の幼児教育・保育改革と学力』明石書店，
　2008

・住田正樹・高島秀樹編著『子どもの発達社会学』北樹出版，2011

・国立教育政策研究所教育課程研究センター編『幼児期から児童期への教育』ひかりの
　くに，2005

・文部科学省『生徒指導提要』教育図書，2010

・安部芳絵『子ども支援学研究の視座』学文社，2010

・橘木俊詔『日本の教育格差』岩波新書，2010

・山本恒夫・浅井経子・渋谷英章編『生涯学習論』文憲堂，2007

第12章 保育者とは何か
——これからの保育者に求められるもの

　子どもの側から見ると，保育者はあこがれの存在である。保育者の存在，その行為は，子どもの成長・発達，その生涯にまで大きな影響をおよぼす。この章では，保育者とは何か，保育者に求められるものについて学習し，保育者として子どもにかかわる喜びと幸せ，その責任の重さを認識して，教育的愛情と情熱をもって保育を行うことができるように意識と自覚を高めてほしい。

12-1 専門職としての保育者

1. 保育者とは

（1）幼児期の発達の特徴

　幼児期になると，子どもは日々の生活のなかで少しずつ自分の力で身のまわりのことができるようになる。他児とのかかわりも生まれ，かかわりのおもしろさを味わったり，おもしろいと思う他児の行動をまねたりして自分に取り入れることもある。また，なんでもやってみたがり，知りたがる。その吸収力は，大人の何倍もあるといえる。

　一般的に幼児期は，自立性や認知の発達，対人関係の広がり，運動機能，言語機能などが著しく発達する時期といわれている。しかし，すべて自分の力で実現できるわけではない。しようとしても技能が未熟なために

できないこともあるし，他者に阻止されることもある。また，一方的に欲求・要求をあらわし，他児とのいざこざを起こして葛藤を体験することもある。危険を回避する能力は不十分であるから，大人の援助がなければ生命の危機も起こりうる。こうした特徴があるので，安心してのびやかに育つためには大人の援助がなくてはならない。

（2）子どもたちの健やかな成長・発達をうながす

　保育の仕事は，次代を担う「人」を育てる仕事である。保育者は常に，子どもたちの生涯に，自分がいかに大きな影響をおよぼす存在であるかを考え，愛情と責任をもって，真剣に保育をしなければならない。

　子どもの側に立って考えてみよう。就学前の子どもたちが毎日通う幼稚園・保育所・認定こども園等に，どのような思いで通ったら望ましい成長・発達をうながすことになるのだろうか。もっとも大切なことは，「明日も行きたい」と思える場所にすることである。そのためには信頼できる保育者との出会いが必要である。子どもたちは，自分を肯定的に受け入れてくれる保育者に心をひらき，信頼するようになる。そして，その信頼する保育者の存在を支えとして自己の力を発揮していく。したがって，保育者の存在とかかわり方はきわめて重要といえる。

　次に遊びたい友だちがいることである。友だちとかかわるなかで，さまざまな感情の体験をしながら，人とのかかわり方を学び，自分の力を発揮していく必要がある。

　また，子どもたちの成長・発達には，園内外のさまざまな環境にかかわり，それを自分たちの生活に取り込んでいくことも必要になる。環境のなかの遊具，教材などとのかかわりは，それぞれ意味があり，成長・発達には欠かせない。さらに，やってみたい「こと」があることも重要である。園の生活におけるさまざまなできごとには，驚きや発見，多くの学びがある。つまり，子どもたちの健やかな成長・発達をうながすためには，「人」と「もの」と「こと」，この3つが欠かせない。これらの条件を整えるのは，いうまでもなく子どもを教育する保育者である。

(3) 幼稚園における保育者

　幼稚園において保育をつかさどるのは，一般に教諭である。幼稚園は学校教育法に位置づけられた学校であるから，保育をつかさどる者は学校の教員である。教員のなかにはいくつかの職名があり，直接的に保育をすることが多いのは教諭の職名をもつ者であるが，「教師」という言葉を用いることが多い。また，保育をする者という意味では，幼稚園・保育所・認定こども園等に共通する言葉として「保育者」という言葉を使うことも多い。この章では，共通に使える言葉として保育者を用いることとする。

　幼稚園教育要領の総則，幼稚園教育の基本でも述べられているとおり，幼児期の教育は生涯にわたる人格形成の基礎を培（つちか）う重要なものであるから，その時期に携わる保育者の責任はきわめて大きい。

　保育者は，子どもの主体的な活動が展開されるよう，子ども一人ひとりの行動の理解にもとづき，計画的に環境を構成しなければならない。保育者は，子どもの発達をうながす社会的責任をもち，その役割を担う。その責任の大きさゆえに，絶えず研究と修養に励み，その職責の遂行に努めなければならないのである。

　ちなみに，保育所においては，保育士が同様の任にあたり，幼保連携型認定こども園においては保育教諭がその任にあたる。3歳以上児においては，幼稚園教育と同様の役割を果たすことから，援助の基本は同じと考えられる。それらをふまえ，次に具体的なかかわりを考えてみよう。

(4) 幼稚園・保育所・認定こども園における教育・保育

　幼稚園・保育所・認定こども園等における教育は，集団の場での教育である。子どもが集団で過ごす楽しさを味わえるようにすることや，他者と協同して物事を進める楽しさや難しさを経験し，やり遂げる満足感や充実感などを味わえるようにすることが大切になる。

　そして集団のなかで，一人ひとりの子どもが自己の力を最大限発揮できるようにしなければならない。保育者は，そうした体験ができるように環境をつくり，一人ひとりに即した援助を行う。子どもたちが集団のなかで味わう喜びや悲しみの気持ちに共感しながら，さまざまな援助をするので

ある。教育・保育の対象者の年齢が低いだけに，命を守る意識をもち，健康に過ごせるような配慮も必要になる。

　幼児期の教育を考えるときに重要なことは，幼児期だけを視野に入れるのではなく，乳児期の発達を熟知したうえで，幼児期以降の，義務教育およびその後の生活においても豊かな人間関係を構築し，自己の力を発揮できるようにすることを考えなければならない。これは，幼稚園教育の目的・目標が，幼稚園教育要領より上位の学校教育法に明示されたことからも明確である。そして教育の目的である「生きる力」をはぐくむために，子ども自身が自己肯定感や有能感を感じ，意欲をもって遊び，他者とともに生活を楽しめるようにすることが重要になる。

　また，2017年（平成29）の各要領・指針の改訂では，幼稚園，保育所，幼保連携型認定こども園ともに，幼児期に育みたい資質・能力として，「知識及び技能の基礎」「思考力・判断力・表現力等の基礎」「学びに向かう力，人間性等」の3つがあげられていることから，それらもふまえ，子どもたちの権利を全面的に保障することを重視して教育を行う必要がある。それを行うのが幼稚園・保育所・認定こども園等における教育・保育である。

2. 保育者の役割

　「幼児教育は子ども相手だから簡単にできそう」と一部に錯覚（さっかく）されることがある。私たちの周辺には，子どもにかかわるということを経験的に知っている人がいるし，保育に関する学習をしなくても，かかわりの上手（じょうず）な人もいる。

　しかし，子どもにかかわる場合，経験だけでも，知識だけでも十分とはいえない。同じ年齢の子どもでも，それぞれ個性が異なり，家庭環境や保護者のかかわり方によってその子の課題に違いがあるので，保育者には個々に応じたかかわりが求められる。さらに，子どもの言葉にならない気持ちを汲み取って保育をしなければならず，これらは，思うほどやさしいことではない。保育には，専門職としての知識や経験が必要になるのである。

子どもたちの健やかな成長・発達のために，実際に保育者はさまざまな役割を果たしている。それは具体的には，理解者，共同作業者，環境の構成者，モデル，遊びの援助者，心のよりどころ，といった内容があげられる。次に，それぞれの意味を考えてみよう。

(1) 理解者

　園生活のなかにみられる子どもたちの遊びは，いろいろな意味をもっている。子どもたちの望ましい成長・発達をうながすには，その遊びのなかで経験している内容を読み取って援助をしなければならない。

　さらに，遊びの意味をとらえるためには，子どもたちがこれまでの生活や遊びでどのような経験をしているのか，その活動がどのように展開してきたのかという『時間の流れ』を見ていく必要がある。また，「どこで」「誰が」「何をしているのか」といった『空間の流れ』にも目を向け，集団の動きを見ていく必要がある。子どものしている活動，子どもの内面の理解があってはじめて，保育者は理解者としての役割が果たせるのである。

(2) 共同作業者

　子どもは，保育者が意図するしないにかかわらず，身のまわりのさまざまな環境に身体でかかわり，試したり，考えたり，工夫したりして，徐々に環境にかかわる力をはぐくみ，心身を発達させていく。子どもは，一緒に生活する保育者の影響を大きく受けるので，ともに生活する者として保育者の責任は大きい。

　子どもと一緒に動植物を育てるとしよう。土づくり，種まき，水やりなど，保育者と一緒に行うなかで，子どもはものの扱い方や性質を知ることになる。そして，身のまわりの環境にかかわる方法を学んでいくのである。

　身近にいて信頼できる保育者の言動は，その話し方，手の洗い方，お茶の飲み方にいたるまで模倣の対象となる。子どもは保育者とともに生活しながら，保育者の行動をまね，自分に取り入れていくのである。

(3) モデル

　子どもは，保育者の言動をよく見ている。そして，それを自分のなかに取り入れていく。ピアノが上手な保育者を見てピアノに関心をもつようになったり，お弁当（給食）の準備でテーブルを拭く保育者を見てやりたがったりする。保育者の行為は，子どもの目にはあこがれとして映るのである。

　そして，それは遊びにも影響する。幼稚園ごっこのような遊びには担任の先生の言葉やしぐさがあらわれることが多い。3歳児のA児は，まわりにいる子どもたちに向かって「みんなおいでー」「ここに座って！」「次に○○をするからね」と生き生きと指示を出していた。A児には，保育者が指示を与える存在として意識づけられていることが推察できる。子どもにとって立場の異なる保育者の言動はとても魅力的なのである。

　したがって，保育者はいつも見られているということを意識して行動しなければならない。共同作業者のところでも述べたが，子どもは，一緒に生活する保育者の言動を模倣するので，よいモデルとなるように意識して保育をする必要があるといえる。

　5歳児の12月，あるクラスの降園前の活動で，一人の子どもの発言を，クラスの皆が身を乗り出すようにして聞いている光景が見られた。話す子どもは，友だちが自分の話に関心をもって聞いてくれるので，一層楽しそ

うに話を展開していく。このクラスをよく観察してみると，日常的に認め合う姿が多く見られていた。そして，保育者もそのことを喜びとし，その姿が見られたときにはクラスの子どもたちに対して喜びの気持ちを伝える。こうした姿が見られる背景には，日常的に保育者が子どもたちの話に関心をもって心から聞いている姿があった。保育者のかかわりが反映されているといえる。認め合うクラスは，子ども一人ひとりを認める保育者の姿勢から生まれるのである。

　保育者の言動は子どもの行動に大きく影響するので，よいことや悪いことを理解させるときにも，保育者がモデルを示すことが必要になる。また，子どもに考えさせたり，気づかせたりするようなかかわり方を工夫し，園生活における決まりや約束についても，子どもが自ら守れるようにすることが大切である。

（4）遊びの援助者

　子どもたちが関心をもち，やってみたいと思うような「こと」（遊び）を考えて計画をするのは保育者である。もちろん，子どもが環境にかかわりながら自分たちでつくり出す「こと」もある。そのような場合には，それを重視し，その活動で経験できる要素を探り出し，発達の視点をもって遊びが楽しくなるように援助していく。そうした「こと」は，継続する場合も，自然に消滅する場合もある。それはその「こと」のもつ質の違いと，子どもの発達が絡んでくるからである。

　保育者は，発達や遊びの質を見極めて，子どもたちが発達にふさわしい経験をできるように援助する必要がある。たとえば，遊びに入らない子どもがいたとしよう。その場合には，遊びに入る入り方を知らないのか，今は見ているだけで満足なのか，入り方がわかっても受け入れてもらえない人間関係なのかなど，その子どもの内面を考えて援助しなければならない。子どもの発達を軸にして，いろいろと想像し，考え，援助の方法を探る必要があるのである。また，トラブルが起こって遊びが継続できない場合も，その原因を探らなければならない。子どもの遊びが停滞したり，行き詰まったりしたとき，援助者としての保育者は，その原因がイメージの食

い違いなのか，ものの不足なのか，アイデアの乏しさなのか，場のつくり方の問題なのかなどを探って適切な援助をしなければならない。

　遊びの楽しさを味わえるようにするには，遊具やものを用意したり，遊びの方向性を示したり，アイデアを出したりして一緒に遊ぶこともある。一緒に遊びながら遊び方を伝えたり，仲間とのかかわり方を導いたりするなど，仲間関係がうまくいくような援助も行わなければならない。いつ，どのような援助を行うかは，状況をよく見て判断しなければならないのである。

　そして，翌日の遊びが充実するためには，一人ひとりの日々の様子を観察し，その状況を記録にとどめることも重要である。今日の遊びがどのように生まれ，発展したのか，その要素は何か，保育者の援助はどうであったか，何が適切で反省点は何なのか，などを省察する。つまり，今日の保育を振り返り，自分の保育を省察して，明日の保育につないでいく必要がある。

（5）環境を構成する

　幼稚園や保育所，認定こども園等には，子どもたちの成長・発達にふさわしい設備や，発達をうながす遊具・用具が整備されている。とくに遊具・用具は，心身の発達をうながすうえで欠かせないものであり，子どもが興味をもちそうなもの，遊ぶことで心身の発達をうながすようなものなど，発達を考えて用意されている。保育者は，発達に即して活用できるように，時期を考慮し，遊具・用具の配置を工夫し，教材の提示の仕方などを考えるのである。

　具体的な例をあげよう。経験5年目の3歳児のクラス担任が，子どもたちに「先生，来て」「先生，見て」「先生，〇〇がほしい」と呼ばれることが多く，今かかわっている子どもと十分かかわれないと悩んでいた。

　子どもは，どのようなときに保育者を呼ぶのだろうか。いくつかの理由が考えられるだろう。たとえば，気持ちが不安定で保育者にそばにいてほしいとき，行動に対する承認・共感を求めるとき，ものの所在を問うとき，技能面の援助を求めるとき，共同の遊具や用具を使うときに仲間と調整できないとき，遊び方をめぐって友だちといざこざを起こし解決できないと

き，などがあげられる。

　つまり，子どもが保育者を呼ぶといっても，状況によりそれはさまざまといえるのである。保育者との関係がついていないときや，人間関係調整力が不十分なときは，しっかりと応じなければならないが，ある程度環境を工夫することで，子どもが保育者を頼らなくても行動できるようになることもある。たとえば，自分で必要なものを取り出せるように環境が構成されていれば，ものに関する欲求・要求で呼ばれることは減少するだろう。この場合，保育者が子どもたちの遊びの様子を把握できず，欲求・要求を予測できなければ十分な準備はできない。場の使い方もそうである。子どもの遊びや行動を予測し，それぞれが思う存分遊べるように空間をつくることは環境の構成として欠かせない。

　環境の構成は，教育・保育の目的・目標と関連している。どのようなことを子どもたちに経験させたいと考えるかを明確にしなければ，せっかくの環境の構成も意味をなさない。先の事例は3歳児のものだが，当然，4歳児・5歳児においても，それぞれの時期に必要な体験ができるように環境を構成することが大切になる。ねらいにもとづき年齢や発達に応じた環境の構成が必要となる。

　保育者は常に周囲の環境を見て改善していくが，この環境は保育者だけでつくり変えていくものでもない。幼稚園では，幼稚園教育要領の総則，幼稚園教育の基本の部分で，環境による教育として，「幼児とともによりよい教育環境を創造するように努めるもの」と述べられている。ときには子どもたちとともに環境を創造し，意図的計画的に環境を構成して，幼児期にふさわしい体験ができるような保育を展開することが必要である。

教育に響く名言

啐啄——「啐」は鶏の卵がかえるとき，殻のなかで雛がつつくこと，「啄」は母鶏が殻をかみ破ること。禅宗で機を得て両者相応すること。
（新村出編『広辞苑』（第6版）岩波書店より）

逃してはならない教育の好機である。保育者は，からを破ろうとする子どもの心と行動に敏感でなければならないことを示しているといえる。

12 · 2 保育者養成とその課題

1. 子どもに育てたいことを明確にする

　教育・保育は，きわめて難しいものであるが，限りなく楽しいものでもある。生きた人間にかかわり，日々成長する姿を見ることができるのである。幼稚園や保育所，認定こども園等のねらいや内容は，幼稚園教育要領，保育所保育指針，幼保連携型認定こども園教育・保育要領の5つの領域に明示されている。

　先に述べているように，「幼児期に育みたい資質・能力」と「幼児期の終わりまでに育ってほしい姿」を視野に入れておかなければならない。

　これらは，小学校教育との接続を考えるうえで重要な視点であるが，小学校教育を先取りするような内容や方法を取り入れるということではない。子どもの発達を考慮し，幼児期にふさわしい経験ができるような環境をつくり，日々の保育が行われるようにしなければならない。生涯にわたる生きる力の基礎を培うために，小学校教育との接続を意識しつつも，保育者が確固たる子ども観・保育観をもって保育をすることが重要になる。

　保育者は，未来を生きる子どもに，どのような力を育てる必要があるのかを考え，教育・保育をしなければならないのである。それは子どもたちへの責任でもある。

2. 保育者に求められる専門性

　学校教育としての幼稚園では，子どもたちに経験させたいことを考えて，ねらいや内容を設定し，ねらいや内容が経験できるように環境の構成を考える。これは計画立案の段階での専門性である。それにもとづいて保育実践をするのもまた専門性である。さらに，保育実践後に計画と実践と

を結び，子どもの活動の様子と保育者の援助を関連づけて反省・評価をする振り返りができることも専門性である。これは，かなり高度な専門性といえる。

　幼稚園教員の資質向上に関する調査協力者会議報告（2002年〈平成14〉6月24日）「幼稚園教員の資質向上について—自ら学ぶ幼稚園教員のために—」では，幼稚園教師に求められる専門性として，幼児を理解し，活動の場面に応じた適切な指導を行う力をもつことが重要であること，家庭との連携を十分に図りつつ教育を展開する力なども求められている。

　具体的には，子どもを内面から理解し，総合的に指導する力，具体的に保育を構想する力，実践力，得意分野の育成，教員集団の一員としての協働性，特別な教育的配慮を要する子どもに対応する力，小学校や保育所との連携を推進する力，保護者および地域社会との関係を構築する力，園長など，管理職が発揮するリーダーシップ，人権に対する理解などである。

　こうした資質の向上を図るためには，教育・保育の現場において地道な努力が必要となる。そして，これらの専門性は，当然のことであるが，子どもたちへの深い愛情，保育者としての使命感，豊かな人間性などを基礎に築きあげられるものである。したがって保育者は，常に自己を見つめ，成長する者でなくてはならない。

3. 専門性を高める

　前述したように，保育者に求められる専門性は高度で，かつ多岐にわたる。これらのうち，保育の基本となることをいくつか考えてみよう。

（1）子どもの内面を理解する

　一人ひとりの子どもが健全な自我・自己を発達させていくためには，発達に必要な経験を子ども自らが獲得していけるようにしなければならない。子どもたちにとって「楽しい幼稚園・保育所・認定こども園」にするには，保育者の保育技術も重要だが，もっとも重要なのは一人ひとりの子どもの内面を深く理解することである。内面の理解とは，子どもの行為や発話か

ら，その心の動き，よさや可能性などを探り，理解することである。

　子どもの内面の理解や，よさや可能性などの理解は，子どもとともに生活するなかで，子どもに寄り添うことからできるようになるものだが，日々の保育の記録からも得られることが多い。記録をとおして保育の状況を思い起こし，子どもの行動やその心の動きを探り，同時に保育者自身のかかわりを振り返るのである。保育者は，保育の状況を記録し省察することによって保育の過程を知り，子どもたちの生活を観察する目を養い，深めていく必要がある。

　また，子どもの内面の理解には，あるがままを受けとめ，思いに共感し，寄り添いつつ，その育ちを助けていくことも必要になる。それはカウンセリングマインドをもって子どもを理解し，かかわるということである。カウンセリングマインドの姿勢は，子どもの心の動きを知るうえで必要不可欠なものである。

(2) 保育を省察する力と保育を構想する力

　保育を構想するためには，子どもの姿をしっかりととらえていなければならない。子どもたちの活動する姿が楽しそうだと思ったら，楽しい要因が何なのかを考えてみよう。その活動の何がおもしろいのか，満足感や充実感を味わえたのは何に対してか，あるいは，どのようなところにつまずきを感じたのかなど，あらゆる角度から観察して分析を加えてみるとよい。

　こうした多角的な見方をすることによって，子どもの姿のとらえ方に深まりが生まれる。同時に，保育者の援助を振り返り，子どもの活動にどのような影響を与えているかを考えてみることも必要になる。保育者の振り返りは自身の成長に欠かせない行為である。それが次のねらいや内容に反映され，保育者のかかわり方に具体性がでることになるからだ。

　保育の省察には，子どもの興味・関心のあらわし方，技能面の育ち，友だちとの関係，保育者との関係，集団のなかの位置など，さまざまな視点が重要になる。そうした視点をもつことで保育がしっかりと省察できる。そして，この保育を省察する力が，次の保育を構想する力につながるのである。

（3）子どもと対話する

　子どもと保育者が楽しそうに話をしている姿は，見ていて気持ちのよい
ものである。子どもの話が聴きたいという保育者の思いと，話したいと思
う子どもの気持ちが折り重なっているからだろう。

　人は，さまざまな人とかかわり，相互にコミュニケーションをとりなが
ら通じ合う喜びを感じると安心する。そこで重要なのは子どもと保育者と
の「対話」である。子どもは，生命の危険を予知できるわけではないの
で，危ないこともする。そのため，子どもを守る立場にいる保育者は，指
示や命令，禁止などが多くなることがあるようだ。

　しかし，日常的に指示や命令，禁止などが多くなると子どもと保育者の
対話は少なくなる。そして同時に，生活や遊びの楽しさ，かかわりの楽し
さを子どもと共有することが減るだろう。対話は，一方的な指示や伝達で
は生まれないからだ。

　実際に，子どもと対話をするとおもしろく，大切な発見ができるし，子
どものものの見方，考え方を知ることになる。子どもにとっては，言葉の
獲得，知的な発達がうながされる。何よりも大切なことは，子どもたちが
対話の楽しさを実感できること，そのなかで，受け止めてもらう安心感を
抱き，人やできごとに関心をもち，人を尊重する気持ちやさまざまなこと
に対する興味・関心が育つことである。

　こうした対話が成立する環境をつくるのは保育者である。人格をもった
一人の人間として子どもに向き合い，子どもたちとの対話を楽しむ保育者
でありたいものである。

4. 自己研さん

（1）マニュアルを超える

　幼稚園や保育所，認定こども園等の教育・保育では，子どもだけにかか
わるわけではない。保護者とのかかわりは日常的であるし，ときには来客
もある。そのような折に明るく，笑顔で応対できる保育者の存在は，親を
支え，地域に信頼されることにつながる。

養成校の教員をしている私たちは，幼稚園や保育所に電話をかけること
がある。応対してくれた相手の誠意を感じるととてもうれしい気持ちにな
る。顔が見えなくても明るい印象が伝わってくるからだ。相手を待たせる
ときの話し方，不在時の断り方，ていねいさと誠実さがうかがえるとき，
多くの人は，このような園に子どもの教育・保育をお願いしたいと思うだ
ろう。電話の例をあげたが，気遣い，心遣いが必要になるのは電話だけで
はない。そうなると，マニュアルがあったらとよいと思うかもしれない。
社会全体にマニュアルを求める傾向が見られる昨今である。マニュアルは
確かに安心できるものなのだろう。

　しかし，日々成長し続ける子ども，生きている人間を相手にする教育・
保育においては，マニュアルがあったとしてもそのとおりにはいかない。
一人ひとり異なる相手に対して，その人に即したかかわりが求められるた
め，試行錯誤の繰り返しになることはやむを得ないのである。

　そこで求められることは，心が感じられる応対である。相手の身になっ
て接することで，響き合うかかわり方をきっと見つけることができるだろ
う。マニュアルを超えるかかわりを模索することは，自分自身を成長させ
ることになる。

(2) 書く力・話す力・聴く力

　幼稚園や保育所，認定こども園等では，保育の計画，振り返り，保護者
への文書など，文章を書くことが多い。保育は，園（所）長の方針を受け
て行っているので，保育の振り返りを文字にしたときに，当然，所属長に
も伝わるようでなければならない。日々の記録をつけても，自分だけがわ
かる文章で読み手に理解されなければ徒労に終わる。そこで，求められる
のは書く力である。

　子どもの記録，自身の振り返りの記録は，文字化することで読み返せる
し，再考もできる。いろいろな場面で説明責任を求められる保育者には，
考えをまとめて文字化する力，それを人にわかるように表現する力がなく
てはならないのである。また，文章を書いた後は，相手に伝わるかどうか
の視点をもって自身の文章を読み返すことも大切である。記述したものは

残るので，相手が保護者であればなおのこと，読み手の心が不安にならないようにすること，また，人権に十分配慮して書かなければならない。

　書くことを苦手に思う人もいるだろうが，文章は書く行為を繰り返すことで少しずつ磨かれていくものである。努力のないところには文章の上達はないので，日ごろから考えをまとめ，それを書きとめることを習慣づけてみるとよいだろう。実習に行き，そこで文章が書けないことを指摘される前に，日頃の学習課題のレポートを書くことをとおして自己点検をし，書く力を高めていくことが必要になる。

　書く力と同様に，保育者の話す力もまた重要になる。子どもとのコミュニケーションの手段は，文字よりも言葉が主である。子どもは話をしたり保育者の話を聴いたりするなかで言葉を学習していくので，子どもに話すときには，ゆっくり話すことが基本になる。さらに，年齢の低い子どもは，なんでも言葉で表現できるわけではないので，「子どもの言葉にならない思いを言葉にする」ことや，「子ども同士の言葉をつなぐ」援助が必要になる。子どもは，保育者の適切な援助によって，気持ちを言葉にすることや，状況に応じた言葉を使えるようになる。人とコミュニケーションをとるうえで欠かせない言葉を大事にはぐくむ必要がある。

　さらに，社会人としての常識，「敬語」の使用も重要になる。教員の研究室を訪れた学生Bさんの例をあげよう。入室前のノック，自分の名前を名乗ること，研究室を訪れた目的，用件を話すことは基本だが，Bさんは入室後，名前も言わずに，いきなりぶっきらぼうな言い方で用件を話しはじめた。一方的であり，子どものモデルとなる保育者になる道のりが遠いのではないかと案じられた。初対面で，しかも自分の用事で訪れたのだから自分から名前を言うことは常識であり，敬語も必要である。学生時代は，親しい友人と語ることが多く，改まった話し方を必要としないかもしれないが，状況に応じた話し方を身につけておく必要がある。

　その後，Bさんはその重要性を認識して行動し，無事就職することができた。学生時代から常識的な行動がとれるようにすることや敬語を使えるようにすることは，保育現場に出たときに自然な会話ができることにつながる。それが社会人として，保育者としての自信にもつながるのである。

ここまで，保育者にとって書く力，話す力の大切さを述べてきたが，子どもとのかかわりで大切な力として，聴く力も忘れてはならない。

　子どもは，思うことや考えたことを相手にわかるように言葉で表現できるとは限らないし，なかにはうまく気持ちを表現できない子どももいる。そんなときには，せかさずに，子どもの言いたいことに耳を傾け，じっと待つ姿勢も大切になる。子どもの話そうとすることに関心を示し，うなずいたり，少し質問をしたり，共感したりして応じていくことが重要である。保育者のそうした聴く姿勢が，子どもたちの話す意欲をより高めていくと同時に，聴く力もはぐくまれるのである。

（3）生活経験・技術

　幼稚園教諭・保育士の免許・資格を取得するためには，保育者として子どもにかかわる実習がある。保育者として行動するためには，その役割を理解し，必要な援助ができなければならない。

　以前に，東京都内Ａ区の協力を得て，400名を超える保育者（保育士）に昨今の実習生を見て感じることを調査した（塚本ほか「保育者の実習生に対する懸念について」2007）。結果，実習生の傾向として，「掃除ができない」「目的意識が薄い」「遊び体験が少ない」「文章が書けない」「あいさつができない」といったことを４人に一人が指摘していることがわかった。たとえば，掃除ができないという項目では，掃除機が使えない，箒（ほうき）の使い方を知らない，雑巾（ぞうきん）が絞れないなどである。具体的な記述では，食事の準備で実習生がテーブルを拭いた後，5歳児が「先生，テーブルがびしょびしょだよ」と言って，実習生にその雑巾を絞って見せたという記述があった。

　掃除の仕方，掃除用具の使い方を知らなければ，子どもたちの生活の場を清潔に整えることはできない。掃除の意味や仕方がわかってはじめて，子どもたちの安心・安全な環境がつくれるのである。

　また，遊び体験が少ないということでは，「鬼ごっこのルールを知らない」「子どもたちが誘っても一緒に遊べない」などの記述がみられた。

　保育者は，子どもたちの発達，興味・関心，経験内容などを考えてさまざまな遊びを展開していかなければならない。遊びをとおして，ワクワ

ク，ドキドキする感情体験，楽しさやおもしろさ，やり遂げた満足感など
を子どもたちが味わえるようにするには，保育者自身が遊びのおもしろ
さ，楽しさを体験していることが重要である。

　遊びや生活の体験，自然や社会体験，どれをとっても保育者として大切
なことである。自分自身を見つめ，できそうなところから挑戦してみるの
もよいだろう。

（4）美しい立ち居振る舞い

　ある園で，園長先生に来客があり，接待をすることになったＣ保育者は，
ドアを静かにノックして入室すると，ゆっくりとお客様のそばに近づき，
膝をついて，笑顔でそっとお茶を差し出した。お客様はその静かな物腰が
気に入り，とても喜ばれたそうだ。もし，Ｃ保育者がバタバタと入室して
いたならば，茶碗のなかのお茶が揺れてこぼれたかもしれないし，ドアの
開閉の音になんとなく居心地を悪くしたかもしれない。

　時折，風や砂が舞うような歩き方をする保育者，玩具を片づけるときに，
放るようにして箱に入れる保育者に会うことがある。きっと忙しいのだろ
うが，心なしか，そのクラスの子どもたちも落ち着かない。給食の配膳に
ガチャガチャと大きな音のする保育室と，最小限の音で配膳ができるよう

に気配りがなされている保育室では，子どもたちの落ち着きが違う。

　このようにみると，子どもたちは保育者の行動を身体で感じているといえるだろう。保育者が明るく元気なのはよいが，ときと場合によるのである。靴を揃えて脱ぐ，スリッパを引きずらないなど，自身の行動を少し見直すだけで変化する。保育者にとっては無意識の行動であっても，子どもたちの心に影響をおよぼすということを自覚して行動する必要がある。それが身についたとき，美しい立ち居振る舞いが自然にできるようになる。

（5）よりよい人間関係の構築

　子どもがすぐれた保育者によって健やかに育つように，保育者も，同僚，上司（園長や主任）などの他者と出会い，そのかかわりによって育つ。職場の人間関係では，自分の思うようにならないこともあるし，上司や同僚の理解が得られず悩みを抱える日もあるだろう。

　しかし，担任がどんなに理想を掲げても，一人で保育をすることはできない。したがって，常に子どもを中心に置き，子どもの幸せをともに考えるなかで，上司や仲間の理解が得られるように努力することが必要である。理解が得られるまでには，厳しいと感じる助言を受けることがあるかもしれないが，「注意された」と受け止めるか，「自分のために話してくれた」と受け止めるかで，その後の人生を左右しかねない。

　新任のときは，できないこと，わからないことが多いのは当たり前なのだから，そうした自分を知り，客観的に受け止め，必ず成長する自分をイメージして日々の保育に力を注ぐことが大切である。つまり，なりたい保育者像を描き，努力することが重要なのである。そのことで，他者の批判や助言も素直に受け止めることができるだろう。

　また，保育においては，保育者間の協働も欠かせない。少ない人数で協力して，ときにはチームを組んで保育をするわけであるから，相互の信頼，認め合うことは基本になる。若いときに，どのような人に出会い，どのような指導を受けるかは，保育者としての資質能力の向上にも関連して重要なことである。出会いを大切にし，謙虚な姿勢で自分を見つめ，高めることができるようにしたいものである。

最近の若者の傾向として，思うようにならないと投げ出し，注意をされると落ち込み，なかなか立ち上がれないということも少なくないようだが，保育者として未熟な自分は，次に成長する自分であることを信じ，プラス思考で上司や仲間との人間関係を構築することが重要である。

5. 保育ニーズの多様化

　社会の変化とともに幼稚園・保育所・認定こども園等に求められる機能も多様化している。『幼稚園教育要領解説』の「第3章　指導計画及び教育課程に係る教育時間終了後等に行う教育活動などの留意事項」には，教育課程に係る教育時間終了後等に行う教育活動（預かり保育）の配慮や，子育ての支援について述べられている。

　預かり保育については，子どもたちの健康と安全への配慮の重要性が明記されている。子ども一人ひとりの生活のリズムや仕方が異なることに配慮して，心身の負担が少なく無理なく過ごせるように，1日の流れや環境を工夫しなければならない。また，教育課程にもとづいた教育時間内の活動とも関連性をもって，預かり保育の活動が計画されなければならないことなどである。

　子育ての支援については，幼稚園は，地域の幼児期の教育のセンターとしての役割が求められる。これは，園に通う子どもの保護者だけでなく，地域の人々にその機能や施設を開放するということである。

　現在，幼稚園では，園庭・園舎の開放，子育て相談の実施，子育てに関する情報の提供，未就園児の保育活動の提供など，さまざまな取組みをしている。多様化する保育ニーズに応えていくには，幼稚園だけでは対応できない問題も生じるようだ。その場合には，心理や保健の専門家，地域の子育て経験者との連絡・協働しながら取り組むことも重要になるだろう。

　保護者の多様なニーズに対応するには，養成校での基礎的な学習，専門的な学習のうえに，保育現場で起こるさまざまなできごとに対処できる能力が求められることは明らかである。日常の学習を基盤に，自己の能力を高めていく必要がある。また，実習などの経験によって自己課題を明確に

し，不足の部分を補う学習が必要になる。

　保育の現場では，保育者の集団の一員として，協働性が大切である。相手の立場に立ったていねいな対応，心から聴く姿勢，コミュニケーション能力など，今後ますます必要な力となる。保育の質の向上，保育者としての成長を目指し，研さんを積み，自分自身を磨いていく努力を欠かしてはならない。

【参考文献】
・文部科学省編『幼稚園教育要領解説』フレーベル館，2018
・無藤隆編著『発達の理解と保育の課題』同文書院，2003
・文部科学省『幼稚園教員の資質向上について——自ら学ぶ幼稚園教員のために——幼稚園教員の資質向上に関する調査研究協力者会議報告』2002. 6
・塚本美知子ほか『保育者の実習生に対する懸念について』聖徳大学児童学研究所紀要第9号，2007
・谷田貝公昭・上野通子編『これだけは身につけたい保育者の常識67』一藝社，2006

Column ▶▶ つぶやきことばは，こころの目

　「つぶやきことば」とは，子どもの独語（ひとり言をいうこと），叫びことば，会話，お話，歌，詩などである。子どもの自然な「つぶやき」であるからこそ，子どもの心の真実を垣間見せてくれるものである。

　「つぶやきことば」は，子どもの内面を理解する方法として，ものごとに対する認識や表現を知る方法，さらに子どもの生活指導の観点からも評価することができる。また，「つぶやきことば」をとおして，子どもと親，子どもと保育者，家庭と園がさらに深くむすびつくこともできるだろう。

　すてきな「つぶやきことば」のいくつかを紹介しよう。

★

　★にんげんって／なんのために／うまれてきたの

やまだあやこ（4歳11カ月　母）

　★「ヨット」って／どうして「ヨット」っていうかっていうと
　　「4」ににているから／「ヨント」っていうんだよ

さとうあさみ（5歳2カ月　母）

　★固いうんちをして──
　　おしりが／ばくはつしちゃった

やまにしりょう（3歳10カ月　母）

　★おなかが／さんかくに／いたいの

くろだなほこ（5歳2カ月　母）

　★桜の花びらが無数に散るのを見て──
　　あ／はるが／おちてる

おおいしまこと（3歳2カ月　母）

　★描いた絵を妹が破ってしまって──
　　もう／めが／かじになっちゃう

おおやましょうへい（4歳10カ月　母）

★ふるいカレンダーは／みんなのこころに／はいって
あたらしいカレンダーは／みんなのこころの／なかからでてくる
んだね

よしかわひろかず（6歳6カ月　保育者）

★おかあさん／ありの／はんぶんくらいなら／あそんでいい

まきのしんや（4歳10カ月　母）

★てをつなごう／てをつなぐと／おもいでが／ひとつになる
こころが／ひとつになる

すがぬまいおり（4歳11カ月　母）

★おかあさんのこと／おもいださないで／まってるよ

たきゆうこ（6歳6カ月　母）

★

　最後の「つぶやきことば」は，ゆうこちゃんが夏休みで幼稚園がお休み
のときに，会社へ仕事に行くお母さんに向かってのひと言である。「おか
あさんのこと／かんがえて／まってるよ」ではなく，「おもいださないで
／まってるよ」とゆうこちゃんは言う。切なく愛おしい気持ちになること
ばである。
　「ありのはんぶんくらい」の直喩，「めがかじになる」の暗喩，声喩（オ
ノマトペ），擬人法，対句的な表現，ことば遊び的な表現，反復法，ユー
モアなどの多様な表現がみられ，子どもの表現能力のすばらしさを感じる
ことができる。「つぶやきことば」には，子どもたち一人ひとりの個性や
心理，そして生活が映しだされている。
　これらの楽しいことばは，『つぶやきことば―こころのめ』（静岡市の中
原幼稚園）からとったものである。このタイトルにもあるように，「つぶ
やきことば」はこころの成長の「め」である。そして，この「め」とは，
ものごとを見通す「目」であり，こころの成長を映しだす芽生えの「芽」
である。

編者・執筆者紹介

（五十音順・敬称略）

[編　者] 古橋　和夫——第1部 第1章，第2章1節，第2部 第5章，コラム
　　　　　（ふるはし　かずお）　常葉大学名誉教授

[執筆者] 岡田　耕一——第2部 第7章
　　　　　（おかだ　こういち）　聖徳大学短期大学部保育科教授

　　　　　金城久美子——第1部 第2章2節
　　　　　（きんじょうくみこ）　聖徳大学・聖徳大学短期大学部兼任講師

　　　　　近内　愛子——第2部 第8章4節～6節
　　　　　（ちかうち　あいこ）　聖徳大学幼児教育専門学校兼任講師
　　　　　　　　　　　　　　　／元同短期大学部教授

　　　　　塚本美知子——第3部 第12章
　　　　　（つかもとみちこ）　聖徳大学短期大学部名誉教授

　　　　　寺田　博行——第1部 第3章
　　　　　（てらだ　ひろゆき）　聖徳大学短期大学部保育科教授

　　　　　夏秋　英房——第3部 第11章
　　　　　（なつあき　ひでふさ）　國學院大學人間開発学部子ども支援学科教授

　　　　　西　　智子——第2部 第8章1節～3節
　　　　　（にし　ともこ）　聖徳大学大学院兼任講師／元日本女子大学特任教授

　　　　　古橋　和夫 （編者欄参照）

　　　　　松浦　真理——第2部 第6章
　　　　　（まつうら　まり）　帝塚山大学教育学部教授

　　　　　村田　カズ——第3部 第10章
　　　　　（むらた）　聖徳大学大学院兼任講師／元同短期大学部教授

　　　　　山本　　睦——第2部 第9章
　　　　　（やまもと　ちか）　常葉大学保育学部教授

　　　　　百合草禎二——第2部 第4章
　　　　　（ゆりぐさていじ）　常葉大学名誉教授

〈装　　丁〉　大路浩実
〈イラスト〉　鳥取秀子
〈DTP制作〉　坂本芳子，大関明美，木村友紀

新訂 子どもの教育の原理——保育の明日をひらくために

2011年10月 5 日　初版第 1 刷発行
2016年 4 月 1 日　初版第 5 刷発行
2017年 3 月30日　第 2 版第 1 刷発行
2018年 4 月 1 日　改訂版第 1 刷発行
2023年 4 月 1 日　改訂版第 6 刷発行
2024年 4 月 1 日　新訂版第 1 刷発行

編 著 者　　古 橋 和 夫

発 行 者　　服 部 直 人

発 行 所　　㈱萌 文 書 林
　　　　　　〒113-0021　東京都文京区本駒込 6-15-11
　　　　　　TEL 03-3943-0576　　FAX 03-3943-0567
　　　　　　https://www.houbun.com
　　　　　　info@houbun.com

印刷・製本　　モリモト印刷株式会社
〈検印省略〉